교육학개론

정인숙

KNOWLEDGE COMMUNITY 공동체

머리말

교육은 인간이 스스로를 형성하고 세계를 새롭게 만들어 가는 가장 근원적이며 창조적인 행위이다. 그것은 단순한 지식의 전달을 넘어, 한 인간이 자신의 가능성을 자각하고 타인과 더불어 성장하도록 돕는 문화적 과정이자 실존적 여정이다. 따라서 교육은 제도나 기능으로 환원될 수 없는, 인간 삶의 본질이자 사회 발전의 원동력이라 할 수 있다.

『교육학개론』은 이러한 교육의 본질을 학문적으로 탐구하고, 교직의 길을 세우기 위한 기초를 마련하는 학문이다. 이 책은 예비교사들이 교육을 단순한 교과의 하나로 이해하는 데 그치지 않고, 인간과 사회를 통합적으로 이해하는 지적 관점에서 접근할 수 있도록 구성되었다. 교육학은 교실에서의 가르침만이 아니라, 인간 이해와 사회적 비판, 그리고 미래를 설계하는 사유의 힘을 길러주는 학문이기 때문이다.

오늘날 교육은 급속히 변화하는 사회 속에서 그 본질과 역할을 새롭게 요청받고 있다. 과학기술의 발전, 가치관의 다원화, 학습자의 다양성 증대는 교육의 목표와 방법, 평가의 방향까지 근본적인 전환을 요구하고 있다. 이러한 시대적 맥락에서 교사는 단순한 지식 전달자가 아니라, 학습자 개개인의 잠재력을 발견하고, 더불어 살아가는 인간으로 성장하도록 돕는 전문적 실천가로서의 사명을 지닌다. 교사는 지식을 전하는 존재를 넘어, 배움과 성장을 함께 실천하는 지적 탐구자이자 반성적 실천가로 살아가야 한다.

이 책은 이러한 관점 아래, 교육학의 핵심 주제들을 폭넓고 균형 있게 다루고자 하였다. 교육의 철학적 기초에서 출발하여 심리학적 이해, 사회학적 분석, 그리고 교육과정·평가·행정 등 실천적 영역에 이르기까지, 각 장은 교육학의 주요 개념과 이론을 체계적으로 정리하였다. 아울러 이를 실제 교육현장과 사회적 맥락 속에서 조명함으로써, 예비교사들이 이론과 실제를 통합적으로 이해할 수 있도록 하였다. 또한 최근의 교육정책과 연구 동향을 반영하여, 미래의 교육을 비판적으로 성찰하고 창의적으로 재구성할 수 있는 안목을 기르는 데 중점을 두었다.

30여 년간 대학 강단에서 예비교사들과 함께 교육의 의미를 탐구해 온 시간은, 교육이 결코 완성된 지식이 아니라 끊임없는 질문의 과정임을 일깨워 주었다. "좋은 교육이란 무엇인가?", "교사는 어떤 존재로 살아야 하는가?"라는 물음은 여전히 유효하며, 이 책 또한 그 물음에 대한 하나의 대화이자 성찰의 시도이다. 교육은 언제나 인간에 대한 믿음과 희망에서 출발한다. 이 책이 교사로 성장하는 예비교사들에게 그러한 믿음의 토대를 마련하고, 가르침과 배움의 길 위에서 자신만의 철학과 신념을 세우는 데 작은 길잡이가 되기를 바란다.

2025년
저자 정인숙

차 례

제 1 장

인간과 교육

1. 인간의 본질
2. 인간성의 이해
3. 인간화와 교육

제1장 인간과 교육

학습내용

- 인간의 본질에 대해 이해한다.
- 인간성의 의미와 인간성의 발달에 대해 이해한다.
- 인간화와 교육의 관계를 이해한다.

교육은 인간(人間)에 대한 사랑과 관심에서 시작된다. 철학이 진리에 대한 사랑이라면 교육은 인간에 대한 사랑이다. 철학적 정신이 경이(thaumazein), 놀람 혹은 의아스러움에서 시작된다면 교육은 인간에 대한 연민의 정에서 또는 동정이나 맹자의 측은지심(惻隱之心)에서 관심이나 흥미, 배려, 봉사, 헌신의 정신에서 교육적 동기가 작동한다. 그러므로 교육이란 무엇인가? 교육을 어떻게 정의할 것인가?에 대한 교육의 본질적 탐구에 앞서 인간이란 무엇이며 인간의 본질이란 무엇인가? 나는 누구인가?를 묻지 않을 수 없으며 그것에 대한 대답을 통해 교육에 대한 문제를 풀어나가는 것이 순서일 것이다. 따라서 인간의 본질, 인간과 교육의 관계에 대한 이해를 중심으로 살펴보기로 한다.

1. 인간의 본질

인간만이 자기 존재에 대하여 물음을 던질 줄 안다. 인간 이외의 다른 존재들은 자기 자신에 대하여 묻지 않는다. 따라서 인간은 스스로 사유하고 회의하며 지각하고 느끼는 주체(主體)일 뿐만 아니라 자신의 존재를 탐구대상으로 하는 객체가 된다.

인간에 관한 존재론적이고 인식론적인 탐구는 고대 그리스 시대부터 시작되었다. 그리스 신화 중에 스핑크스(Sphinx)는 철학적 물음인 '인간이란 무엇인가?' 하는 인식론적인 물음을 제기하고 있고, 소크라테스(Socrates, B.C. 469~399)는 사람의 참모습이 어떤 것인가를 밝히는 데 일생을 보냈다고 할 수 있으며, 그의 유명한 '너 자신을 알라'는 델포이(Delpoi)신탁의 말은 너 자신이 신이 아니고 인간임을 알라는 인간주의(Humanism)와 인간의 자각과 반성을 촉구하고 자기 스스로 자기의 무지를 깨닫도록 내적 충동을 자극하는 계몽적인 훈계를 담고 있음을 알 수 있다.

그리스 사람들에게 인간의 본질은 이성(reason)이다. 이성적인 행위가 도덕적인 행위가 된다. 그리스 철학은 인간은 이성적 존재라는 인간론으로부터 시작된다. 인간의 참다운 본질은 이성을 가지는 데 있다. 플라톤(Platon, B.C. 427~347)은 인간 영혼은 이성－기개－감성의 삼 차원으로 구성되어 있는데 그중에서 가장 고귀한 부분이 이성이라고 하였다. 이성의 가치는 그것이 자율성을 갖고 선(善)을 지향하는 데 있고 지혜의 덕을 실천하는 데 있다. 아리스토텔레스(Aristoteles, B.C. 384~322)는 중용에 이르게 하는 활동이 이성적 활동이라고 하였다. 사람은 선을 실천하고 행복을 추구하는 목적적 존재인데 이는 바로 이성적 존재라는 의미가 된다. 결국 인간은 이성적 존재로서, 이성적이지 못한 인간은 인간답지 못한 인간이다. 이성이 인간을 인간답게 하고 인간적인 가치를 형성시키는 근본이 된다.

인간이 이성적 존재라는 플라톤과 아리스토텔레스의 인간본질관은 스토아(Stoa) 철학에 영향을 미쳐 중세철학에 그대로 받아들여졌다. 스토아 철학은 이성적 개인주의에 근거한 사상으로 인간은 이성의 나라에 속한다는 세계주의를 지향한다. 토마스 아퀴나스(Thomas Aquinas, 1225~1274)는 이성이야말로 인간행위의 최고 원리라고 하였다. 왜냐하면 이성의 임무는 무엇이 행해져야 하는가라는 최고 원리인 목적을 향해서 질서를 세우는 데 있기 때문이다. 따라서 법은 바로 이성의 명령인 것이고 법의 출발점인 이성은 공동선에 합치되도록 규정되는 것이다.

근세의 데카르트(Descartes, 1596~1650)는 이성주의 대표적인 철학자로서 영혼이라는 말과 이성이라는 말을 구분하지 않았으며 영혼은 바로 이성을 의미한다고 하였다. 이러한 인간의 본질을 이성으로 보는 절대적인 지위는 칸트(Kant, 1724~1804)로부터 헤겔(Hegel, 1770~1831)에 이르는 독일 관념론에서 확고해졌다.

칸트는 이성을 오성(悟性)과 구분하여 지식의 근원, 즉 인식은 감성과 오성으로 감성은 직관을 만드는 능력이고 오성은 개념을 형성하는 능력이라고 하였다. 칸트는 감성은 인식의 내용을 구성하는 재료를 제공한다고 보고 인식의 대상은 언제나 감성에 의해 촉발된다고 하여 감성을 무가치한 것으로 보지는 않았다. 인간존재는 이성적 존재자로서의 인격적 존엄이라는 절대적 가치를 소유한 존재이므로, 인간은 인격으로서의 목적이어야지 결코 수단적 가치일 수는 없다고 하였다.

헤겔은 모든 이성적인 것이 현실적이고, 현실적인 것은 이성적이라고 하여 이성적인 것과 현실적인 것의 동일성으로 경험적 현실을 떠나서 이성은 존재의미가 없으므로 인간존재의 이상도 현실에 기초해야 한다고 하였다.

흄(Hume, 1711~1777)은 『인성론(A treatis of Human nature)』을 이성에 대한 비판으로 시작한다. 이성은 결코 어떤 행위를 산출하거나 의미작용을 일으킬 수 없다. 인간행위의 근본적인 시작은 쾌락과 고통이다. 선악의 구별도 이성에 근원하는 것이 아니고 도덕감(moral sentiment)에서 유래한다. 도덕감이란 일종의 도덕적 시인 또는 도덕적 비난의 감성이다. 이성은 다만 진실과 허위만을 밝히는 기능을 한다. 따라서 인간의 본질은 이성이 아니라 감성이다.

루소(Rousseau, 1712~1778)도 감성은 원초적 생명력이자 자기보존의 원리이며 인간 생명유지의 원동력으로서 이성 없이는 살 수 있어도 감성 없이는 생명 유지가 불가능하다고 하였다. 감성은 기본적으로 삶의 즐거움을 주고 고통을 피하는 본능적 특질이기 때문이다. 따라서 감성이 인간의 자기보존을 가능하게 하며 모든 행동의 일차적 동기이자 원인이라고 보았다.

프로이트(Freud, 1856~1939) 역시 리비도(Libido)가 인간을 움직이는 근본적인 힘이라고 보고 인간을 합리적인 존재가 아니라 비합리적인 존재로 보았다. 즉, 성적 본능이 인간의 본질이라고 본 것이다.

2. 인간성의 이해

인간의 본질규명이 인간에 대한 철학적 탐구라고 한다면 인간성에 대한 이해는 심리학적이고 사회문화적인 해명이라고 할 수 있다. 그럼으로써 인간을 전체적이고 종합적인 관점에서 올바르게 이해할 수 있고 나아가 인간과 교육의 관계를 보다 명료하게 체계 지을 수 있으리라 본다.

1) 인간성의 의미

인간성 또는 인성을 영어로는 personality로, 독일어로는 persönlichkeit로 표현한다. Personality가 기술적(記述的) 개념인 데 반하여 persönlichkeit는 가치(價値) 개념이다. 따라서 성격, 인격, 기질, 개성이라는 말과 유사하게 사용되고 있으나 용어들 사이에 의미상의 차이는 있다. 성격과 인간성은 가치적인 의미가 내포되어 있느냐에 따라 구분된다. 그리스어의 '성격(charakter)'은 engraving(새기다, 명심하다)의 의미로서, personality보다 좁은 의미를 가지고 있고, '기질(temperament)'은 성격의 하부구조적인 것으로서 유전적이고 생리적이고 체질적이며 정서적인 성질을 띠는 것이다.

인간성(Personality)은 라틴어의 persona에서 유래되어 가면(mask)의 의미를 가지고 있다. 즉, 인간성이란 개인의 행동양식, 태도, 신념, 가치관의 총체로서, 각자 타인과 구별되는 특유의 성격으로 한 개인이 다른 사람을 대할 때 나타나는 행동양식의 전부를 의미한다. 인간은 항상 환경과의 유기적인 관계 안에서 적응해 나가며 타인의 행동에 대하여 적절히 반응하며 생활한다. 또한 여러 가지 상황에 직면하면서 경험하고 행동양식을 배우며 개성을 형성해 나간다. 그런 가운데 습관이 형성되고 인격이 성숙되어 가면서 독특한 인간성이 발달해 가는 것이다. 그러므로 인간성이란,

① 한 개인이 다른 사람과 구별되는 특성이며
② 지속성과 일관성을 지니며
③ 환경에 대한 적응양식이고,
④ 생득적이기보다 후천적으로 획득되고 형성되고 만들어 나가며,
⑤ 습관의 통일화이다.

인간성은 일생을 통한 과정으로 어느 특정한 시기에만 형성되고 발달하는 것이 아닌 평생의 과정이라 할 수 있다. 인간성은 개인이 성장하고 성숙해 가면서 획득되어 가는 사회화 과정이자 인간화 과정이며, 고정되어 있는 것이 아니라 변화되고 수정되고 개조되고, 재창조 · 재구성하면서 발달해 가는 과정이다. 개인이 지각하고 선택하고 사유하며, 반성하고 느끼고 경험하면서 자기성장해 나가는 창조적 발전과정이다.

2) 인간성의 발달

인간을 대상으로 인간에 의해 이루어지는 교육은 인간성의 발달에 대한 이해가 오랜 화두이자 핵심 주제이다. 교육학자들은 각자의 철학과 관점에 따라

인간성이 어떻게 발달하며, 교육이 이 과정에서 어떤 역할을 하는지에 대해 다채로운 의견을 제시했다. 주요 교육학자들의 견해를 통해 인간성 발달을 다각적으로 살펴보면 다음과 같다.

정신분석학파를 창시한 프로이트는 정신분석을 인성이론이라고 말했다. 프로이트는 내과의사, 정신과의사, 심리학자이지만 또한 철학자이기도 했다. 친구에게 보낸 프로이트의 편지에 "젊었을 때 나는 철학지식 외에는 아무것도 갈망한 것이 없었소. 그리고 이제 의학에서 심리학으로 전향한 나는 이 욕구를 채우고 있는 중이오"라고 말한 것에 비추어 그의 인성이론은 철학적 인식론으로 해석된다.

프로이트는 세 가지 주요 체계로 인간성이 구성되어 있다고 생각했으며 발달을 무의식적인 정신 역동과 초기 경험에 의해 결정되는 것으로 보았다. 그는 구강기, 항문기, 남근기, 잠복기, 생식기 등의 심리성적 발달 단계를 제시하며, 각 단계에서 리비도(성적 에너지)의 만족 여부가 성격 형성과 인간성 발달에 결정적인 영향을 미친다고 주장했다. 프로이트의 관점은 인간성 발달이 표면적인 행동뿐만 아니라 심층적인 정신세계와 과거 경험에 뿌리를 두고 있음을 시사하며, 교육이 아동의 정서적 안정과 건강한 자아 발달에 기여해야 함을 강조한다.

에릭슨(Erikson)은 프로이드의 이론을 확장하여 인간성 발달을 평생에 걸쳐 이루어지는 심리사회적 과정으로 설명했다. 그는 각 발달 단계에서 개인이 극복해야 할 심리사회적 위기(예 신뢰 대 불신, 자율성 대 수치심 등)를 제시하며, 이러한 위기를 성공적으로 해결할수록 건강한 자아 정체성을 형성하고 인간성이 발달한다고 보았다. 에릭슨의 이론은 교육이 단순히 지식 전달을 넘어, 각 발달 단계에 맞는 심리적 지지와 사회적 관계 형성을 통해 아동의 전인적인 발달을 도모해야 함을 시사한다.

루소(Rousseau)는 그의 저서 『에밀(Emile)』에서 인간은 본래 선하고 자연적으로 발달하는 존재라고 주장했다. 그는 어린이는 성인의 축소판이 아니며, 각 발달 단계에 따라 고유한 특성과 욕구를 가진다고 보았다. 따라서 교육은 이러한 자연스러운 발달 과정을 방해하지 않고, 아동이 스스로 잠재력을 발휘하도록 돕는 역할을 해야 한다고 강조했다. 루소에게 인간성 발달은 외부의 강요나 주입보다는 내재적인 성장의 힘에 의해 이루어지는 과정이다. 그는 자연적 발달을 중시하며, 특히 감각 교육과 경험을 통한 학습을 중요하게 여겼다.

듀이(Dewey)는 인간성 발달을 고정된 목표에 도달하는 것이 아니라, 끊임없이 변화하고 성장하는 과정으로 이해했다. 그는 경험을 통한 학습과 문제해결 능력을 강조하며, 교육은 아동이 능동적으로 환경과 상호작용하며 경험을 재구성하고 의미를 부여하는 과정이라고 보았다. 듀이에게 인간성 발달은 사회적 상호작용과 실제적인 문제 해결을 통해 이루어지는 역동적인 과정이며, 민주주의 사회에서 요구되는 시민으로서의 자질 함양과 밀접하게 연결된다.

피아제(Piaget)는 인간성 발달을 인지 구조의 변화와 성장으로 설명했다. 그는 아동이 능동적으로 환경과 상호작용하며 세상을 이해하고 지식을 구성해 나간다고 보았다. 감각운동기, 전조작기, 구체적 조작기, 형식적 조작기 등의 인지 발달 단계를 제시하며, 각 단계마다 사고 방식과 문제해결 능력이 질적으로 변화한다고 보았다. 피아제의 이론은 교육이 아동의 발달 단계에 맞는 적절한 학습 환경을 제공하고, 능동적인 탐색과 발견을 통해 인지적 성장을 지원해야 함을 강조하고 있다.

비고츠키(Vygotsky)는 인간성 발달이 사회적 상호작용과 문화적 도구를 통해 이루어진다고 보았다. 그는 언어, 기호 등과 같은 문화적 도구가 아동의 인지 발달에 결정적인 역할을 한다고 강조했으며, '근접 발달 영역(ZPD)' 개념을 통해 아동이 혼자서는 해결하기 어려운 과제를 유능한 타인(교사, 부모 등)의 도움을 받아 성취함으로써 발달이 촉진된다고 설명하였다. 비고츠키의 이론은 교육이 단순히 개인의 인지적 성장을 넘어, 사회적 맥락 속에서 협력 학습과 상호작용을 통해 이루어져야 함을 강조하고 있다.

교육학자들의 다양한 의견을 종합해 볼 때, 인간성 발달은 단순히 지식의 축적이나 신체적 성장을 넘어선 복합적이고 다층적인 과정임을 알 수 있다. 루소처럼 자연적인 성장을 강조하는 관점부터 듀이처럼 경험과 사회적 상호작용을 중시하는 관점, 프로이트와 에릭슨처럼 심리적 측면을 강조하는 관점, 그리고 피아제와 비고츠키처럼 인지적·사회문화적 측면을 강조하는 관점까지, 각 학자들은 인간성 발달의 특정 측면에 주목하며 교육의 역할을 다양하게 제시하고 있다.

현대 교육은 이러한 다양한 관점들을 종합하여, 아동의 전인적 성장과 발달을 목표로 하고 있다. 즉, 인지적 능력뿐만 아니라 정서적 안정, 사회적 관계 형성 능력, 도덕적 가치관, 창의적 문제해결 능력 등 인간의 다양한 측면이 조화롭게 발달할 수 있도록 교육환경을 조성하고 지원하는 것이 중요하다. 교육은 인간성 발달을 이끄는 중요한 동력이자, 미래 사회를 살아갈 건강하고 유능한 시민을 양성하는 데 필수적인 역할을 수행하고 있는 것이다.

3. 인간화와 교육

인간화(Humanization)는 단순히 생물학적 종으로서의 인간이 되는 것을 넘어, 인간 고유의 잠재적 역량을 실현하고, 사회문화적 존재로서 완성되어 가는 역동적이고 지속적인 과정을 의미한다. 이러한 인간화는 인간의 존엄성을 근간으로 하며, 교육은 이 심오한 인간화의 과정에 필연적으로 개입하고 촉진하는 핵심적 기제로서 기능을 한다. 즉, 교육은 단순한 지식의 전수나 기능 습득을 넘어, 인간이 본질적으로 지닌 이성, 도덕성, 자율성, 창의성, 그리고 사회성을 발현시키고 심화시키는 궁극적인 목적을 가진다.

1) 인간화의 이해와 교육의 개입

첫째, 본질적 인간성의 실현으로서의 인간화로, 이는 이성적 사유 능력, 도덕적 판단력, 미적 감수성, 그리고 자유의지를 가진 주체로서의 성장을 의미한다. 교육은 이러한 고유한 인간적 특성들이 발현되고 심화될 수 있도록 합리적 사고 훈련, 윤리적 가치 교육, 심미적 경험 제공, 그리고 자기 주도적 학습 환경을 조성해 준다. 특히 칸트(I. Kant)가 강조했듯이, 인간이 도덕 법칙을 스스로 세우고 따르는 자율적인 존재로 발전하는 과정은 교육을 통해서만 가능하며, 이는 인간화의 핵심적인 측면이다.

둘째, 사회문화적 존재로서의 인간화로, 인간은 홀로 존재하는 것이 아니라, 타인과의 상호작용과 사회적 관계 속에서 성장하는 존재이다. 교육은 언어, 기호, 가치관 등 사회문화적 유산을 내면화하고, 공감, 협력, 배려와 같은 사회적 기술을 습득하게 한다. 비고츠키의 관점에서 볼 때, 교육은 학습자가 사회적 맥락 속에서 유능한 타인과의 상호작용(근접 발달 영역)을 통해 내적 역량을 발달시키는 과정이며, 이는 곧 사회적 존재로서의 인간화로 이어진다. 또한 하버마스(J. Habermas)가 주장한 의사소통의 합리성을 함양하는 과정 역시 타인과의 대화와 토론을 통해 인간적 이해를 심화시키는 교육의 중요한 역할이다.

셋째, 자아 형성 및 자기 실현으로서의 인간화로, 인간은 자신의 삶의 의미를 탐색하고, 잠재된 역량을 발현하여 주체적인 삶을 구성해 나가는 존재다. 교육은 개인이 자신의 흥미와 재능을 발견하고, 비판적 사고를 통해 자신과 세계를 이해하며, 미래를 설계할 수 있도록 돕는다. 로저스(C. Rogers)와 같은 인본주의 교육학자들은 교육이 학습자의 자아 개념을 긍정적으로 형성하고, 무조건적인 긍정적 존중을 통해 자신의 잠재력을 최대한 발휘할 수 있도록 지원하는 것을 인간화 교육의 중요한 목표로 보았다.

2) 인간화 교육의 철학적 지향과 실천적 과제

인간화 교육을 실현하기 위해서는 여러 가지 과제가 존재한다. 경쟁 위주의 교육환경, 지식 위주의 교육과정, 그리고 다양한 사회적 요구와 가치관의 충돌 등이 그것이다. 그러나 인공지능 시대의 도래와 함께 인간 고유의 역량(창의성, 공감 능력, 비판적 사고 등)이 더욱 중요해지는 만큼, 인간화 교육의 중요성은 더욱 증대될 것이다. 미래 교육은 단순히 지식을 주입하는 것을 넘어, 인간이 인간답게 살아가고, 끊임없이 자신을 완성해 나갈 수 있도록 돕는 본질적인 역할에 집중해야 할 것이다. 이러한 교육을 통해 우리는 진정한 의미의 인간성을 실현하고, 더 나아가 인간다운 사회를 건설할 수 있을 것이다. 인간화를 지향하는 교육은 다음과 같은 철학적 지향과 실천적 과제를 가진다.

첫째, 전인 교육의 구현이다. 이는 지식의 편향적 전달을 넘어, 지(知), 덕(德), 체(體), 미(美), 노(勞)가 조화롭게 발달하는 총체적 인간 성장을 목표로 한다. 교육은 이성적 능력뿐만 아니라 정서적 안정, 윤리적 판단력, 심미적 감성, 그리고 실천적 능력을 동시에 함양하여 균형 잡힌 인격을 형성하도록 이끌어야 할 것이다.

둘째, 비판적 사유 능력과 성찰적 실천의 함양이다. 현대 사회의 복잡성과 다원성 속에서 인간화된 개인은 주어진 지식이나 가치를 맹목적으로 수용하지 않고, 비판적으로 분석하고 성찰하는 능력을 갖추어야 한다. 파울로 프레이리(P. Freire)가 주장했듯이, 교육은 '은행식 교육'을 넘어 학습자가 세상을 주체적으로 인식하고, 당면한 문제를 해결하며, 더 나아가 사회를 변혁시킬 수 있는 '문제 제기식 교육'이어야 한다. 이는 곧 인간이 현실에 대한 능동적인 주체로서 자신의 삶과 사회를 개척해 나가는 인간화 과정과 직결된다고 볼 수 있다.

셋째, 자유와 책임의 상호 보완적 교육이 되어야 한다. 인간화된 개인은 자유로운 선택의 주체이면서 동시에 그 선택에 대한 책임을 감당할 수 있는 존재여야 한다. 교육은 학습자에게 자유를 부여하되, 그 자유가 타인의 자유를 침해하지 않고 공동체의 선에 기여하도록 책임 의식을 함양시켜야 한다. 이는 윤리적 주체로서의 인간성을 확립하는 데 필수적인 요소이다.

결론적으로, 인간화와 교육은 서로를 존재하게 하는 본질적인 관계에 있는 것이다. 교육은 인간이 잠재된 미완의 존재에서 벗어나, 자신의 본질적 역량을 실현하고, 사회문화적 관계 속에서 주체적으로 성장하며, 끊임없이 자기 실현을 향해 나아가는 인간화 과정의 가장 강력한 동력이자 매개체이다. 따라서 교육은 단순히 효율성이나 성과만을 추구하는 것이 아니라, 인간의 존엄성과 본질적 가치에 대한 깊은 성찰을 바탕으로, 모든 개인이 온전한 인간으로서 완성될 수 있도록 지원하는 인류의 궁극적인 지향점이 되어야 할 것이다. 이러한 교육학적 이해는 우리가 지향해야 할 교육의 방향과 그 실천적 의미를 명확히 제시해 준다.

요약

1. 인간의 본질을 이성으로 본 것은 그리스 시대부터였다. 소크라테스, 플라톤, 아리스토텔레스에서부터 시작되어 중세의 스토아 학파, 근세의 데카르트, 칸트와 헤겔을 거쳐 인간존재의 이성적 본질을 강조하다가 흄에 이르러서 감성으로 눈을 돌려 프로이트까지 이르게 되었다. 현대의 학자들은 이성과 감성으로 양분되어 인간의 본질을 논하지는 않고, 이성과 감성 둘 다를 인간의 본질로 논하고 있다.
2. 인간성이란 가면의 의미를 지닌 라틴어 persona에서 유래되어, 각자 타인과 구별되는 특유의 성격으로 한 개인이 다른 사람을 대할 때 나타나는 행동양식의 전부를 뜻한다.
3. 인간성이란 일생을 통하여 발달되어 가며, 학자들마다 인간성의 발달을 다양하게 논의하였다. 종합해 보면, 인간성의 발달은 단순히 지식의 축적이나 신체적 성장을 넘어선 복합적이고 다층적인 과정임을 알 수 있다.

4. 인간화(Humanization)는 단순히 생물학적 종으로서의 인간이 되는 것을 넘어, 인간 고유의 잠재적 역량을 실현하고, 사회문화적 존재로서 완성되어 가는 역동적이고 지속적인 과정을 의미한다. 이러한 인간화는 인간의 존엄성을 근간으로 하며, 교육은 이 심오한 인간화의 과정에 필연적으로 개입하고 촉진하는 핵심적 기제로서 기능을 한다.

5. 인간화 교육을 실현하기 위해서는 여러 가지 과제가 존재한다. 인간의 존엄성과 본질적 가치에 대한 깊은 성찰을 바탕으로, 모든 개인이 온전한 인간으로서 완성될 수 있도록 지원하는 실천적인 노력을 해야 한다.

제 2 장

교육의 개념 및 목적

1. 교육의 개념
2. 교육의 목적
3. 교육의 구성 요소
4. 교육의 유형

제2장 교육의 개념 및 목적

학습내용

- 교육의 어원적 개념을 한자, 영어, 한글의 의미로 이해한다.
- 교육의 목적을 내재적 목적과 외재적 목적으로 관계지어 이해한다.
- 교육의 개념을 다양한 사유체계에 따라 이해한다.
- 교육의 구성 요소에 대해 이해한다.
- 다양한 준거에 따른 교육의 유형에 대해 이해한다.

1. 교육의 개념

교육이란 무엇을 의미하는가? 교육이란 인간의 삶 자체이자 삶의 형식으로서, 교육이 없는 삶이 있다면 그 삶은 과연 가치로운 삶이 될 수 있을까? 교육이 있음으로써 삶은 가치로워지며 이상적인 삶이 될 것이다. 이처럼 교육과 삶은 분리할 수 없는, 삶이 곧 교육이요, 교육이 곧 삶이라 할 수 있다. 그러므로 교육은 생활의 시작과 함께 시작되며, 생활과 더불어 생활 속에서 교육이 이루어지는 것이다. 생활을 보다 풍요롭고 윤택하게 하고 의미 있고 보람되게 하며 삶의 질을 향상시키는 것은 교육의 힘이라고 볼 수 있다. 삶의 주체가 인간이기 때문에 인간의 인간다움으로의 성장과 발달은 바로 교육의 힘에 의해서만 가능한 것이다.

1) 교육의 어원

(1) 동양의 어원

동양에서 '교육(敎育)'이라는 용어가 처음으로 서적에 등장한 것은『맹자(孟子)』의 <진심장 상편>이다.

孟子曰君子有三樂 而王天下不與存焉 父母俱存 兄弟無故 一樂也
仰不愧於天 府不炸於人 二樂也 得天下英才 而教育之 三樂也

"천하의 왕이 된다 해도 이 세 가지 즐거움에 비할 바 못 된다. 부모가 다 함께 살아계시고 형제가 무고한 것이 첫 번째 즐거움이요, 행실이 공명정대하여 하늘을 우러러보고 땅을 굽어 내려봐도 부끄러움이 없는 것이 군자의 두 번째 즐거움이요, 군자의 세 번째 즐거움은 천하의 영재를 얻어 '교육'하는 것에 있다"고 하는 것에서 처음 '교육'이 등장한다.

맹자에 교육이라는 말이 등장하기 전에는 교(敎－가르치다) 회(誨－깨닫는다) 훈(訓－理를 가르치고 道를 설명한다) 등의 문자가 사용되었다. 그러다가 맹자에서 처음으로 '교육'이라는 용어가 등장하였던 것이다.

교육(敎育)은 한자어이다. 한자가 가진 뜻을 각각 풀이해 보면, '교(敎)'는 가르친다는 의미를 지니고 있다. 피교육자, 아랫사람 또는 미성숙자가 모방한다, 학습한다, 배운다는 뜻으로, 윗사람이 아랫사람에게 본을 보여 사회 구성원으로 살아갈 수 있는 덕목들을 가르친다는 의미이다. '육(育)'은 양육하다의 의미를 지닌다. 자녀를 양육하여 선(善)을 향하게 한다는 뜻이다. 그러므로 교육(敎育)은 앞세대 혹은 기성세대가 다음세대 또는 성장세대에 대하여 인격적으로 영향을 미치는 사회적 작용을 의미한다. 이러한 작용에 의하여 미성숙하고 불완전한 아동이 장차 살아갈 특정 사회에 필요한 지식과 기술, 태도 등을 습득하도록 양육하고 가르쳐 사회적 존재로 성장하도록 이끈다는 의미가 된다.

우리말로 교육을 뜻하는 가장 대표적인 용어는 '가르침'이다. 이는 '가르치다'의 명사형으로 고어 'ᄀᆞᄅᆞ치다'에서 유래되는데, ᄀᆞᄅᆞ치다는 'ᄀᆞᄅᆞ'와 '치다'로 나누어 살펴볼 수 있다.

첫째, 'ᄀᆞᄅᆞ'는 'ᄀᆞᄅᆞ사ᄃᆡ'로 한자 왈(曰)의 의미로 선택, 분별 나눔, 연구, 연마 그리고 가리키다의 뜻이 내포되어 있다. 즉, 말로써 말하다, 이르다, 무엇을 가리키다, 지시하다의 뜻이 들어있다. 둘째, '치다'는 기른다의 뜻이 내포되어 있으며 양육보호, 기르는 일, 길들이는 일, 자라나게 하는 일의 의미로 유용하고 쓸모 있게 만드는 것이다. 따라서 '가르치다'라는 말은 '알게 하다'의 뜻으로 성숙한 이가 미성숙한 이에게 처음부터 가지지 못한 어떤 능력을 가르쳐 준다는 의미로, 타고난 능력이나 소질 등 선천적인 능력을 키워 바람직한 인간으로 형성시켜 나가는 일이 교육이라는 것이다. 표준국어대사전에서도 '가르치다'가 다음과 같이 정의되어 있다. 첫째, 지식이나 기능, 이치 따위를 깨닫게 하거나 익히게 하다. 둘째, (주로 '버릇', '버르장머리'와 함께 쓰여) 그릇된 버릇 따위를 고치어 바로잡다. 셋째, 교육기관에 보내 교육을 받게 하다. 이를 바탕으로 '가르치다'의 뜻을 풀어 보면, 미성숙한 아동을 보살피고, 지식이나 기능, 이치 등을 깨달을 수 있도록 연마시키는 과정이라고 볼 수 있다.

(2) 서양의 어원

서양에서 자의적인 교육의 의미는 크게 'education'과 'pedagogy' 두 가지로 나누어 볼 수 있다.

첫째, education(영), l'education(프), erziehung(독)이 교육이라는 개념이 되는데, 어원은 라틴어의 educare(에듀카레)와 educere(에듀세레)에서 유래된 것으로 e+ducare의 합성어다. e는 out(ex, 밖으로)과 ducare는 lead up, bring up(dare, 이끈다, 기른다)이 결합된 단어로 끄집어 낸다, 양육하다의 의미를 지닌다(조발그니 외, 2022). 동사형인 erziehen(교육하다)는 밖으로 끄집어낸다, 꺼내 키워준다(herausziehen)의 뜻을 지니고 있다.

결국 교육이란 인간의 내면에 있는 잠재력을 끄집어 내어 키워주는 일이다. 피교육자의 소질이나 잠재력 또는 가능성(potentiality)을 발견하여 실현되도록 이끌어 주고 가르치는 것을 의미한다. 그래서 소크라테스는 교육을 '산파술'로 비유하여 교사는 산파, 임산부의 배 속의 아기는 피교육자의 소질이나 가능성으로 보고 아기를 잘 낳을 수 있도록 돕는 일이 곧 산파, 즉 교사의 일이며 그 같은 기술(art)이 산파술, 즉 교육이라는 의미가 된다고 하였다.

둘째, 'pedagogy'는 그리스어 paidagogos에서 유래하였다. paidagogos는 paidos(어린 아이)와 agogos(끌다)의 합성어로, 어린이를 이끈다는 의미이다. 고대 그리스 시대 paidagogos는 노예신분의 교사, 즉 교복(敎僕), 학복(學僕)으로서 귀족의 자녀들에게 예의범절과 생활 태도 등을 가르치는 오늘날의 가정교사와 같은 신분의 사람으로서 아이들을 이끌고 체육학교(paidotribe)와 음악학교(didascaleum)에 다니면서 교육시키는 사람이다. 여기에서 어원이 비롯되어 오늘날의 교육 또는 교육학인 pedagogy는 미성숙한 아동을 양육하고 가르친다는 의미를 가지며 어린이를 교육한다는 뜻이다. 이 말은 성인교육을 의미하는 andragogy와는 다른 의미가 된다.

현대의 교육은 일정한 기간의 제도교육 학교교육의 시기 동안만이 아니라 끊임없이 계속되는 요람에서부터 무덤에 이르기까지의 평생교육, 생애교육, 계속교육의 사회이기 때문에 교육의 시기, 장소, 대상에 한계가 있을 수 없다. Pedagogy의 시대에서 androgogy의 시대로, 즉 학교교육이나 제도교육의 시대에서 사회교육, 평생교육의 시대로 교육의 의미와 개념이 사회문화적 환경의 변화에 따라 변화하고 있음을 알 수 있다.

2) 교육의 개념

교육은 인간의 목적이자 수단이다. 교육은 인간의 성숙을 가져다준다는 뜻에서 목적이요, 그 목적을 실현하는 방법이라는 의미에서 수단적 가치이다. 따라서 인간의 활동 가운데서 가장 가치지향적인 활동이다. 진리의 가치를 창출하고 선의 가치를 지향하며 아름다움의 가치를 추구하는 활동이 교육이다. 이 같은 진선미의 가치는 인간에게 있어서의 목적이자 이상이다. 그러므로 교육은 인간을 인간답게 하고 보다 낮은 가치를 보다 높은 가치가 되도록 창출하기도 하는 인간 형성의 과정이자 인간화 작용이며, 인간성을 도야하고 가르치는 가치 활동이다. 교육은 존재의 인간을 당위의 인간으로, 현재의 인간을 보다 이상적인 인간으로 조성하고 돕는 일이다. 따라서 교육이란 인간임(Menschensein)의 상태에 있는 인간을 인간됨(Menschenwerden)의 상태로 이끌어주는 유목적적 활동이다.

칸트는 “인간은 교육을 필요로 하는 유일한 피조물”이라고 하였으며, 또한 “인간은 교육에 의해서만 인간이 된다. 인간을 만드는 유일한 것은 교육이다”라고 하였다. 이는 교육이 인간을 인간답게 형성하는 일이며 인간의 도덕적 형성이라는 의미이다.

인간은 교육을 통하지 않고는 존재할 수가 없다. 그러므로 교육은 인간의 존재 조건이며 필연적이고 절대적인 요청이자 사실이다. 교육에 의하지 않은 인간은 존재한다고 하여도 인간답지 않은 인간이거나 비인간 또는 반인간이지 인간다운 인간일 수는 없는 것이다. 인간의 생명이 살아 숨 쉬는 곳에는 교육이라는 보편적인 문화현상이 존재하게 된다.

루소는 인간에게 있어 교육의 필요성을 “식물은 재배에 의해서 성장하고 인간은 교육에 의해서 성장한다.”(루소, 에밀, 1971)고 하였고 아무것도 가지지 않고 태어났기 때문에 도움을 필요로 하는데, 그것이 교육에 의해 가질 수 있게 된다고 하였다.

교육의 개념규정은 인간의 본질규정 만큼이나 다양하다. 시대와 역사적 배경에 따라 다르며 학자의 사유체계에 따라 교육을 설명하는 방식이 다양하게 나타난다.

(1) 인식론적 측면

교육은 인간의 지적 성장을 돕는 과정이다. 지식의 습득과 학습의 과정으로 인지적으로 인간의 정신이 구조화되어 가고 보다 체계적이고 논리적인 구조화가 이루어지는 과정이라고 할 수 있다. 인식론적 입장에서 교육이라면 지적 활동이 중심을 이루고 있다. 교육은 지식을 가르치는 활동이다. 역사적으로 계몽주의 사상가들은 인간의 정신에서 이성의 가치를 존중하였고 이성의 힘을 계발함으로써 지성이 도야되고, 지성의 도야가 인간을 계몽시켜 사물을 보는 안목을 변화시키고 세계를 변화시킬 수 있다고 하였다. 현대의 인지심리학자 피아제(Piaget, 1896~1980)와 콜버그(Kohlberg, 1927~1987)도 인간의 성장・발달은 바로 지적 성장이자 지능이 계발되어 가는 것이라고 하였다. 이 같은 주지주의적인 교육은 가장 역사가 오래된 주류교육론이다.

(2) 생철학적 측면

교육의 본질적 의미는 인간의 가치가 이성적 지식에 있다는 오랜 전통을 비판한다. 중요한 것은 삶 자체이다. 추상적이고 합리적인 사유방식에 반기를 들고 일어난 사상체계가 삶의 철학, 생철학이다. 대표적인 학자 루소는 보고 듣고 느끼는 것 자체가 교육이라고 했다. 교육은 생생한 삶의 현장에서 직접 체험하고 경험하면서, 느끼고 생각하고 행동하면서 정신적인 각성과 인격적인 성숙이 이루어진다고 보았다. 페스탈로치(Pestalozzi, 1746~1827)는 교육이란 책이나 지식으로서만 이루어지는 것이 아니라 생활을 영위하도록 배우는 것이라고 하였으며, 인간의 정신이 일상생활의 사물에 대한 사실적인 지식을 통해서 진리와 지혜를 이끌도록 해야 한다고 보았다. 생활이 도야한다(Das Leben bildet),

즉 생활이 인간을 교육한다는 의미가 된다. 듀이(Dewey, 1859~1952) 역시 교육은 생활이요, 교육은 성장이라고 하여 생활을 떠난 교육은 무가치한 교육이라 하여 생활을 유익하게 하고 생활을 편리하게 하는 것이 교육이라고 보았다. 교육과 성장, 생활, 경험을 일치시키고 있어 생활교육, 경험교육이라고 한다.

(3) 가치론적 측면

이상추구적 활동을 교육이라고 본다. 교육의 본질은 사실이나 현상의 분석에서 찾을 수 있는 것이 아니라 당위적인 활동 속에서 이상적인 가치 가운데 발견하는 것이다. 가치가 낮은 것은 높은 가치로, 무가치한 것을 유가치한 것으로, 일시적인 것보다 영속적인 것으로의 지향적이고 추구적이고 발견적인 가치창조 활동이 교육의 본질적 의미라고 한다. 칸트는 교육을 인간의 도덕적 품성의 도야라고 규정하고 "어린이는 교육을 받아야 한다. 현재를 위해서가 아니고 미래의 더 나은 상태를 위해서"라고 하여 미래에 도덕적인 선의 실현을 위해서 현재에 대한 절제와 극기 단련을 요구하고 선 의지의 실천을 중요시하였다. 소크라테스 역시 지식과 도덕의 합일을 지향하는 활동을 교육이라고 규정하였는데, 이때의 지식은 이론과 실천이 결합되어 앎과 행함이 일치되는 것을 의미한다.

(4) 형이상학적인 측면

교육은 이성적 존재로서의 인간의 근원적인 삶의 진리를 깨닫게 하고 사물을 전체적으로 바라볼 수 있도록 힘을 키워주는 일이라고 본다. 플라톤의 '동굴의 비유(allegory of cave)'에서 설명하듯이, 현실적이고 물질적이고 감각적인 삶은 변화가 많고 불완전하고 무가치한 삶이기에 교육을 통해서 지성과 이성적인 능력을 개발하여 진리를 볼 수 있는 힘을 길러주고 사물의 허상과 실상을 판별할 수 있는 판단력과 사고력을 개발해 준다는 것이다. 이 같은 형이상학적 교육은 이상적이고 관념적이고 유토피아적인 교육이라 할 수 있어서 신비주의적인 면이 있지만 교육의 이념과 방향을 제시해 주는 나침반의 역할을 한다는 의미에서 결코 비실제적인 교육으로만 치부할 수 없다.

(5) 문화교육적 측면

교육의 의미를 문화적인 측면에서 규정하는데, 교육을 인간의 문화화 과정으로 본다. 비교적 성숙한 사람이 미성숙한 사람을 자연의 상태에서 이해의 상태로 끌어올리기 위하여 문화재 혹은 도야재를 이용하여 의미 있게 계속 이끌어 주는 문화작용이 교육이며, 이는 문화의 전달, 새로운 문화창조 과정이라 할 수 있다.

(6) 사회학적인 측면

교육은 인간의 사회성 개발이며 인간의 사회화 과정이라고 할 수 있다. 비사회적 인간의 사회적 인간으로의 형성이 교육이다. 교육은 인간의 사회적 자아를 실현하는 과정으로 이해하는 브라멜드(Brameld, 1904~1987)나 교육은 이상적 사회건설을 위한 수단이라고 이해하는 마르크스(Marx, 1818~1883)의 입장은 교육의 본질적 의미를 사회학적인 측면에서 보고 있는 것이다.

(7) 종교적 측면

코메니우스(Comenius, 1592~1670)나 마리땡(Maritain, 1882~1973)은 교육은 인간의 신성의 실현이며 신으로의 접근이라고 하였다. 중세의 교육은 신 중심의 교육으로 신은 가치와 인식, 진리의 근원이요, 사랑의 모체로서 교육은 이 같은 가치와 인식, 진리에 기초한 신 지향의 교육이다. 신의 뜻에 따라서 인간을 성숙시켜 나가는 과정으로, 신의 모습으로 창조된 인간을 신의 의지에 따라 신적인 인간으로 형성시키도록 돕는 활동이 교육활동이다.

2. 교육의 목적

교육의 목적은 교육의 개념 정의에 따라 다양하게 나뉠 수 있다. 교육의 목적은 교육의 방향성을 제시해 주고, 교육을 통해 무엇을 가르쳐야 하는지 교육내용을 알게 해 줄 뿐 아니라 교육의 효과를 검증하는 교육평가의 기준도 마련해 준다. 즉, 교육목적에 따라 교육활동을 통해 형성하고자 하는 인간상이 달라질 뿐 아니라 교육내용과 교육평가의 기준도 차이가 있다는 것을 의미한다(김민환 외, 1999).

피터스의 정의에 의하면, 교육의 목적은 내재적 목적과 외재적 목적 두 가지로 나뉜다. 내재적 목적은 교육 자체에 내포되어 있는 가치와 의미이며, 외재적 목적은 교육이 어떤 목적을 달성하거나 가치실현을 위한 수단이나 도구로서 활용되는 것이다.

1) 내재적 목적

교육의 내재적 목적은 교육적인 활동 안에서 그 자체로 의미나 어떤 가치를 찾는 것을 말한다. 교육이 개인의 인격 완성이나 자아실현에 이바지하는 것처럼 교육의 본질적인 기능이다. 교육의 내재적 목적을 강조한 학자들로 듀이(Dewey)와 피터스(Peters)가 있다. 듀이는 '교육과정은 그 자체를 초월한 어떤 목적도 가지지 않는다'라고 말하며, 교육목적은 교육활동 밖에서 부여되는 것이 아니라, 교육활동 그 자체가 목적이라고 주장하였다(Dewey, 1944). 피터스 또한 '교육은 어떤 것의 수단이 아닌 그 자체의 기준 혹은 준거를 목적으로 삼는다'고 주장하였다(Peters, 1966). 이러한 주장이 의미하는 바는 교육은 교육 그 자체가 목적으로, 다른 어떤 것의 수단이 될 수 없음을 가리키고 있다. 즉, 교육의 내재적 목적을 교육의 본질, 교육을 교육답게 만드는 고유한 가치로 본 것이다.

이는 교육이라는 활동 자체가 목적이 되는 것을 의미하며, 다음의 세 가지 준거를 통해 정의된다.

① **규범적 준거** : 교육은 그 자체로 바람직하고 가치 있는 것이라는 규범을 내포한다. 교육은 단순한 사실을 전달하거나 기술을 훈련하는 것이 아니라 인간을 더 나은 상태로 이끄는 도덕적이고 규범적인 활동이다.

② **인지적 준거** : 교육의 내용은 지식과 이해, 그리고 지적 안목(cognitive perspective)을 넓히는 것이어야 한다. 지식의 형태를 통해 합리성을 함양하고 세상을 깊이 있게 이해하는 것을 교육의 핵심이라고 보는 것이다.

③ **과정적 준거** : 교육은 학습자가 자발적으로 참여하고 이해하는 과정을 통해 이루어져야 한다. 단순히 강제로 주입하거나 조건을 형성하는 '훈련'이나 '교화'와는 달리 교육은 학습자의 자율성과 이해를 바탕으로 이루어져야 하는 것이다.

이러한 준거에 의한 교육의 내재적 목적은 교육이 정치적 혹은 경제적 도구나 수단으로 이용됨으로써 교육을 승진, 출세 등의 수단으로 여기는 생각을 바로잡는 기준이 된다. 교육의 내재적 목적에는 새로운 지식에 대한 지적 창의성 및 지적 희열과 열정 등의 지적인 영역과 스스로의 생각과 행동에 대해 책임지는 자율성, 자신의 가치와 비전을 실천하고자 하는 자아실현, 진리와 정의와 같은 정의적・심미적 덕목 등이 있을 수 있다.

2) 외재적 목적

교육의 외재적 목적은 교육을 어떤 외부적인 목표를 달성하고자 수단과 방법으로 활용하는 것을 의미한다. 이는 교육활동 자체의 가치보다는 교육의 결과에 초점이 맞추어지기 때문에 교육의 내재적 목적보다는 훨씬 쉽게 접근하는 경향이 있으며, 이는 교육의 본질을 훼손할 수 있다. 예를 들면, 국가발전과 경제성장(교육을 통해 유능한 노동력을 양성하여 사회의 생산성을 높이는 것), 취업과 생계 유지(좋은 직장을 얻거나 높은 수입을 위해 교육을 받는 것), 사회통합(특정 사회의 규범과 가치를 주입하여 사회 구성원을 통제하고 통합하는 것)과 같은 것이 교육이 외재적 목적에 초점을 두고 교육이 이루어진 예이다(이병승 외, 2021).

이러한 외재적 목적이 때로는 중요할 수 있지만, 이것이 교육의 유일한 목적이 되어서는 안 된다. 외재적 목적만 강조될 경우, 교육은 개인의 자율성과 비판적 사고를 억압하고 인간을 특정 목적을 위한 도구로 전락시킬 위험이 있기 때문이다. 우리 주변에서 사교육 현장이 과열되는 것을 보면, 분명 외재적 목적이 바람직하지 않음을 알 수 있다. 그렇다고 하여 외재적 목적을 추구하는 교육이 모두 바람직하지 않은 것이라고 말할 수는 없다.

3) 내재적 목적과 외재적 목적의 관계

교육의 내재적 목적과 외재적 목적의 관계는 대립하거나 양자택일의 문제가 아니다. 가장 바람직한 관계는 내재적 목적이 우선적인 가치를 가지면서 외재적 목적이 그 내재적 목적을 실현하는 데 현실적인 맥락과 동기를 제공하는 상호보완적 관계이다.

오늘날 많은 사회에서 나타나는 현상으로 외재적 목적이 내재적 목적을 압도할 경우에는 많은 부작용도 생겨난다.

① **수단-목적 전도 현상** : 교육 자체가 목적이 아닌 '좋은 직장'이나 높은 수입이라는 외부목표를 달성하기 위해 교육이 단순한 수단으로 전락하는 경우

② **인간의 도구화** : 학생은 합리적이고 자율적인 주체로 성장하기보다, 사회가 요구하는 기능과 기술을 암기하는 존재가 된다. 이는 피터스가 경고한 인간의 존엄성 훼손으로 이어진다.

③ **지적 호기심의 상실** : 순수한 배움의 즐거움과 지적 탐구는 사라지고 오직 시험성적이나 스펙 쌓기에 매몰된다.

그렇다면 교육의 내재적 목적과 외재적 목적은 어떻게 바람직한 관계를 지을 수 있을까? 이상적인 교육은 외재적 목적을 배제하는 것이 아니라 내재적 목적의 틀 안에서 외재적 목적을 재해석하고 수용하는 것이다.

① **내재적 목적**(교육의 본질)**의 우선성** : 교육의 본질적 가치인 '합리성 함양'과 '지식의 탐구'는 어떠한 경우에라도 최우선적으로 존중되어야 한다. 이것이 없다면 교육은 단순히 훈련이나 주입에 불과한 것이다. 교육은 그 자체로 의미 있고 가치 있는 활동이어야 한다.

② **외재적 목적의 현실적 동기 부여** : 외재적 목적은 학습자에게 교육에 대한 현실적인 동기를 부여하는 중요한 역할을 한다. 예를 들어, 좋은 직업을 얻고 싶다는 바람은 학생이 특정 분야의 지식과 기술을 더 깊이 탐구하도록 이끌 수 있다. 이 과정에서 학생은 단순히 기술을 습득하는 것을 넘어 그 지식의 본질을 이해하고 합리적인 사고력을 기를 수 있다.

③ **내재적 성취가 외재적 성공을 촉진** : 이 둘의 관계는 일방적인 것이 아니라 상호보완적인 것이다. 진정한 내재적 목적(비판적 사고, 창의력, 문제해결 능력, 윤리적 판단력)을 달성한 사람은 단순히 기술을 가진 사람보다 훨씬 더 유능하고 적응력이 뛰어나다. 급변하는 사회에서 배운 것을 그대로 활용하는 능력보다는 새로운 것을 배우는 능력이 중요하며, 이는 내재적 목적을 통해 함양된다. 따라서 내재적 목적의 성취는 장기적이고 지속가능한 외재적 성공을 가능하게 하는 근본적인 힘이 된다.

결론적으로, 바람직한 관계는 교육이 인간을 위한 도구가 아니라, 인간을 인간답게 만드는 목적을 지향하는 것이다. 동시에, 그 목적을 추구하는 과정에서 얻게 되는 지식과 능력은 사회와 개인의 현실적인 필요를 충족시키며 더욱 의미 있는 삶을 가능하게 한다. 즉, 교육은 '좋은 삶'을 살기 위한 내재적 목적을 달성하는 과정이며, 외재적 목적은 그 삶의 한 부분을 구성하는 요소로 자연스럽게 따라오는 결과여야 한다.

3. 교육의 구성 요소

교육은 단순한 지식 전달을 넘어선 복합적이고 다면적인 과정이다. 교육의 주요 구성 요소들은 각각 독립적인 의미를 가지면서도, 유기적으로 결합하여 교육이라는 전체 시스템을 형성해 나간다. 이들 요소 간의 상호작용과 각 요소의 심층적 의미를 이해하는 것은 교육의 본질을 파악하고 효과적인 교육을 설계하는 데 필수적이다.

1) 교육주체(Subject of Education) : 교수자, 학습자

지도하고, 도야하고, 육성하는 주체로서의 교수자와 배우고, 학습하는 주체로서의 학습자가 모든 교육활동의 주체라고 할 수 있다. 전통적인 교육에서는 교육활동의 주체가 교수자, 즉 교사였다. 교사중심의 주입식 방법으로 어떤 형이나 틀에 박힌 교육을 실천하였다. 그러나 현대 사회로 넘어오면서 교육환경이 변화하고 교육체제나 조직 제도 면에서 전통적인 사회와는 다른 방향으로 교육개혁이 이루어져 왔다. 따라서 교육활동의 중심이 학습자라는 진보적인 교육이 일어나게 되었다. 학습자가 주체가 되어 자발적인 학습동기에 의해 개성에 따라 적성과 흥미가 존중되고 창의성이 중요시되는 교육활동이 이루어지는 것이다. 그러나 오늘날 인공지능과 4차 산업혁명의 시대에 들어선 다양화된 사회에서는 교육의 주체를 교수자 대 학습자라는 이분법적인 관계만으로는 설명할 수 없게 된다. 다양성의 관점에서 이해한다면 교육의 주체는 교수자일 수도 있고 학습자일 수도 있다. 상대적인 자율성이 존중되는 상호 주체적이자 상호 객체적인 개체로 교육을 이해하는 것이 마땅한 교육장면 속에서는 변화성, 융통성, 다양성이 존중되는 것이 바람직하다. 따라서 교수자와 학습자가 함께 공통의 교육주체로 교육활동을 이끌어 가는 존재가 되어야 한다.

(1) 교수자 : 단순한 전달자를 넘어선 전문가

교육주체로서의 교수자는 단순히 지식을 '주는' 사람이 아니라, 학습자의 성장과 발달을 다각적으로 지원하는 전문성을 갖춘 존재여야 한다. 이러한 교수자의 역할은 다음과 같이 세분화하여 이해할 수 있다.

① **교수 전문가**(instructional expert) : 교육내용을 효과적으로 분석하고, 학습자의 인지 수준과 학습 방식에 맞춰 적절한 교수 전략과 방법을 적용한다. 최신 교육 이론과 기술을 숙지하고, 끊임없이 자신의 교수 역량을 개발해야 한다. 이는 단순히 교과 지식에 대한 해박함뿐만 아니라, 교수학적 내용 지식(pedagogical content knowledge), 즉 특정 내용을 어떻게 하면 학습자에게 효과적으로 가르칠 수 있는지에 대한 지식을 포함한다.

② **학습 환경 설계자**(learning environment designer) : 물리적인 교실 공간을 학습에 최적화된 형태로 구성하는 것은 물론, 심리적으로 안전하고 개방적인 분위기를 조성하여 학습자가 실패를 두려워하지 않고 자유롭게 질문하고 탐색할 수 있도록 도와야 한다. 긍정적인 학급 문화와 상호 존중의 분위기 형성은 학습 동기와 참여를 크게 증진시킨다.

③ **학습 촉진자 및 안내자**(facilitator & guide) : 교수자는 일방적인 지식 전달자가 아니라, 학습자가 스스로 지식을 구성하고 문제를 해결해 나가도록 돕는 조력자 역할을 해야 한다. 질문을 통해 사고를 유도하고, 탐구 활동을 설계하며, 학습 과정에서 필요한 자원과 피드백을 적절히 제공하여 학습자의 자기 주도적 학습 능력을 길러줄 수 있어야 한다.

④ **상담자 및 멘토**(counselor & mentor) : 학습자는 인지적 성장뿐만 아니라 정서적, 사회적 발달 과정에 있다. 교수자는 학습자의 고민을 경청하고, 정서적 어려움을 공감하며, 바람직한 가치관 형성과 진로 탐색에 도움을 주는 역할을 수행해야 한다. 이는 교사가 학습자에게 단순한 지식 전달자를 넘어선 '인간적 관계'를 형성함을 의미한다.

⑤ **평가자 및 피드백 제공자**(evaluator & feedback provider) : 교사는 학습자의 성취 수준을 평가하고, 그 결과를 바탕으로 학습의 강점과 약점을 파악하여 구체적이고 건설적인 피드백을 제공해야 한다. 이 피드백은 학습자가 다음 단계로 나아가는 데 중요한 방향타가 된다.

(2) 학습자 : 능동적 성장의 주체

학습자는 교육활동의 수동적인 수혜자가 아니라, 능동적으로 자신을 형성하고 성장해 나가는 주체이다. 학습자에 대한 이해는 교육의 방향과 방법을 결정하는 데 핵심적인 요소이기에 다음과 같은 사항에 대해 알 수 있어야 한다.

① **발달 단계별 특성** : 피아제의 인지 발달 이론이나 에릭슨의 심리사회적 발달 이론에서 보듯이, 학습자는 연령과 경험에 따라 인지적, 정서적, 사회적 특성이 다르게 나타난다. 교육은 이러한 발달 단계별 특성을 고려하여 내용과 방법을 조절해야 한다. 예를 들어, 구체적 조작기의 아동에게는 추상적인 개념보다는 구체적인 경험을 통한 학습이 효과적이라는 것을 알고 교육방법과 내용을 조절하여야 한다.

② **개별성 및 다양성** : 학습자는 각기 다른 배경 지식, 학습 양식(learning styles), 흥미, 강점, 약점을 가지고 있다. 효과적인 교육은 이러한 학습자 개개인의 다양성을 존중하고, 맞춤형 학습 기회를 제공하여 모든 학습자가 자신의 잠재력을 최대한 발휘할 수 있도록 지원해야 한다.

③ **학습 동기 및 참여** : 학습자의 내재적 동기(호기심, 성취 욕구)와 외재적 동기(보상, 인정)는 학습 효과에 큰 영향을 미친다. 교육은 학습자의 흥미를 유발하고, 학습에 적극적으로 참여할 수 있는 기회를 제공해야 하며, 성공 경험을 통해 자기 효능감을 높여 학습 동기를 지속적으로 유지하도록 도와야 한다.

2) 교육목적(Purpose/Goal) : 교육활동의 나침반

교육목적은 모든 교육활동에 의미와 방향성을 부여하는 가장 근본적인 요소이다. 이는 단순히 '무엇을 할 것인가'를 넘어 '왜 하는가'에 대한 답을 제공한다.

① **철학적 기초** : 교육목적은 인간관, 사회관, 지식관 등 교육 철학적 관점에 따라 다양하게 설정될 수 있다. 예를 들어, 인본주의 교육은 자아실현을, 본질주의 교육은 문화유산 전수를, 진보주의 교육은 경험을 통한 성장을 중요시하는 것을 들 수 있다.

② **사회적 요구 반영** : 교육목적은 시대적 요구, 국가의 비전, 지역사회의 특성 등 사회적 맥락을 반영하여 설정된다. 예를 들어, 4차 산업혁명 시대에는 창의적 문제해결 능력과 협업 능력이 강조되는 교육 목적이 설정될 수 있다.

③ **체계적 연계성** : 국가 교육 목표에서부터 학교, 학급, 그리고 개별 수업 목표에 이르기까지, 모든 교육목적은 상위 목표와 하위 목표 간에 논리적인 연계성을 가져야 한다. 이는 교육활동의 일관성과 효율성을 보장하는 중요한 요소이다.

3) 교육내용(Content) : 지식과 경험의 체계적 조직

교육의 주체와 객체 사이에는 언제나 매개물이 존재한다. 이것을 교육의 재료, 즉 교육의 내용이자 수단, 그리고 도구가 된다. 교육내용은 교육목표를 달성하기 위해 제공하는 학습경험으로 교수자와 학습자를 연결해 주는 매개체이다. 일반적인 의미로는 인류가 오랫동안 가치롭다고 인정한 문화유산・생활경험을 다음 세대에게 효과적으로 가르치기 위해 일정한 구조를 갖추도록 체계적으로 조직한 것으로 '교과'를 의미하고, 그 내용을 담은 매개체로서 '교재'가 개발되고 사용되었다(정미경 외, 2021). 교육내용은 단순히 '무엇을 가르칠 것인가'의 문제를 넘어, 어떤 지식과 경험이 학습자의 성장과 사회의 발전에 기여할 수 있는지에 대한 철학적, 사회적 논의를 포함하고 있다. 교육의 내용은 바람직한 것이어야 하고, 학습자들의 관심과 발달수준을 고려해야 하며, 이를 통해 학습자들의 전인적 성장을 도와야 한다.

① 교과 및 학문 체계 : 각 학문의 지식 체계를 기반으로 구성되며, 해당 분야의 핵심 개념, 원리, 방법론 등을 포함한다. 이는 학습자에게 체계적인 사고력을 길러주는 데 중요하다.

② 역량(competencies) 기반 내용 : 21세기 사회는 단순히 지식을 암기하는 것을 넘어, 비판적 사고, 문제 해결, 협업, 의사소통, 창의성 등 복합적인 역량을 요구한다. 교육내용은 이러한 핵심 역량들을 함양할 수 있도록 설계되어야 한다. 이는 지식의 단순 암기가 아닌, 지식을 활용하여 실제 문제를 해결하는 능력에 초점을 맞춘 것이다.

③ 가치 및 태도 : 시민성, 도덕성, 공동체 의식, 환경 의식 등 바람직한 가치와 태도는 인간화 교육의 핵심 요소이다. 교육내용은 이러한 비인지적 요소들이 학습자의 내면에 자연스럽게 뿌리내리도록 구성되어야 한다.

④ 선정과 조직의 원리 : 교육내용은 학습자의 발달 수준에 적합하고, 사회의 요구를 반영하며, 학문적 타당성을 갖추어야 한다. 또한 내용 간의 연계성과 계열성을 고려하여 체계적으로 조직되어야 한다.

4) 교육방법(Method) : 상호작용과 학습 촉진의 기술

교육방법은 교육주체가 교육내용을 학습자에게 전달하는 기술적 측면뿐만 아니라, 학습자와 내용, 학습자와 학습자 간의 상호작용 방식을 포함한다.

① 교수 전략 및 기법 : 강의, 토론, 발표, 실험, 실습, 프로젝트 학습, 체험 학습 등 다양한 방법이 있다. 각 방법은 교육 목표, 내용, 학습자의 특성에 따라 선택되며, 효과적인 학습을 위한 최적의 상호작용을 유도한다.

② 상호작용의 중요성 : 비고츠키가 강조했듯이, 학습은 사회적 상호작용을 통해 이루어진다. 교사와 학습자 간의 질문과 답변, 동료 학습자 간의 협동과 토론은 학습 내용을 깊이 있게 이해하고 비판적 사고를 발전시키는 데 필수적인 것이다.

③ 기술 활용(educational technology) : 디지털 기술, 인공지능 등은 교육방법을 혁신하고, 맞춤형 학습 경험을 제공하며, 학습자의 참여를 높이는 강력한 도구가 될 수 있다. 이는 단순히 새로운 도구의 도입을 넘어, 교육의 내용과 방법에 대한 근본적인 재고를 요구하고 있다.

5) 교육환경(Environment) : 학습을 둘러싼 총체적 맥락

교육환경은 단순히 물리적 공간을 넘어, 학습자의 정서적 안정과 사회적 발달에 영향을 미치는 총체적인 조건을 의미한다.

① 물리적 환경 : 쾌적하고 안전한 교실, 다양한 학습 자료와 시설(도서관, 실험실, 체육관 등), 디지털 기기와 네트워크 환경 등은 학습 효율성과 편의성을

높이는 데 기여하게 된다.

② **심리적 환경** : 학습자의 자아 존중감을 높이고, 실패를 두려워하지 않는 분위기, 개방적인 의사소통, 상호 신뢰와 존중이 바탕이 된 관계는 학습 효과뿐만 아니라 정서적 안녕감에 매우 중요한 요인이다.

③ **사회문화적 환경** : 학교 공동체의 문화, 학생들 간의 관계, 교직원 간의 협력, 그리고 학교와 지역사회 간의 연계는 학습자의 사회화 과정과 시민의식 함양에 큰 영향을 미친다. 이는 학교가 단순히 교육기관을 넘어, 학습자가 사회의 한 구성원으로서 성장하는 '작은 사회'임을 의미한다.

6) 교육평가(Evaluation) : 성장과 개선을 위한 순환 고리

교육평가는 단순히 성적을 매기는 행위를 넘어, 교육활동의 전 과정을 점검하고 개선하기 위한 필수적인 과정이다.

① **목적과 유형** : 평가는 학습자의 학업 성취도를 측정하는 성취평가, 교육 프로그램의 효과성을 검증하는 프로그램 평가, 교수방법의 적절성을 진단하는 교수평가 등 다양한 목적과 유형을 가진다. 형성평가(학습 과정 중 피드백), 총괄평가(학습 종료 후 성취도 확인) 등으로 구분될 수도 있다.

② **측정 및 분석** : 평가는 객관적이고 신뢰성 있는 도구를 사용하여 데이터를 수집하고, 이를 체계적으로 분석하여 의미 있는 정보를 도출해야 한다.

③ **환류(feedback) 및 개선** : 평가의 가장 중요한 기능은 '환류'이다. 평가 결과는 학습자에게는 학습 전략 개선의 기회를, 교사에게는 교수방법 개선의 방향을, 교육기관에게는 교육 과정 및 정책 수정의 근거를 제공하여 교육 시스템 전체의 질적 향상으로 이어진다. 평가는 교육이 끊임없이 발전하고 변화하는 역동적인 과정임을 보여주는 핵심 요소이다.

이러한 각 구성 요소에 대한 심층적인 이해는 교육학의 다양한 분야(교육심리,

교육철학, 교육과정, 교육방법, 교육평가 등)와 연계되어 있으며, 궁극적으로 이상적인 교육이 무엇인지, 그리고 어떻게 하면 그 이상에 더 가까이 다가갈 수 있을지에 대한 지속적인 탐구의 기반이 된다고 할 수 있다.

4. 교육의 유형

교육의 의미가 다양한 것과 같이 교육의 유형 또한 다양하다. 그것은 교육이 획일적 가치를 지향하기보다는 다원적 교육가치를 추구하는 데서 연유한다. 교육의 유형을 나누는 준거를 무엇으로 규정하느냐에 따라서 다양한 교육 패러다임으로 분류할 수 있다.

1) 교육의 형식을 준거 : 형식교육 – 비형식교육

교육은 인간이 성장하고 발달하는 데 필수적인 사회적 활동이며, 그 형태는 매우 다양하다. 교육학에서는 이러한 다양한 교육활동을 특성에 따라 분류하는데, 가장 일반적인 분류 중 하나가 바로 형식교육과 비형식교육이다. 이 두 유형은 교육이 이루어지는 환경, 목적, 구조, 내용, 평가 방식 등에서 명확한 차이를 보인다. 과거에는 '무형식교육(informal education)'이라는 용어를 함께 사용하기도 했으나, 최근 교육학에서는 무형식교육을 비형식교육의 넓은 범주 안에 포함시키거나, 아예 별도의 범주로 두는 경우도 있다.

(1) 형식교육

형식교육(formal education)은 일반적으로 정규 교육기관(학교, 대학 등)에서 이루어지는 제도화된 교육활동을 의미한다. 이는 사회가 공식적으로 인정하고 통제하는 교육형태로, 명확한 교육목표와 체계적인 교육과정을 바탕으로 운영된다.

① 주요 특징

- 교육부 등 국가 기관에 의해 정해진 법과 규율에 따라 운영되며, 학년제, 학점제 등 고도로 구조화된 시스템을 갖춘다.
- 명확한 교육목표를 설정하고, 이를 달성하기 위한 교육 내용과 방법을 사전에 철저히 계획하여 실행한다.
- 초등, 중등, 고등교육 등 연령과 발달 단계에 따라 교육과정이 계층적으로 조직되어 있으며, 상위 단계로 나아가기 위한 일정한 자격 요건을 요구한다.
- 교육을 전문적으로 이수하고 자격을 갖춘 교사나 교수진에 의해 교육이 이루어진다.
- 시험, 과제 등을 통해 학습 성취도를 평가하고, 이를 바탕으로 졸업장이나 학위 등 공식적인 자격과 학력을 인정한다.
- 일반적으로 학교, 강의실 등 특정 교육 시설에서 정해진 시간표에 따라 진행된다.

② 장점

- 특정 분야의 지식을 체계적이고 심층적으로 습득할 수 있다.
- 사회에서 공식적으로 인정되는 학력과 자격을 취득하여 사회 진출이나 전문 직업 활동에 유리하다.
- 공동체 생활을 통해 사회 규범과 가치를 습득하고, 사회 구성원으로서의 역할을 배울 수 있다.
- 표준화된 평가를 통해 학습 성과를 객관적으로 측정할 수 있다.

③ 단점

- 정해진 교육과정에 따라 운영되므로 학습자 개개인의 특성과 흥미, 요구를 충분히 반영하기 어렵다.

- 성취도 위주의 평가와 학력 경쟁으로 인해 학습자에게 심리적 부담감과 스트레스를 줄 수 있다.
- 때로는 이론 중심의 교육이 실제 삶의 맥락과 괴리될 수 있다.
- 학비, 학습 자료 등에 상당한 비용이 소요되며, 특정 연령대에 장기간의 시간을 투자해야 한다.

(2) 비형식교육

비형식교육(non-formal education)은 정규 학교교육 시스템 밖에서 이루어지지만, 특정 목적과 조직적인 틀을 가지고 진행되는 교육활동을 의미한다. 이는 학습자의 특정 필요나 흥미를 충족시키기 위해 유연하게 설계되는 경우가 많다. '무형식교육'이 개인의 일상생활 속에서 우연적, 비의도적으로 이루어지는 학습(예 친구와의 대화, TV 시청, 여행 중 학습 등)이라면, 비형식교육은 비록 정규 학교는 아니지만 의도성과 조직성을 갖춘다는 점에서 차이가 있다.

① 주요 특징

- 학습자의 필요와 흥미에 따라 교육 내용, 기간, 장소, 방법 등이 유연하게 조절된다.
- 직업 훈련, 평생학습, 취미 활동, 시민교육 등 특정 목적을 가지고 운영된다.
- 공식적인 학위나 졸업장 취득을 목적으로 하지 않으며, 학습 결과에 대한 인증이 공식적이지 않거나 해당 프로그램 내에서만 유효한 경우가 많다.
- 학원, 문화센터, 직업 훈련원, 시민 단체, 기업의 사내 교육, 온라인 강좌, 학습 동아리 등 다양한 기관이나 그룹에서 이루어진다.
- 학습자의 자발적인 참여와 능동적인 상호작용이 강조되는 경우가 많다.
- 학습 내용이 실제 생활이나 직업 활동에 직접적으로 적용될 수 있도록 실용성을 강조한다.

② 장점

- 연령, 학력, 배경에 관계 없이 누구나 참여할 수 있으며, 시간과 장소의 제약이 적다.
- 학습자의 개별적인 요구와 흥미에 맞추어 내용을 구성하고 방법을 적용할 수 있어 학습 만족도가 높다.
- 학습한 내용을 실제 삶이나 업무에 빠르게 적용하여 효용성을 느낄 수 있다.
- 취미, 교양, 직무 능력 향상 등을 통해 개인의 삶의 질을 높이고 새로운 역량을 개발할 수 있다.

③ 단점

- 형식교육에 비해 교육내용이 체계적이지 않거나 단편적일 수 있다.
- 학습 결과에 대한 공식적인 학위나 자격 인정이 없어 사회적 효용성이 제한적일 수 있다.
- 교육 제공 기관의 자율성이 높아 교육 프로그램의 질 관리가 어렵거나 편차가 클 수 있다.
- 자발성에 크게 의존하므로 학습자의 동기가 낮아지면 중도에 포기할 가능성이 있다.

(3) 형식교육과 비형식교육의 관계 및 상호 보완성

과거에는 형식교육이 교육의 주류로 여겨졌으나, 평생학습 사회로의 변화와 함께 비형식교육의 중요성이 점차 커지고 있다. 이 두 유형의 교육은 서로 배타적인 것이 아니라, 상호 보완적인 관계를 가진다. 형식교육은 체계적인 기초지식과 학문적 소양을 제공하여 비형식교육을 위한 기반을 마련해 준다. 비형식교육은 형식교육에서 다루기 어려운 개인의 특수한 필요나 급변하는 사회의 요구를 반영하여 현실 적응력과 실용적인 역량을 강화하는 역할을 한다. 현대 사회에서는 두 교육 유형의 경계가 점차 모호해지면서, 형식교육 기관에서도 비형식교육의 유연성과 실용성을 도입하려는 시도가 많아지고 있다(예 온라인 강좌, MOOC, 방과 후 활동, 체험 학습).

궁극적으로, 모든 개인이 전 생애에 걸쳐 학습하고 성장하는 평생학습(lifelong learning)의 관점에서 볼 때, 형식교육과 비형식교육은 각각의 강점을 활용하여 학습자의 잠재력을 최대한 발휘하고, 변화하는 사회에 능동적으로 적응하며, 풍요로운 삶을 영위하도록 돕는 중요한 수단이라고 할 수 있다.

2) 교육의 주체를 준거 : 자기교육 – 타인교육

교육은 학습의 주체가 누구인지에 따라 크게 자기교육(self–education)과 타인교육(other–education)으로 나누어 볼 수 있다. 이 두 유형은 학습의 주도권, 과정, 동기, 그리고 결과에서 뚜렷한 차이를 보이며, 각각의 강점과 한계를 가진다.

(1) 자기교육

자기교육(self–education)은 교육의 주체가 자기 자신이 된다. 즉, 학습자 스스로가 자신의 학습목표를 설정하고, 학습 내용과 방법을 선택하며, 학습과정을 주도적으로 이끌어 가는 모든 형태의 교육활동이다. 모든 교육행위는 주체적·창조적으로 자기의 욕구와 요구에 의해 스스로 판단 및 해석하고, 사유하며, 이해하고, 학습의 결과에 대해 자기평가하면서 학습이 진행되어 간다.

자기교육의 특징은 자신이 학습의 주체로서 주도성을 갖게 되고, 스스로의 내재적 동기에 의해 이루어지므로 학습이 이루어지면 학습에 책임감과 자기 성찰의 기능도 함께 이루어진다는 것이다. 그리고 학습과정이 상황에 따라 유연하게 조정될 수 있으므로 개별화된 학습이 가능하다는 점이다.

이러한 자기학습의 장점으로는 높은 학습 동기와 심도 있는 이해, 자기 주도 학습 능력의 향상과 유연성과 효율성, 창의성이 발현된다는 것이다. 그러나 학습의 체계성 부족과 학습오류의 위험이 있으며, 나아가 전문성에 있어 한계에 도달할 수 있으며, 동기 유지가 어렵고, 사회적 상호작용이 부족해질 수 있는 단점도 있다.

(2) 타인교육

타인교육(other-education)은 교육의 주체가 자기가 아니고 타자가 된다. 학습자 이외의 다른 주체(교사, 부모, 교육 기관 등)가 교육의 목표 설정, 내용 선정, 방법 결정, 평가 등을 주도하여 학습자를 이끌어 가는 교육활동을 의미한다. 이는 일반적으로 우리가 학교 교육에서 경험하는 형태와 유사하며, 체계적인 교육 시스템 안에서 이루어지는 경우가 많다. 지시, 명령, 통제에 의해 타율적으로 또는 강압적으로 학습하게 된다.

타인교육의 특징으로는 학습의 주도권이 외부 주체에 의하게 되므로 외부적 동기 및 외부적 요인에 의한 학습이라는 점이다. 그리고 구조화된 학습 과정과 전문적인 안내 및 피드백을 받으며, 집단 학습 및 상호작용이 가능하다.

타인교육의 장점으로는 체계적이고 효율적인 학습, 객관적인 피드백 및 평가, 사회적 상호작용 및 협력, 오류의 최소화와 공식적인 인정을 들 수 있다. 한편 학습 동기의 저하와 획일성과 경직성, 수동적인 학습 태도 형성, 경쟁과 스트레스는 단점으로 드러난다.

(3) 자기교육과 타인교육의 상호 보완성

자기교육과 타인교육은 서로 다른 특성을 가지지만, 현대 교육에서는 두 가지 유형의 장점을 결합하여 학습 효과를 극대화하는 방향으로 나아가고 있다. 타인교육이 제공하는 체계적인 기초 지식과 방향성은 학습자가 자기교육을 시작하는 데 든든한 기반을 제공한다. 자기교육의 능동성과 주도성은 타인교육의 획일성을 보완하고, 학습자가 주어진 지식을 넘어 스스로 탐구하고 창조하는 능력을 길러준다. 따라서 이상적인 교육은 교사나 기관의 전문적인 안내(타인교육) 속에서 학습자가 자신의 학습을 주도하고(자기교육), 끊임없이 성찰하며 성장하는 환경을 조성하는 것이다. 이는 평생학습 시대에 개인이 변화하는 사회에 능동적으로 적응하고 지속적으로 발전해 나가는 데 필수적인 요소가 된다.

이 밖에도 교육의 내용을 중심으로 지식교육, 도덕교육, 신체교육, 예술교육, 종교교육, 정치교육, 경제교육 등으로 유형화할 수 있으며, 분류의 준거를 교육적 가치에 둔다면 일반교육 또는 교양교육(liberal education)과 전문교육 또는 직업교육으로 구분할 수도 있다. 교육의 대상을 중심으로 영아교육, 유아교육, 아동교육, 청소년교육, 성인교육, 여성교육, 남성교육, 부모교육, 농민교육, 노동자교육, 근로청소년교육 등으로 다양하게 구분될 수 있으며, 교육의 장소에 따라서도 가정교육, 학교교육, 사회교육으로 유형화할 수 있다.

요약

1. 교육의 어원은 동양의 경우 교육(教育)이라는 용어는 맹사의 「진심장」 상편에 언급된 '군자의 세 가지 즐거움'에서 최초로 사용되었다. 교육이라는 용어의 교는 '가르칠 교'이고, 육은 '기를 육'이다. 교육(教育)은 윗세대 혹은 기성세대가 나음 세대 또는 성장세대에 대하여 인격적으로 영향을 미치는 사회적 작용을 의미한다.
2. 우리말로 교육을 뜻하는 가장 대표적인 용어는 '가르침'이다. '가르치다'의 명사형으로 고어 'ᄀᆞᄅᆞ치다'에서 유래되는데, '가르치다'라는 말은 '알게 하다'의 뜻으로 성숙한 이가 미성숙한 이에게 처음부터 가지지 못한 어떤 능력을 가르쳐준다는 의미로, 타고난 능력이나 소질 등 선천적인 능력을 키워 바람직한 인간으로 형성시켜 나가는 일이 교육이라는 것이다. 즉, 교육이란 인간의 내면에 있는 잠재력을 끄집어 내어 키워주는 일이다.

3. 서양에서 교육은 'education'과 'pedagogy' 두 가지로 나누어 볼 수 있다. 'Education'은 라틴어의 educare에서 유래되었고, 'pedagogy'는 그리스어 paidagogos에서 유래하였다.

4. 교육은 인간의 목적이자 수단이며, 인간을 인간답게 하고 보다 낮은 가치를 보다 높은 가치가 되도록 창출하는 방법이기도 한 인간 형성의 과정이자 인간화 작용이며, 현재의 인간을 보다 이상적인 인간으로 조성하고 돕는 일이다. 따라서 교육이란 인간임(Menschensein)의 상태에 있는 인간을 인간됨(Menschenwerden)의 상태로 이끌어 주는 유목적적 활동이다.

5. 교육의 목적을 내재적 목적과 외재적 목적 두 가지로 나누어 보면, 내재적 목적은 교육 자체에 내포되어 있는 가치와 의미이며, 외재적 목적은 교육이 어떤 목적을 달성하거나 가치실현을 위한 수단이나 도구로서 활용되는 것이다.

6. 교육의 구성 요소로는 교육주체인 교수자와 학습자, 교육목적, 교육내용, 교육방법, 교육환경, 교육평가 등이 있다. 교육의 주요 구성 요소들은 각각 독립적인 의미를 가지면서도, 유기적으로 결합하여 교육이라는 전체 시스템을 형성해 나간다.

7. 교육의 유형은 준거를 무엇으로 규정하느냐에 따라서 다양한 교육 패러다임으로 분류할 수 있다. 교육의 형식을 준거로 했을 때, 형식교육과 비형식교육으로 나눌 수 있고, 교육의 주체를 준거로 나누었을 때는 자기교육과 타인교육으로 구분된다.

제 3 장

교육의 가능성과 한계성

1. 인간의 가능성과 한계성
2. 교육의 가능성과 힌계성

제3장 교육의 가능성과 한계성

학습내용

- 인간의 가능성과 한계성을 이해한다.
- 교육의 가능성과 한계성을 이해한다.

교육의 관심과 과제는 인간을 인간으로 형성시키는 일이다. 자연적 인간, 현실적인 인간을 이상적이고 가치로운 인간으로, 존재의 인간을 당위의 인간으로 조성하는 작용이 교육이다. 그렇기 때문에 당연히 교육이 이 같은 가치 창조적인 과제를 수행해 나갈 수 있을 것인가 하는 교육 가능성의 문제가 발생한다. 교육의 가능성은 인간이 각자 타고난 성장·발달의 가능성과 관련해서 생각할 수 있다. 인간존재의 잠재적 가능성, 가소성(plasticity)은 교육의 가능성을 성립시키지만, 인간본질의 유한성과 불완전성은 교육의 한계성으로 생각할 수 있다.

이 장에서는 인간의 가능성과 한계성의 근원을 밝혀 교육의 효과와 한계를 규명하고자 한다.

1. 인간의 가능성과 한계성

교육을 인간형성의 과정으로 규정하거나(교육본질적 측면에서), 사회화 과정으로 규정하거나(사회적 측면에서), 문화화 과정으로 규정(문화인류학적 측면에서)할 때 인간의 성장과 발달을 전제하지 않을 수 없다. 따라서 인간의 성장·발달이 곧 교육이요, 교육은 바로 인간의 성장·발달을 조성하는 가치지향적 활동이라 할 것이다. 이 같은 맥락에서 보면 교육과 성장·발달은 동일시될 수도 있다.

인간의 성장, 발달, 교육은 변화라는 축을 중심으로 하고 있다. 물론 그 변화는 가치적인 변화이다. 가치롭지 못한 변화는 교육적이라고 할 수 없다. 왜냐하면 교육의 의미는 가치가 내재된 개념이기 때문이다.

인간의 일생은 이처럼 출생에서부터 계속적인 신체적·정신적 변화의 연속 과정이라 할 수 있다. 이 같은 변화가 자연적, 우연적으로 이루어지느냐 의도적, 계획적으로 이루어지느냐 또는 신체적, 생리적으로 이루어지느냐 정신적으로 이루어지느냐 혹은 내적인 변화냐 외적인 변화냐에 따라서 성장(growth)과 성숙(maturity)으로, 발달(development)과 학습(learning)으로 구분할 수 있다.

성장은 외형적 신체적 변화이고 성숙은 기능적인 변화이다. 예컨대 체중이 증가하고 신장이 커지면 성장한다고 할 수 있고, 신체의 구조가 점점 기능화되어서 동작이 민첩해지고 뛰기나 달리기를 잘하게 될 때는 성숙되어 간다 할 수 있다.

이처럼 성장과 성숙은 신체적이고 생리적인 현상이며 유전적인 영향을 많이 받는다고 할 수 있으며, 외형적이고 구체적이며 유아기나 아동기, 청년기, 즉 인간 발달의 초기 단계의 발달적 특성이라 할 수 있다. 성장과 성숙의 관계는, 성장을 통해 성숙해 가고, 성숙은 성장 없이는 이루어질 수 없으며, 성숙은 성장을 촉진시키기도 한다.

발달은 심리적 변화이고 환경적인 영향을 더 많이 받으며 자연적이고 우연적인 과정보다는 유기체의 끊임없는 노력의 산물이며, 외형적이기보다는 내재적이라 할 수 있고, 질(質)적인 변화로서 양(量)적 변화인 성장과 구별된다. 이러한 정신적 변화를 보다 의도적·계획적으로 가치적인 방향으로 변화를 유도할 때 학습이 된다. 따라서 발달에 비해 학습은 보다 체계적이고 계획적이라 할 수 있다.

발달과 학습의 특징은 다음과 같다.

① 유기체와 환경의 상호작용의 산물이다.

② 행동이 복잡해질수록 성숙의 요인보다는 학습의 요인이 강하게 작용한다.

③ 성숙은 시간이나 외적 조건에 상관없이 변화하지만 학습은 경험과 같은 외적이고 환경적인 영향을 받아 변화한다.

④ 발달은 점진적이며 계속적인 과정이다.

⑤ 발달과 학습에도 개인차가 있다.

⑥ 발달은 일정한 방향이 있다.

⑦ 발달은 문화와 통합의 과정이다.

⑧ 발달에는 상관관계가 있다.

1) 인간의 발달의 내재성

모든 인간은 출생 시에 일정한 생득적인 조건을 선천적으로 가지고 태어난다. 인간은 선천적으로 첫째, 생득적으로 성선(性善) 혹은 성악(性惡)의 본성을 지니고 있다. 둘째, 욕구, 충동과 같은 유기체적 생리적 욕구를 가지고 태어난다. 셋째, 잠재적 가능성을 가지고 태어난다. 이 가운데서 인간의 규범적인 본성을 무엇으로 규정하느냐에 따라 교육의 가능성이 달라진다.

(1) 성선설(性善說)

인간의 자연적 본성(human nature)은 선(善)이다. 모든 사람은 선하고 착한 마음씨를 가지고 태어난다. "창조주의 손에서 나올 때는 모든 것이 선하던 것이 인간의 손에서 모든 것은 악하게 되어 버렸다"(Rousseau, Emile oder Über die Erziehung, S.9)고 말하는 루소는, 신이 인간을 선하게 창조했기 때문에 인간의 최초 충동은 선이며 자연적 홍미 역시 선하다고 보았다. 본래의 상태, 있는 그대로가 선이다. 그는 "인간의 마음에는 원래부터 악은 없기 때문에 들어오는 것을 막는다면 악은 없다"고 하여 인간의 자연적 본성이 선하다고 보고, 악은 인간의 본성과는 관계없이 역사적·사회적 산물이라고 보았다. 따라서 사회악은 인간본성에서 온 것이 아니라 인간과 인간 간의 관계에서 비롯된다. 악은 인간 외부의 것이고 선은 인간 내면의 것이라고 한다.

플라톤은 영혼이 원래 인간이 태어나기 이전부터 이데아의 세계, 즉 이상의 세계에 살고 있었는데 현실세계에 태어나면서 육신의 감옥에 갇히게 되었다고 보고, 교육이란 곧 이데아 세계를 회상하고 깨닫도록 각성시키는 작용이라고 하였다.

맹자(孟子)도 "인간의 성(性)이 선(善)함은 물이 아래로 흐르는 것과 같아서 사람은 선하지 않은 사람이 없고, 물은 아래로 흐르지 않는 물이 없다. 인간 본연의 성(性)은 선하지만 감각적으로 바깥세계에 이끌려 물욕 때문에 성선이 감추어지고 방심이 되어 악한 일을 하게 된다. 그리고 마음을 바르게 하고 성실하고 수련을 쌓아 사물의 이치를, 즉 진리를 깨닫게 하는 것이 곧 교육이다"라고 하면서 성선설의 입장을 보였다.

현대에 와서 맥그리거(McGregor)는 XY이론을 개발하여 X는 인간의 악한 본성으로, Y는 선한 본성으로 규정한다. 따라서 X이론은 인간은 본능적으로 게으르고 일하기를 싫어하며, Y이론은 인간은 일하기 좋아한다고 한다. 성선설의 입장과 Y이론의 접근을 인간 발달적 측면에서 보면 자연성숙론으로, 인간은 누구나 동세나 환경적 제약을 받지 않아도 본성적으로 착하고 선하며 일하기 좋아하는 자연적 경향성을 가지고 태어났기 때문에, 자연적으로 성장·발달해 나가게 된다.

따라서 이러한 성선설적 입장에서는 교육의 가능성을 낙관하며 어떠한 인위적인 간섭이나 제약을 가하지 않아도 인간은 성취목표에 도달할 수 있다고 믿는다.

(2) 성악설(性惡說)

인간은 태어날 때 도덕적으로 악한 충동을 지니고 있기 때문에 교육을 받지 않으면 선한 행동은 있을 수 없고 오직 악한 행동만 하게 된다고 보는 이론이다.

홉스(Hobbes)는『리바이어던(Leviathan)』에서 만물은 모두 연장을 가진 운동체라고 규정하고 인간의 심장도 생명운동을 하는 물체라고 보았다. "모든 물체는 일단 운동을 시작하면 밖으로부터 저지되지 않는 한 운동을 계속하려는 타성을 가지고 있다. 이러한 자기지속의 힘이 곧 생명력이요 의지작용으로서의 노력이다. 여기서 선악이 평가된다. 그 대상이 무엇이든 간에 욕구의 대상으로 되는 것은 그에게 선이고, 혐오의 대상이 되는 것은 악이다. 유기체에게 유익하고 쾌감을 일으키면 선이며, 반대로 유기체에게 유해하고 불쾌감을 수반하면 악인 것이다. 인간본성을 규정하면 인간은 늑대(Homo Homini lupus)이며, 인간 자연의 본성은 악한 본성, 이기적 본성이다. 그러기에 인간 간의 투쟁은 필연적이고 인간의 자연상태는 혼돈과 무질서의 상태가 계속되게 되고 여기에 절대적인 권력에 의한 절대군주 정치체제를 통해 안정과 질서의 사회상태로의 전환이 요구된다"고 보았다. 즉, 인간본성은 악하다는 것이다.

순자(荀子)도 성악설을 주장하였으며 맥그리거의 X이론과 같은 맥락으로 이해할 수 있다. 인간본성이 악하다고 보는 사상가로는 로마의 세네카(Seneca), 근대의 마키아벨리(Machiavelli), 정신분석가 프로이트(Freud) 그리고 기독교 교의의 원죄(原罪)설의 입장이 이에 해당된다.

인간의 자연적 본성을 성선으로 보는 교육방법은 자연히 온화하고 자율성을 존중하는 방법으로 교수·학습이 이루어지나 성악의 관점에서 이루어지는 교육방법은 엄격하고 통제적이다.

2) 인간발달의 외재성

인간의 성장과 발달은 다양한 요인의 영향을 받는다. 즉, 발달을 촉진하고 조성하는 적극적 요인도 있으며 발달을 저해하거나 위축시키는 소극적 요인도 있다. 교육적 환경은 발달을 촉진시키지만, 비교육적 환경은 발달을 억제하거나 영향을 미치지 않을 수도 있다. 인간의 성장・발달에 영향을 미치는 요인으로서 성(性), 사회・경제적 조건, 출생 순위, 부모와의 관계, 지역, 기후, 영양 등이 있을 수 있다.

(1) 성(性)

남성과 여성 간에는 출생 시부터 발달상 차이가 나타난다. 지능, 성격, 행동 특성, 취미, 관심 등과 신체적 성장이나 성숙 면에도 차이를 나타낸다. 사춘기에 13~15세경에는 일시적으로 여자가 남자보다 성장이 1년 정도 빠르다고 한다. 특히 언어 발달도 여아가 남아보다 우수하다는 연구결과가 있다. 남자와 여자 간에는 지능의 차이가 없으나 지능의 요인별 차이, 즉 개인 내 차이는 있다. 홉슨(Hobson)의 연구에서는 기억 요인(M), 언어 요인(W)은 여자가 우수하고 공간 요인(S), 이해력(V), 추리 요인(R)은 남자가 우수하고 수 요인(N)은 큰 차이가 없다고 밝히고 있다.

(2) 사회경제적 요인

사회경제적 조건이 발달에 영향을 미친다. 사회계층에 의한 발달의 차이는 교육은 물론 성격이나 가치관, 능력까지 영향을 준다. 하트(Hart)와 리슬리(Risley)의 연구(1995)에서, 부모의 사회경제적 지위에 따라 자녀에게 들려주는 어휘의 양이 현저히 다르다는 것을 밝혔는데, 즉 전문직 부모는 복지 지원을 받는 가정의 부모보다 아이에게 1시간에 평균 약 3배 많은 단어를 들려주었고, 이는 아동의 언어 발달 및 이후 학업 성취에 큰 격차를 만든다는 것을 보여주었다. 또 맥도웰(McDowell) 등(2009)도 낮은 사회경제적 지위는 아동의 뇌 발달, 특히 언어 및 기억과 관련된 영역에 부정적인 영향을 미친다는 것을 제시했는데, 주로 스트레스 호르몬인 코르티솔의 높은 수치와 관련이 있으며, 부모의 스트레스가 아동의 뇌 발달에 영향을 미친다는 점을 말하였다. 콩거(Conger)와 돈넬란(Donnellan)(2007)은 사회경제적 지위가 낮은 가정의 부모가 자녀에게 더 엄격하고 통제적인 양육 방식을 사용할 가능성이 높으며, 이는 자녀의 낮은 자존감, 문제 행동 증가, 학업 성취 저하와 관련이 있다고 보았다. 경제적 어려움으로 인한 부모의 심리적 스트레스가 자녀 양육 태도에 부정적으로 작용하는 것이다.

(3) 출생 순위

가족 내의 위치나 출생 순위가 성격이나 능력, 언어 발달에 영향을 미친다. 개인심리학의 창시자인 알프레드 아들러(Alfred Adler)는 출생 순위를 성격 형성에 영향을 미치는 중요한 요인으로 보았는데, 자녀가 가족 내에서 어떤 위치에 있는지가 그 아이의 경험과 세상에 대한 관점을 형성한다고 했다. 첫째는 책임감, 성실성, 보수적 성향이 발달할 가능성이 높고, 권위에 순응하며 리더의 역할을 맡으려는 경향을 보이고, 둘째/중간은 협상 능력, 사회성, 타협하는 기술이 발달하며, 때로는 반항적이거나 평화 중재자가 되려는 성향을 보일 수도 있으며, 막내는 독립심이 부족할 수 있지만, 주목을 받기 위해 매력적이거나 재치 있는 성격을 발달시키기도 한다고 보았다. 진화심리학자인 프랭크 설로웨이(Frank Sulloway)는 출생 순위가 역사적 혁명가들의 성격에 영향을 미쳤다고 주장하며 다윈주의적 관점에서 형제자매들이 부모의 자원을 놓고 경쟁하기 때문에 각자 다른 '틈새(niche)'를 찾아 성격을 발달시킨다고 보았다.

아들러와 설로웨이의 주장은 널리 알려졌지만, 현대 심리학 연구에서는 출생 순위의 영향을 매우 작거나 거의 없는 것으로 보는 경향이 강하다. 로러

(Rohrer) 등(2015)의 연구에 따르면, 출생 순위와 성격 특성 사이의 상관관계는 거의 없었으며, 지능(IQ) 면에서 첫째가 약간 더 높은 점수를 받았지만 그 차이는 미미한 수준(1~3점)에 불과했다.

결론적으로, 아들러와 설로웨이 같은 학자들은 가족 내 역학 관계와 경쟁을 통해 성격이 형성된다는 이론을 제시했지만, 최근의 대규모 연구들은 출생 순위의 영향이 전통적인 생각만큼 크지는 않다고 결론짓고 있다. 따라서 출생 순위는 유전, 부모의 양육 태도, 사회경제적 지위 등 다른 요인들과 함께 복합적으로 발달에 영향을 미치는 하나의 작은 요소로 보는 것이 일반적이다.

(4) 부모와의 관계

부모와의 상관관계가 높다. 상관관계(correlation)란 두 가지 특성 또는 현상 사이에 존재하는 공변(共變)의 현상을 말한다. 즉, 어떤 현상 또는 특성 X가 X_1 X_2 X_3 −X로 변화할 때 다른 현상 Y가 Y_1, Y_2, Y_3, −Y로 변화되어 간다면, XY는 상관관계가 있다고 말한다. 이와 같은 상관관계를 수치로 표시하면 0~±1로 나타낸다. 0에 가까울수록 상관이 낮거나 상관이 없으며 1에 가까울수록 상관이 높다.

인간 발달에서 부모와의 관계는 가장 근본적이고 결정적인 외재적 요인 중 하나다. 애착 이론(Attachment Theory) 학자인 존 볼비(John Bowlby), 메리 에인스워스(Mary Ainsworth)는 부모와 자녀 간의 정서적 유대, 즉 '애착'이 인간 발달의 핵심이라고 주장하며, 특히 영유아기 주 양육자와의 안정적인 애착 형성은 이후 삶의 모든 관계의 토대가 된다고 보았는데, 시설에 수용된 아동들을 관찰하며, 주 양육자와의 정서적 유대가 부족한 아동들이 정서적, 사회적 발달에 어려움을 겪는다는 것을 발견하였다. 이후 에인스워스는 '낯선 상황 실험(Strange Situation Test)'을 통해 애착 유형을 분류하고, 각 유형이 아동의 행동에 어떤 영향을 미치는지 과학적으로 입증했다.

바움린드(Diana Baumrind)도 부모가 자녀를 대하는 방식을 권위 있는(Authoritative) 양육, 권위주의적(Authoritarian) 양육, 허용적(Permissive) 양육, 방임적(Neglectful) 양육의 네 가지 유형으로 나누고, 각 양육 태도에 따라 아동의 사회적 능력, 학업 성취, 정서적 안정성 등이 어떻게 달라지는지를 실증적으로 보여주었다.

반두라(Albert Bandura)의 '보보 인형(Bobo Doll) 실험'은 아동이 어른의 공격적인 행동을 관찰한 후 이를 모방한다는 것을 보여주며, 부모의 행동 모델이 자녀의 행동 발달에 미치는 영향을 입증하였다.

이처럼 부모와 자녀 간의 관계는 단순한 혈연 관계를 넘어, 자녀의 인지, 정서, 사회성, 행동 등 전반적인 발달에 지대한 영향을 미치는 핵심적인 상관관계임을 알 수 있다.

(5) 지역, 기후, 영양

발달에 영향을 주는 요인으로서 지역 차가 있다. 자연적, 지리적 공간이나 조건이 발달의 차이를 나타낸다. 대체로 도시적인 환경과 농촌의 물리적 환경이 인간 발달에 영향을 미치는데, 성격이나 지능, 학력 그리고 행동양식에 차이를 보인다. 예부터 우리나라에는 각 지방 사람의 고유한 인성을 이르는 말이 존재해 왔는데, 경기도 사람은 경중미인(鏡中美人), 충청도 사람을 청풍명월(淸風明月), 전라도 사람을 풍전세류(風前細柳)라고 한 것이 지역 차에 의한 발달 특성이라 할 것이다.

기후 차도 발달에 영향을 준다. 기후가 따뜻하면 성장을 촉진하고 추우면 발달이 늦다. 몽테스키외(Montesquieu)는 이 같은 기후 차에 의해서 각 나라의 결혼제도, 정치제도까지 영향을 미친다고 말하고 있다.

영양상태도 발달에 차이를 나타낸다. 1955년 게이츠(Gates)와 해럴(Harrell) 그리고 우드야드(Woodyard)는 미국 켄터키주와 버지니아주의 부인들을 대상으로 한 연구에서 비타민이 함유된 고단백 식품을 복용한 부인 집단(실험집단)과 그렇지 못한 집단(통제집단)에서 그 부인들이 낳은 아이들의 발달 상태, 즉 지적 발달에 차이를 나타냈음을 밝히고 있고, 이왕재, 강재승 교수 연구팀(서울대학교병원, 2015)은 동물 실험을 통해 임신 중 모체의 비타민 C 결핍이 태아의 뇌 발달에 심각한 손상을 초래하며, 성체에서도 운동 기능 장애를 유발할 수 있음을 규명했다. 비슷하게 이화여자대학교 김영주 교수(2012)는 임신 및 수유 중인 어미 쥐의 영양 결핍이 자손 쥐의 두뇌 발달 저하를 유발한다는 것을 동물 실험 연구를 통해 보여주었다.

“초, 중, 고 학생들의 식생활과 영양섭취 실태가 학업성취와 체력에 미치는 영향”(김경자 외, 2005) 연구는 전국 초, 중, 고 학생들을 대상으로 한 설문 조사 및 분석을 통해, 아침 식사를 규칙적으로 하는 학생들의 학업 성취도가 높은 경향을 보인다는 결과를 제시했고, “고등학생의 식생활행동과 신체상태 및 학업성취도와의 관계 연구”(임혜인, 1997)도 청소년기의 식생활 행동, 특히 식습관과 영양 상태가 학업 성취도에 영향을 미칠 수 있음을 언급하고 있다.

이 외에도 운동이나 생활습관, 휴양 그리고 정신적 요인이 발달에 영향을 준다. 특히 질병이나 심리적 갈등, 불안, 신상, 신체적 결함은 발달에 소극적 영향을 미친다.

2. 교육의 가능성과 한계성

1) 교육의 생득설

교육의 생득설은 인간의 지식이나 능력은 후천적인 경험이나 학습에 의해 습득되는 것이 아니라, 이미 태어날 때부터 선천적으로 내재되어 있다는 관점이다. 즉, 교육의 역할은 이러한 타고난 잠재력이나 능력을 ‘발현’시키고 ‘계발’

하는 데 있다고 본다.

사회학을 창시한 콩트(Comte) 이래로 실증주의자들은 자연과학적인 방법을 사회과학에도 일반화시킬 수 있다고 생각하면서 모든 자연현상뿐만 아니라 사회현상이나 인간의 정신현상까지도 관찰, 실험, 경험, 검증에 의해 연구하고자 하였다. 1857년 멘델(Mendel)이 유전의 법칙과 독립의 법칙을 발견한 이래로 심리학자, 교육학자들은 인간의 모든 특성에도 유전법칙에 의한 연구를 하기 시작한 것이다. 즉, 자연법칙이 인간법칙에도 환원 가능하다는 것이다. 멘델이나 모건(Morgan) 등의 유전학자들에 의하면 생물의 특질은 생식세포에 있는 염색체의 유전형질 또는 유전자에 의하여 선천적으로 결정되기에 후천적인 조건은 유전형질을 변형시킬 수 없다. 그로 인해 인간의 성장 발달에 유전적 요인이 얼마나 지배적이며 영향을 미치는가에 대한 연구가 관심을 끌기 시작하며 가계연구, 혈통연구, 쌍생아연구를 통해 유전론에 접근하였다.

수십 년간 이루어진 수많은 쌍생아연구는 지능(IQ), 성격 특성, 정신질환 등 여러 분야에서 일란성 쌍둥이가 이란성 쌍둥이보다 훨씬 더 높은 상관관계를 보인다는 것을 일관되게 보여준다. 부샤드와 맥규(Bouchard & McGue)의 연구(1981)를 비롯한 여러 연구들은 일란성 쌍둥이의 IQ 상관계수가 약 0.86인 반면, 이란성 쌍둥이는 약 0.60임을 보고하였고, 일란성 쌍둥이의 신장과 IQ의 상관계수는 0.93~0.95와 0.90이고 이란성 쌍둥이는 0.50~0.65와 0.63~0.70인데 형제의 경우는 0.50과 0.50~0.60이다. 이는 일란성 쌍둥이가 이란성 쌍둥이보다 훨씬 더 지능이 유사하다는 것을 의미하며, 지능에 유전적 요인이 크게 작용함을 보여주는 것이다. 성격의 5대 특성(외향성, 친화성, 성실성, 신경증, 개방성)을 포함한 많은 성격 특성들이 일란성 쌍둥이에게서 이란성 쌍둥이보다 높은 상관관계를 보였다. 플로민과 코바스(Plomin & Kovas, 2005) 등의 연구는 성격 특성의 약 40~60%가 유전적 요인에 의해 설명될 수 있다고 추정했으며, 이러한 실증적 연구에서 인간 발달에 유전의 영향이 얼마나 큰가를 알 수 있다.

특히 '미네소타 쌍생아 연구(Minnesota Twin Study)'는 출생 직후부터 헤어져 다른 가정에서 성장한 일란성 쌍둥이들을 추적하여 그들의 지능, 성격, 취향 등을 비교하였는데, 함께 자란 일란성 쌍둥이들만큼은 아니지만, 지능 상관계수는 약 0.76에 달하는 등 여전히 높은 수준의 유사성을 보였다. 이는 공유된 환경보다 유전적 요인이 지능과 성격에 큰 영향을 미친다는 생득설을 강력하게 뒷받침해 주는 사례이다.

교육의 생득설을 가장 강력하게 뒷받침하는 분야는 촘스키(Noam Chomsky)의 이론이다. 그는 저서 『Aspects of the Theory of Syntax(1965)』 등에서 인간의 뇌 속에는 보편 문법(Universal Grammar)이라는 선천적인 언어 습득 장치(LAD : Language Acquisition Device)가 존재한다고 주장했다. 그는 인간에게는 언어를 학습하는 선천적 능력이 내재되어 있어 전 세계 수많은 언어들이 표면적으로는 다르지만, 심층적으로는 공통된 문법적 구조를 공유하고 있다고 했다. 이는 인간의 뇌가 언어를 다루는 기본적인 방식이 선천적으로 정해져 있기 때문이라고 해석하였다.

또한 이탈리아의 의사이자 범죄학자인 롬보르소(Lombroso)는 많은 인간의 신체적 특질을 연구하고 또한 범죄자를 실제로 실험・연구하여 장차 어떠한 사람이 될 것인가는 이미 유전인자에 의해 결정되어 태어난다고 하였다. 이러한 유전인자의 인간 발달에 미치는 영향을 존중하는 입장을 생득설 혹은 유전설, 신천설, 혈통설이라고 하고 또는 생물학주의 혹은 생물학적 결정론으로 롬보르소 이론이라고 한다.

이러한 생물학적 결정론적 주장은 이데올로기적으로는 보수주의와 접근하며 전통적이고 폐쇄적인 신분사회와 전근대적 사회를 정당화하기도 한다. 인종주의(racism), 민족주의와 만나게 되면 인간지배의 수단으로서 이론이 도구화되기도 한다. 나치 시대의 히틀러나 무솔리니와 같은 독재자들의 통치이념으로 왜곡되기도 하는 닫힌 사회의 전산업사회적 이론이라고 볼 수 있으나 자연과학적 입장에서는 상당한 타당성과 과학적 실증성을 인정받아 온 이론이기도 하다.

2) 교육의 회의론

생물학적 결정론에 의하면 인간의 자유의지나 주체성은 무력(無力)하며, 인간 외적인 어떤 힘이나 요인에 의해 인간의 운명이나 행복과 불행 그리고 인간성마저도 결정되게 된다. 그러므로 인간의 교육은 전적으로 유전의 힘이나 생득적 요인에 의해 선험적으로 조건지어지기 때문에 교육은 큰 영향을 미치지 못한다는 교육부정론 혹은 유전만능론으로 발전하게 되거나 아니면 교육의 기능이나 역할에 대해 회의적이게 된다.

이러한 교육부정론의 대표적인 학자가 쇼펜하우어(Schopenhauer)이다. 그는 염세주의 철학에 기초해서 인간성은 불변이므로 교육에 의해 변화가 가능하다는 주장을 거부한다. 인간의 본성은 천부적인 본성으로 인위적인 교육이 변화를 이끌고 작용할 여지가 없다고 본 것이다. 염세주의자인 그는 "사람들은 너무 많이 읽고, 너무 적게 생각한다"고 하며, 독서는 타인의 생각으로 자신의 머리를 채우는 행위에 불과하며, 이는 개인의 독창적인 사고력을 마비시키고 '책벌레(book-worm)'를 만드는 것으로 보았다. 방대한 지식을 가지고 있지만, 그 지식을 실제 세계에 적용하고 자신의 것으로 소화하는 능력이 부족하여 '상식 없는 학자'가 된다고 비판하면서 주입식의 암기식 교육을 비판하였다.

루소는 교육은 인간을 선하게 하지 못하고 다만 영리하게 할 뿐이라고 하여, 인간의 본성은 원래 착하고 선하게 태어났으므로, 교육은 나쁜 환경에 의해서 인간이 사악하고 부패하지 않도록 보호하는 역할에만 충실해야 한다고 하였다. 그러므로 인간의 선한 자연적 본성을 잘 소유하고 있는 농촌의 농민이나 노동자에게는 교육이 큰 의미가 없으나 귀족이나 상류계층의 사람들은 그들의 부, 재산, 권력, 명예, 지위로 인하여 인간의 선한 자연적 본성이 부패하고 타락해서 반자연화, 비인간화되어 있으므로 자연성을 회복하기 위해서 교육이 필요하다고 보았다. 그래서 루소는 교육을 필요악(必要惡)이라고까지 말하였다.

니체, 쇼펜하우어, 톨스토이와 같은 학자들은 무조건적인 교육회의론자는 아니었다. 단지 교육의 본질과 효과에 대해 근본적인 의문을 제기하며, 기존의 교육 시스템을 비판하는 철학적 입장을 취했던 것이다. 이들의 주된 비판은 교육이 개인의 진정한 발전이나 자유를 저해하고, 사회의 특정 목적에 복무하는 도구로 전락한다는 것이었다. 쇼펜하우어는 교육이 "생각하는 법을 가르치는 것이 아니라, 무엇을 생각해야 할지를 강요한다"고 비판하면서 기존의 교육 시스템은 수많은 지식을 머릿속에 집어넣는 데만 급급하여, 그 지식을 자신의 삶에 적용하고 비판적으로 소화하는 능력을 길러주지 못한다고 비판하였다.

니체는 당시의 교육이 개인의 고유한 잠재력을 계발하기보다는, 사회가 요구하는 대중을 양산하는 데 집중한다고 비판하였다. 교육이 개인의 창조성과 독자성을 길러주는 대신, 기존의 가치와 도덕을 주입함으로써 개인을 사회의 부속품으로 만들고, 자신만의 '주인'이 되지 못하게 사회가 정해놓은 성공의 기준에 맞추려 노력하게 한다고 보았다.

톨스토이는 교육이 학생의 자유와 자율성을 억압하는 '폭력'이라고 규정하며, 기존의 학교 시스템을 강력하게 비판했다. 그는 학교교육이 학생들에게 배우고 싶지 않은 것을 강제로 가르친다고 보면서, 모든 학교는 "다른 사람을 원하는 대로 만들 수 있는 소수 집단의 권리"를 전제로 한다며, 이는 교육이 아닌 일종의 훈육이자 통제라고 주장했다. 진정한 교육은 강제적인 것이 아니라, 학생 스스로 배우고 싶은 것을 자유롭게 선택할 수 있을 때 이루어진다고 보고, 자신이 설립한 '야스나야 폴랴나 학교'에서 규칙이나 교과과정을 없애고, 학생들이 자유롭게 학습할 수 있는 환경을 조성하여 이러한 철학을 실천했다.

결론적으로, 이들 교육 회의론자들은 각자의 철학적 관점에서 기존 교육이 개인의 주체성, 창의성, 자유를 억압하고, 사회의 통제 수단으로 전락한다고 보았기 때문에 강력한 비판의 목소리를 냈다. 이들의 주장은 오늘날에도 교육이 지향해야 할 가치에 대해 깊이 성찰하게 하는 중요한 메시지를 던져주고 있다.

교육의 생득설은 보수주의적인 전통주의 이데올로기로서, 인간의 주체성과 자유의지가 존중되지 못하고 인간의 노력보다는 부모로부터 받은 생득적인 유전인자를 중시하게 함으로써 우연적인 운명론적 방향으로 발전할 소지를 가지고 있다. 따라서 창조적인 변화나 사회체제의 개선에 의하여 또는 인간의 주체적 결단에 의하여 보다 새로운 인간, 새로운 사회 건설에 대해 비관적이며 회의적이다. 기존의 질서와 가치를 존중하고 혈통과 가문 문벌을 존중함으로써 가치의 준거가 과거지향적으로 복고주의적인 획일적이고 경직된 사유의 틀에서 벗어나기 어렵다. 다분히 숙명론적이고 진보와 개혁의지가 무시될 뿐만 아니라 교육 자체의 가치나 효과에 대해서도 기대하지 않으며 요구하지도 않게 된다. 과학의 발달과 산업의 발달이 인간교육에 의한 인력개발에 의해서 성취되었다는 사실도 긍정하지 않게 된다.

3) 교육의 획득설

교육의 생득설이 생물학적 결정론이라고 한다면, 교육의 획득설은 사회적 결정론이라고 말할 수 있다. 전자를 유전설, 후자를 환경설이라고 한다. 인간의 발달은 사회적 환경이나 후천적 획득성에 의하여 조건지어진다고 본다. 선천적으로 인간의 발달이 규정되는 것이 아니라 환경과 주어진 상황에 의해 형성되고 발달하는 것으로 간주한다. 따라서 인간의 발달은 어떠한 환경 속에서 성장하느냐가 무엇보다도 중요하다고 본다. 환경은 생물체를 둘러싸고 그것과 일정한 접촉을 유지하고 있는 외계(外界)라고 할 수 있다. 즉, 유기체에 영향을 미칠 가능성을 지니고 있는 외적 조건과 요인의 총체이다.

인간의 행동은 환경 속에서 이루어지며 환경과 독립해서 환경을 떠나 이루어지는 것이 아니다. 그래서 실존주의 철학자 하이데거(Heidegger)는 인간을 '세계 내 존재(In der Welt sein)'라고 규정한다.

환경이 인간의 발달에 미치는 영향을 존중한 역사적 교훈으로는 맹자의 어머니가 교육 때문에 세 번 이사한 이야기인 맹모삼천지교(孟母三遷之敎)와 헬렌 켈러(Hellen Keller)의 설리반(A. M. Sullivan) 선생님이 있다. 설리반은 헬렌 켈러를 교육적 열정과 헌신적 봉사로 하버드대학까지 졸업할 수 있도록 하였고 문학, 예술 등 다방면에 천재적 재능을 발휘하게 하여 20세기의 기적으로 경탄을 받게 하였다. 이것은 선천성이나 생득성에 의존하여 숙명론에 빠졌더라면 이룩하지 못할 가능성을 후천적인 인간의 노력으로 극복한 예이다.

인간은 환경의 지배를 받으면서 동시에 환경을 지배한다. 인간과 환경은 주체이면서 동시에 객체가 된다. 환경론의 대표적 사상가인 존 로크(John Locke)는 인간 백지설(tabula rasa theory)을 주장하였다. 'tabula rasa'란 라틴어로 아무것도 쓰여 있지 않은 백지(白紙)를 뜻하는데, 어떠한 인상(印象)이 기록되기 이전의 상태이다. 이 이론에서 인간은 환경자극을 수동적으로 받아들일 수 있는 태세만을 갖춘 수동적 존재이며, 오히려 환경이 동(動)적이고 능동적이라는 것이 로크의 견해이다. 여기에서 환경이 주체가 되고 인간은 도리어 환경의 지배를 받는 종속적 위치에 놓이게 된다.

칸트는 단지 외계 자극만이 인상으로 각인되고 관념이 형성되게 된다면 정신은 한낱 물통에 불과한 존재가 된다고 보면서, 이 같은 소극적 인식론을 비판하고 인간의 의식이 도리어 대상을 구성함으로써 인식을 주체적으로 형성하게 한다는 구성주의 이론을 발달시켰다.

프로이트 역시 인간 발달은 선천성과 후천성의 복잡한 상호작용으로 단계적인 발달을 하게 되며, 발달과정에서의 경험, 특히 영유아기와 아동기의 경험은 개인의 최종적인 인성 형성에 크게 영향을 미친다고 했다. 예를 들어, 부모의 무관심이나 엄격함 그리고 형제들과의 관계가 각 발달 단계에서 특정한 발달의 결과를 가져온다고 본다.

피아제도 학습이란 유기체와 환경의 끊임없는 거래 행위이며 건설적인 교환 행위라고 하였다. 지능을 가진 유기체로서 인간은 환경을 내면화하고 환경에 자신을 외재화하면서 인간과 환경 사이에 창조적 상호작용이 이루어진다. 그럼으로써 인지가 구조화되어 가고 인간의 지적 발달이 이루어진다.

블룸(Bloom) 역시 환경은 인간 특성에 나타나는 변화의 종류와 질을 결정하는 요인이라고 하였다. 예컨대 학업성적과 같은 지적 특성은 인간의 다른 특성, 즉 신장과 같은 신체적 특성보다 환경에 더 큰 영향을 받는다는 것이다.

행동주의 심리학자 왓슨(J. B. Watson)은 그의 저서 『한 행동주의자가 본 심리학(Psychology from the Standpoint of a Behaviorist, 1919)』에서 심리학이 마음(mind)의 과학이 되어서는 안 되며 행동의 과학이 되어야 한다는 것을 주장하였다. 그는 인간행동에 대한 정신분석학적인 해석의 모호함과 복잡성에 대해서도 비난하였는데, 인간을 이해하기 위해서는 관찰할 수 없는 내적인 마음의 상태를 연구해서는 안 되며 관찰 가능한 외적 조건을 연구해야 한다고 하였으며, 주관적인 접근법에 빠져서는 안 된다고 보고 유전적인 요인을 무시하고 환경적인 요인을 존중해서 환경론자가 된다. 그는 건강한 유아를 데려다가 적절한 환경을 제공하면 어떤 사람이든(예를 들면, 의사, 변호사, 예술가, 거지, 도둑) 만들 수 있다고까지 하였다.

스키너(Skinner) 역시 인간을 둘러싸고 있는 환경의 사회적·물리적 조건이 인간의 행동을 결정하는 데 매우 중요하다는 점을 강조한다. 인간의 행동은 객관적으로 구체화되고 조작될 수 있는 환경에 의해 통제될 수 있다는 것이다. 그러므로 스키너는 행동의 원인을 본능에 있다고 보는 것을 부정한다.

또한 러셀(B. Russell)도 어린이는 일반적으로 그가 처해 있는 환경에 따라, 좋은 방향으로도 나쁜 방향으로도 발달할 수도 퇴보할 수도 있는 충동을 가지고 있다고 하며, 어린이는 선천적으로 선하지도 악하지도 않다고 주장하였다. 어린이는 단지 몇 가지 반사기능과 약간의 본능을 가지고 태어날 뿐이다. 환경의 작용에 의해 건전한 습관이 형성되기도 하고 불건전한 습관이 형성되기도 한다고 하였다.

교육의 획득성은 부모의 가문이나 혈통, 출신 신분에 의해 인간이 규정되는 것이 아니라 인간의 자유의지, 인간의 노력과 주체성이 존중되며 자신의 삶을 주체적·창조적·적극적으로 개척해 나가는 자유주의 가치관, 철학적 경험론, 개방사회와 근대적인 사회를 지향하는 미래지향적인 진보주의를 표방하고 있다. 이 같은 교육의 획득성은 안정과 질서 및 기존의 정치, 경제, 사회체제에 맞추거나 전통적 권위나 가치체계를 신뢰하기보다는 새로운 환경과 새로운 인간, 새로운 사회로의 변혁과 개혁, 개조의 가치를 존중함으로써, 사회개조주의, 개량주의를 지향한다. 환경의 지배에서 벗어나 환경을 극복하여 새로운 환경의 창출로 나아감으로 해서 이상적인 사회환경에 대한 유토피아 세계로의 모색을 가져올 수 있다.

4) 교육의 긍정론

인간은 유전과 환경의 통합적 산물이라 할 수 있다. 그러므로 유전과 환경의 두 가지 요인 중 어느 한 요인의 결핍이나 결함이 있을 때 인간의 성장과 발달에 영향을 미치게 된다. 분명한 것은 유전과 환경의 상호작용에 의해서 인간의 바람직한 성장·발달이 가능해진다는 것이다.

그러나 유전적 요인과 환경적 요인도 그 범위가 너무도 광범위하고 다양하기 때문에 단순히 환경이라는 개념만으로는 그 영향력이나 작용력을 쉽게 이해하기 어려운 점이 있다. 또한 인간이 단순히 내적 유전인자에 환경의 외적 자극을 수동적으로 받아들이면서 형성되고 발달하는 존재가 아니라 주체적·창조적으로 작용하고 대처하며, 장애요인을 극복하는 자유의지와 힘, 무한한 가능성을 지닌 존재이기 때문에 환경을 어떻게 활용해 나가느냐에 따라 인간의 가능성은 다양한 현상으로 나타나게 된다.

그래서 유전과 환경에 더해 제3의 요소인 자아(自我)에 의해 성장 가능성이 좌우된다고 이해할 수 있다. 자아란 정신적 실체로서 개체와 환경의 상호작용에 의해 형성되는 나의 총체성이다. 이러한 자아에 의해 유전과 환경에 대한 평가와 의미는 달라진다. 즉, 양손 가운데 한 손에는 유전이라는 떡을 쥐고 있고 다른 손에는 환경이라는 떡을 쥐고 있다. 이 양손을 가지고 어떻게 행동하느냐는 전적으로 자아의 판단에 달려있다. 같은 환경조건하에서도 다양한 행동과 삶의 양식이 행해지며, 비슷한 선천적 소질이나 잠재력을 가지고 있어도 자아가 어떻게 개발하고 가능성으로 발전시켜 나가느냐가 중요하다. 여기에 교육의 한계성과 가능성이 있게 된다.

교육은 인간을 인간답게 형성하는 일이다. 인간은 태어날 때 다른 동물에 비하여 긴 미성숙의 기간을 가진다. 이러한 자연적 인간을 이상적이고 가치 있는 인간으로 성장·발달시키기 위해 수많은 노력과 의지 그리고 유전적 조건과 환경적 조건을 유기적으로 잘 조절하고 조화시켜 어떻게 계발하느냐에 따라 교육회의론, 교육만능론, 교육부정론, 교육무효론 등으로 구분된다.

유전적 소질은 어떤 환경조건에서도 변화시킬 수 없다. 부분적이고 극소의 면은 변할 수 있어도 전체적으로는 변화되지 않는다. 신체적인 특질이나 타고난 소질, 지능, 그리고 기질적인 것은 생득적으로 결정된 것이기 때문에 불변적인데, 여기에 교육의 한계성이 있다. 나아가 교육의 효과에 대하여 회의적이다.

그런가 하면 인간의 지적 호기심, 알고자 하는 내적 충동, 욕망, 무한한 성장 가능성에 대한 믿음은 교육 가능성, 가소성(plasticity), 도야성(bildsamkeit)으로 얼마든지 변화될 수 있다. 행동주의 심리학자 왓슨(John Wstson)은 "건강하고 온전한 갓난아이 열둘을 줘 보시오. 그리고 그들을 내 나름대로 기를 수 있는 장소를 줘 보시오. 그러면 어느 아이나 마음대로 내가 원하는 어떤 전문가든지 만들어 낼 것을 보장하겠소. 그의 본래의 자질, 기호, 성향, 능력, 직업, 인종에 관계 없이 의사, 변호사, 상인, 심지어 거지나 도둑으로도 만들어 내어 보겠소" 라고 했다. 이것은 교육에 의해서 어떠한 인간 형성이든 가능하다는 교육낙관론이다. 칸트의 "인간은 교육에 의해서만이 인간이 된다(Man is the only being who needs education. Man can only become man by education)"는 관점과 아말라(Amala)와 카말라(Kamala) 두 여아를 늑대굴에서 발견하여 양육하고 교육하여 동물과 같은 인간을 정상적인 인간으로 키워낸 싱(Singh) 목사 부부의 교육실천기, 1797년 프랑스 아베롱(Aveyron)의 숲속에서 12세가량의 백치소년을 발견한 청년의사 이타르(Itard)의 5년간의 특수교육 연구보고서와 벨라르(Vellard)가 1931년 남미 파라과이 산중에서 구아야키(Guayaki) 토인족의 2세가량의 여아를 교육시켜 훌륭한 문화인류학자로 키워 낸 연구보고서는 교육 가능성과 교육만능론을 실증적으로 증명하고 있는 연구보고서라 할 수 있다.

인간의 성장・발달에 미치는 두 요인인 유전과 환경, 생득성과 획득성, 선천성과 후천성에서, 사회가 고도로 발전해 감에 따라 불가능하다고 여겨진 것도 가능하게 바뀌어 가고 있는 현대 사회에서는 유전적 선험성보다는 상대적으로 환경적 요인이 더 큰 비중을 갖게 되고 인간의 발달과 교육적 성취에 큰 영향을 미치게 된다는 것이 많은 교육전문가들의 견해라고 할 수 있다.

이상 앞서 살펴본 교육의 회의론과 긍정론, 생득설과 획득설은 양극단적이면서 대립적인 이론이라 할 수 있다. 교육의 회의론은 교육비관론으로, 교육긍정론은 교육낙관론으로 또는 교육만능론으로 발전 가능성을 가진다. 지나친 비관주의에 사로잡혀 인간의 가능성과 교육 가능성을 불신하고 과소평가하고 숙명론에 빠질 수 있고, 지나친 낙관주의에 의해 인간의 성장 가능성과 교육 가능성을 과대평가하여 교육이면 무엇이든 가능성이 있다는 교육만능론은 교육을 통한 변혁, 개혁지상주의로 나아가게 함으로써 교육에 의한 유토피아 사회 건설과 같은 급진주의의 위험성도 야기할 수 있다.

전통과 질서 안정을 존중하고 생득적인 유전인자의 중요성을 긍정하면서 더불어 인간의 적극적이고 주체적인 창조적 의지에 의해 성취지향의 목표달성을 이룩할 수 있다는 신념을 갖는 것도 중요하다. 이 두 가지가 상호작용하고 통합적으로 작용함으로써 인간의 전체적인 발달을 이룰 수 있고, 나아가 전인교육도 가능해질 수 있다. 인간은 소우주와 같은 존재로서 일면적인 단순논리로서는 인간의 무한한 잠재 가능성 및 성장 가능성을 발달시킬 수 없으며 인간 유기체와 그를 둘러싸고 있는 인적, 문화적, 자연적, 물리적, 사회적 환경과의 끊임없는 자기지각과 자기판단에 의해서만 지적, 사회적, 도덕적으로 성숙한 인간으로 성장해 갈 수 있게 된다. 교육은 완성되는 것이 아니라 완성을 향해 되어가는 과정이라 할 수 있다.

요약

1. 인간 발달의 내재성은 모든 인간은 출생 시에 일정한 생득적인 조건을 선천적으로 가지고 태어난다는 것이다. 첫째, 생득적으로 성선(性善) 혹은 성악(性惡)의 본성을 지니고 있다. 둘째, 욕구, 충동과 같은 유기체적 생리적 욕구를 가지고 태어난다. 셋째, 잠재적 가능성을 가지고 태어난다. 이 가운데서 인간의 규범적인 본성을 무엇으로 규정하느냐에 따라 교육의 가능성이 달라진다.
2. 인간 발달의 외재성은 인간의 성장과 발달은 다양한 외부적, 환경적 요인의 영향을 받는다는 것이다. 인간의 성장·발달에 영향을 미치는 요인으로서 성(性), 사회경제적 조건, 출생 순위, 부모와의 관계, 지역, 기후, 영양 등이 있을 수 있다.
3. 교육의 생득설은 인간의 지식이나 능력은 후천적인 경험이나 학습에 의해 습득되는 것이 아니라, 이미 태어날 때부터 선천적으로 내재되어 있다는 관점이다. 즉, 교육의 역할은 이러한 타고난 잠재력이나 능력을 '발현'시키고 '계발'하는 데 있다고 보는 것이다.

4. 교육의 회의론은 인간의 교육은 전적으로 유전의 힘이나 생득적 요인에 의해 선험적으로 조건지어지기 때문에 교육은 큰 영향을 미치지 못한다는 교육부정론 혹은 유전만능론으로, 교육의 기능이나 역할에 대해 회의적인 입장이다.

5. 교육의 획득설은 사회적 결정론이라고 말할 수 있다. 선천적으로 인간의 발달이 규정되는 것이 아니라, 환경과 주어진 상황에 의해 교육이 형성되고 효과를 얻게 되는 것으로 간주한다. 따라서 교육은 어떠한 환경 속에서 성장하느냐가 무엇보다도 중요하다고 본다. 생물체를 둘러싸고 그것과 일정한 접촉을 유지하고 있는 외계(外界)환경에 의해 교육의 성과와 결과가 영향을 받는다는 것이다.

6. 교육의 긍정론은 인간은 유전과 환경의 통합적 산물로, 유전과 환경의 상호작용에 의해서 인간의 바람직한 성장・발달이 가능해진다는 것이다. 인간은 단순히 내적 유전인자와 환경의 자극을 받아들이면서 형성되고 발달하는 존재가 아니라, 주체적 창조적으로 작용하고 대처하고 장애요인을 극복하는 자유의지와 힘, 무한한 가능성을 지닌 존재이기 때문에 환경을 어떻게 활용해 나가느냐에 따라 교육의 가능성은 다양한 현상으로 나타나게 된다.

제 4 장

교육의 역사적 기초

1. 교육사
2. 한국 교육사
3. 서양 교육사

제4장 교육의 역사적 기초

학습내용

- 교육사의 어원과 학문적 성격을 이해한다.
- 한국의 교육사에 대해 이해한다.
- 서양의 교육사에 대해 이해한다.

1. 교육사

'History'라는 단어는 고대 그리스어 'historia'에서 유래했다. 'historia'의 원래 의미는 '조사하다(inquiry)', '탐구하다(investigation)'의 뜻으로 어떤 현상이나 사건에 대해 단순히 듣거나 보는 것을 넘어, 적극적으로 질문을 던지고 증거를 찾아 탐구하는 행위를 의미한다. 이는 헤로도토스(Herodotus)가 페르시아 전쟁에 대한 기록을 남기면서 사용한 방식으로, 단순히 전해 내려오는 이야기를 적는 것이 아니라, 직접 여러 지역을 다니며 사람들을 만나고 자료를 수집하여 사실을 확인하려고 노력했다는 것이다.

이러한 historia의 의미를 교육사에 적용하면, 교육사는 단순한 연대기(chronicle)가 아닌 탐구와 해석의 과정인 것이다. 교육사는 과거 교육 현상에 대한 연대기적 기록(예 어느 시대에 어떤 교육제도가 있었고, 누가 어떤 교육사상을 주장했다)만을 의미하지 않고 과거의 교육적 사건들을 탐구하고 분석하는 과정을 포함한다. 예를 들어, 조선 시대의 서당 교육을 단순히 '한자 교육 기관'이라고 기록하는 데 그치지 않고, 서당이 당시 사회에서 어떤 역할을 했고, 교육내용이 어떤 의미를 가졌으며, 그 교육이 현대 한국 사회에 어떤 영향을 미쳤는지 등을 심층적으로 '조사'하고 '탐구'하는 학문인 것이다.

그러기에 교육사는 현재 교육이 겪고 있는 문제점(예 입시 경쟁, 공교육의 위기 등)에 '왜'라는 질문을 던지고, 그 해답을 찾기 위해 과거의 교육적 경험들을 탐구하고, 미래의 방향을 모색하는 학문인 것이다. 과거의 다양한 교육 사상과 제도들을 단순히 나열하는 것이 아니라, 그 시대의 사회적, 문화적 맥락 속에서 교육이 어떤 의미를 가졌는지 서술함으로써, 현대 교육자들에게 현재 교육을 바라보는 새로운 관점과 지혜를 제공한다.

'Education'의 어원이 '기르고 이끌어 내는' 행위를 의미하듯이, '교육사'는 과거의 교육적 사건들을 능동적으로 탐구하고 해석하며, 그를 통해 현재의 문제에 대한 통찰을 얻는 학문인 것이다.

2. 한국 교육사

1) 고조선 시대의 교육

고조선 시대의 교육은 공동체의 생존과 유지를 위한 실용적인 지식과 기술을 전수하는 데 중점을 두었다. 농경과 수렵, 도구 제작 등 실생활에 필요한 기술이 교육의 주요 내용이었으며, 부족 공동체 내에서 사회적 규범과 질서를 유지하기 위한 도덕 교육 또한 중요한 부분을 차지했다. 특히 '홍익인간(弘益人間)'이라는 건국 이념이 교육의 근간을 이루어, 널리 인간 세상을 이롭게 하려는 이타적인 덕목이 강조되었을 것으로 추정된다. 이 시기의 교육활동에 대해 정확히는 알 수 없으나, 고조선에서도 교육활동이 행해졌음을 알 수 있다. 「팔조법」 중 "사람을 죽인 자는 사형에 처하고, 다른 사람에게 상해를 입힌 자는 곡물로 변상하고, 남의 물건을 훔친 자는 노예로 삼거나 50만 전으로 속죄가 가능하다"는 조항을 통해 고조선 사회에서 도덕 교육을 중히 여겼음을 알 수 있다.

교육은 주로 구전(口傳)과 부모나 부족의 연장자들이 이야기를 통해 역사를 전달하고 삶의 지혜를 가르쳤으며, 젊은 세대들은 직접 사냥이나 농경 활동에 참여하며 기술을 몸으로 익혔다. 지식과 기술은 세대를 거듭하며 자연스럽게 전수되었다. 또한 하늘에 제사를 지내는 제천 행사와 같은 의례는 공동체 구성원들에게 집단의 정체성과 규범을 재확인시키는 중요한 교육적 기능도 담당했다.

비록 형식적인 교육제도는 미약했지만, '홍익인간'이라는 이념은 오늘날 대한민국의 교육 기본 이념으로 명시되어 있으며, '경천애인(敬天愛人)'과 같은 고조선 시대의 사상은 자연을 존중하고 인간을 사랑하는 윤리관의 토대가 되었다. 또한 고대 사회의 성년식을 통해 사회의 구성원으로 갖추어야 할 주요 덕목과 규범 그리고 필요한 기술을 습득했다는 점에서 실용적인 지식과 더불어 공동체와 개인의 조화를 중시하는 정신적 가치를 중시했음을 의의로 볼 수 있다.

2) 삼국 시대의 교육

삼국 시대는 문화적으로는 철기문화를 수용하던 시대였으며, 종교적으로는 불교, 사상적으로는 유교의 영향을 많이 받았다. 특히 삼국 시대의 교육체제는 최초로 형식적 교육체제를 갖추어 문무의 교육이 균형적으로 이루어졌으며 한자문화권에 편입되었던 시기임을 확인할 수 있다.

(1) 고구려의 교육

고구려 시대의 교육은 가장 먼저 국가 차원의 체계적인 제도로 발전했다는 점에서 큰 의의를 지닌다. 국가가 주도하여 인재를 양성하기 위한 공식적인 교육기관을 설립했으며, 이는 고구려가 강력한 중앙집권 국가로 성장하는 데 중요한 역할을 했다. 고구려의 교육은 크게 국립 교육기관인 태학(太學)과 사립 교육기관인 경당(扃堂)의 이원화된 체제로 운영되었다. 태학(372년)은 당시 고구려 최고의 국립 교육기관으로, 주로 고위 귀족의 자제들이 입학하여 학문을 배웠다. 이곳에서는 유교 경전과 역사, 문학 등 문과 학문뿐만 아니라, 활쏘기, 말타기 등의 무예도 함께 가르쳤다. 태학의 교육은 단순히 지식을 습득하는 것을 넘어, 나라를 이끌어 갈 통치자와 행정 관료, 그리고 군사 지도자를 양성하는 데 목적을 두었다. 이는 고구려가 주변 국가와의 경쟁에서 우위를 점하고 영토를 확장하는 데 필요한 인재를 안정적으로 확보하는 기반이 되었다.

경당(427년)은 사립 교육기관으로, 비교적 신분 제약 없이 일반 평민층 자제들도 교육받을 수 있었다. 경당의 학생들은 주로 마을 단위로 모여 글을 배우고 활쏘기, 씨름 등 심신을 단련하는 활동을 병행했다. 특히 경당은 밤늦도록 책 읽는 소리가 끊이지 않았다는 기록이 남아 있을 만큼 학습 분위기가 활발했으며, 이를 통해 귀족층에 국한되었던 문화를 일반 백성들에게까지 확산시키는 역할을 했다. 경당의 존재는 고구려가 민간 교육을 장려하고, 사회 전반의 지적 수준을 향상시키고자 노력했음을 보여주는 중요한 증거이다. 이러한 교육 시스템은 지배층의 통치 이념을 확립하고 동시에 백성들의 문맹을 해소하여 국가의 기초를 다지는 데 기여했다.

고구려의 교육제도는 단순한 학문 전달을 넘어 국가의 통치 이념을 정립하고 국력을 강화하는 데 필수적인 역할을 수행했다. 태학과 경당이라는 두 축을 통해 지배층에게는 유교적 소양과 통치 기술을, 일반 백성들에게는 기본적인 교양과 덕목을 가르침으로써 강력한 고대 국가를 건설하는 토대가 되었다. 고구려의 이러한 교육적 유산은 이후 발해와 신라 등의 후대 국가에 영향을 미치며, 한국 교육사의 중요한 기틀을 마련했다는 점에서 역사적으로 매우 중요한 의미를 지닌다.

(2) 백제의 교육

백제는 고구려와 마찬가지로 국가 주도의 교육 시스템을 갖추었으며, 특히 유교적 소양과 함께 불교 문화가 교육에 큰 영향을 미쳤다. 백제는 일찍이 고구려로부터 박사(博士) 제도를 도입하여 유학(儒學) 교육을 체계화했으며, 이는 관료를 양성하는 데 핵심적인 역할을 했다. 특히 백제는 지배층의 학문적 깊이를 바탕으로 중국의 남조와 활발히 교류하며 선진 문물을 수용했고, 이를 통해 교육제도를 더욱 발전시켰다. 이러한 교육 시스템은 백제 문화의 전성기를 이끌었을 뿐만 아니라, 이후 일본에 문화와 학문을 전파하는 데 중요한 밑거름이 되었다.

백제의 교육기관에 대한 구체적인 기록은 많지 않지만, 박사(博士) 제도를 통해 관료 양성을 위한 교육이 이루어졌음을 짐작할 수 있다. 백제는 유학을 중심으로 역사, 의학, 천문학 등 다양한 분야의 박사를 두어 전문 인재를 길러냈다. 이들은 귀족 자제들을 대상으로 학문을 가르쳤으며, 중국의 서적을 수입하여 연구하고 번역하는 역할도 담당했다. 특히 백제는 유교 경전과 함께 불교 경전을 연구하는 학승(學僧)들을 양성하여 불교 문화의 발전에도 기여했다. 이러한 전문 교육은 국가의 행정과 외교를 담당할 인재를 공급하는 중요한 통로였다.

백제 교육의 특징 중 하나는 고도의 전문성을 갖춘 인재를 양성하고 이를 해외에 전파했다는 점이다. 백제는 오경박사(五經博士)와 같은 유학 전문가들을 일본에 파견하여 한자와 유교 경전을 전해주었으며, 역박사(曆博士), 의박사(醫博士)와 같은 전문 기술자들도 함께 보냈다. 이는 일본 고대 문화의 형성에 지대한 영향을 미쳤으며, 백제가 단순한 수용을 넘어 문화와 학문을 능동적으로 전파하는 주체였음을 보여준다. 이러한 백제 교육의 국제적 위상은 백제 문화의 우수성을 증명한다.

(3) 신라의 교육

신라는 삼국 중 가장 늦게 중앙집권 국가 체제를 갖추었지만, 불교와 유교를 국가 통치 이념으로 삼으면서 교육을 통한 인재 양성에 힘썼다. 신라의 교육은 고구려와 백제에 비해 상대적으로 늦게 시작되었으나, 삼국 통일 이후에는 통일 신라 시대의 번영을 이끄는 중요한 기반이 되었다.

신라의 대표적인 교육기관은 국학(國學)이었다. 682년(신문왕 2년)에 설립된 국학은 고구려의 태학을 본떠 만든 것으로, 6두품 이하의 귀족 자제들이 입학하여 유학을 중심으로 교육을 받았다. 국학에서는 유교 경전과 역사, 문학 등을 가르쳤으며, 유능한 인재를 선발하여 관료로 등용하는 중요한 통로 역할을 했다. 학생들은 9년간의 학업을 마친 후 졸업 시험을 통과하면 관직에 나갈 수 있었다. 국학은 신라의 지배층에게 유교적 교양을 심어 주어 중앙집권 체제를 강화하고, 나아가 통일 신라의 안정적인 통치를 위한 인적 자원을 공급하는 데 필수적인 기관이었다.

한편 신라 교육의 중요한 특징 중 하나는 화랑도(花郎徒) 교육이었다. 화랑도는 젊은이들의 심신을 단련하고 인격을 도야하기 위한 수양 단체로, 신라 청년들에게 충효, 신의, 용맹 등 공동체적 가치를 가르쳤다. 화랑도는 단순히 무예를 연마하는 것을 넘어, 풍류도를 바탕으로 자연 속에서 학문과 음악을 즐기며 심미적인 감각을 기웠다. 화랑도는 국가적 차원에서 운영되었으며, 다양한 계층의 청년들이 참여하여 신라의 강력한 결속력을 다지는 데 큰 역할을 했다. 화랑도에서 배양된 인재들은 삼국 통일 전쟁에서 큰 공을 세우며 신라의 발전에 기여했다.

신라 시대의 교육은 국학을 통한 유교적 관료 양성 시스템과 화랑도를 통한 전인적 인재 육성이라는 두 축으로 이루어졌다. 국학은 통치 이념을 확립하고 관료제를 정비하는 데 기여했으며, 화랑도는 신라의 정신적 기반을 다지고 통일 전쟁을 성공적으로 이끄는 원동력이 되었다. 이러한 교육적 유산은 신라가 삼국을 통일하고 고대 국가로서의 면모를 완성하는 데 결정적인 역할을 했다.

3) 고려 시대의 교육

고려는 통일 신라의 교육제도를 계승하고 발전시켜 유교를 국가 통치 이념으로 확립했다. 이는 국가 주도의 관학(官學)과 민간 주도의 사학(私學)이 공존하며 발전하는 독특한 교육체제로 이어졌다. 고려의 교육은 과거(科擧) 제도를 통해 학문과 관료 진출이 긴밀하게 연결되어 있었으며, 이러한 체제는 중앙집권적 통치 체제를 강화하고 능력 있는 인재를 등용하는 기반이 되었다.

(1) 관학(官學) : 국가가 주도한 교육

고려 시대의 관학은 국가의 지원과 통제 아래 운영되는 교육기관을 의미한다. 그 중심에는 고려 최고의 국립 교육기관인 국자감(國子監)이 있었다. 국자감은 성종 때 체계가 정비되어 유학을 가르치는 국자학, 태학, 사문학과 법률, 서예, 수학 등 전문 기술을 가르치는 율학, 서학, 산학의 여섯 개의 학교로 나뉘어 운영되었다. 국자감은 주로 고위 관료의 자제들이 입학하여 유교 경전을 배우고, 졸업 후 과거를 거치지 않고도 관직에 진출하는 경우가 많아 귀족 자제들의 주요 등용문 역할을 했다.

향교(鄕校)는 지방에 세워진 관학으로 지방의 선비를 교육하는 기관이었다. 향교는 공자 등 성현을 모시는 문묘(文廟)를 두고, 학문을 강론하는 명륜당을 두고 있어 유교의 사당인 동시에 지방의 중요한 교육기관이기도 하였다. 유교 경전을 가르치며 지방민의 교육과 교화에 기여했으며, 향리 자제들의 관직 진출을 도우며 지방의 유능한 인재를 양성하는 역할을 담당했다.

학당(學堂) 역시 개경에 세워진 관학으로 국자감에서 교육을 받지 못한 학생들을 위한 교육기관으로 동서학당과 중앙의 다섯 곳의 부(部)에 세워진 5부학당으로 나눌 수 있다. 학당은 향교와 유사하게 운영되었지만, 문묘 없이 교육만 담당한 교육기관이었다.

(2) 사학(私學) : 민간이 이끈 교육

고려 시대 교육의 또 다른 중요한 축은 민간에서 설립한 사학(私學)이었다. 고려 중기, 관학이 다소 침체기에 접어들었을 때 사학이 크게 발전하며 교육의 활력을 불어넣었다. 그중에서도 최충이 세운 구재학당(九齋學堂)을 비롯한 사학 12도(私學十二徒)는 과거 시험 합격률이 매우 높아 많은 학생이 몰리며 관학을 능가하는 인기를 누렸다. 사학으로는 최충의 문헌공도(文憲公徒)를 포함한 12도와 서당이 있었으며 교육내용은 9경(주역, 상서, 예기, 춘추, 시경, 효경, 논어, 맹자, 주례)과 3사(사기, 한서, 후한서)로 이루어졌다.

12도는 당시 관학이 쇠퇴하여 제기능을 수행하지 못할 때, 지방의 고등교육기관으로서 역할을 수행했다는 데 그 의의가 있다. 서당은 일반 평민 자제들을 교육하는 초등교육기관으로 언제 어떻게 설립되었는지에 대한 기록은 없으나, 지방의 백성들을 교화하는 데 많은 영향을 주었다(조규판 외, 2018). 서당은 비교적 자유롭고 다양한 내용과 방식으로 운영되었다.

사학의 발달은 고려 사회의 높은 교육열을 보여주는 동시에, 교육의 다양성을 확보하는 데 기여했다. 이는 단순히 지식을 전달하는 것을 넘어, 스승과 제자 간의 학문적 유대관계를 형성하며 고려 시대 학문의 발전에 중요한 역할을 했다. 이러한 사학의 번성은 관학이 다시 정비되는 계기를 마련하기도 했다.

4) 조선 시대의 교육

조선은 건국 초기부터 유교를 통치 이념으로 삼아 성리학을 확고히 해서 교육에도 많은 영향을 미쳤다. 성리학적 질서를 사회 전반에 확립하기 위해 중앙과 지방에 체계적인 교육기관인 관학(官學)을 세웠으며, 민간에서는 개인의 학문 수양과 과거 시험 준비를 위한 사학(私學)이 발달했다. 성리학을 지나치게 숭상한 나머지 이 외의 실생활과 관련된 기술과 관련된 학문은 잡학이라고 경시되었다. 조선 후기에 이르러 성리학에 대한 비판으로 실학이 대두되었으나, 유교적 사상으로 널리 확산되지 못하다가 후에 개화사상에 영향을 주었다.

(1) 관학(官學)

조선 시대의 관학은 중앙과 지방으로 나뉘어 운영되었다. 중앙 최고 교육기관은 성균관(成均館)으로, 고려 시대의 국자감을 계승한 기관이다. 성균관은 사학에서 학문을 이수한 유능한 인재들이 입학하여 유학을 깊이 공부하고 과거에 응시하는 엘리트 교육기관이었다. 이곳에서는 유교 경전, 역사, 문학 등을 가르쳤으며, 엄격한 규율과 성리학적 이념을 바탕으로 미래의 관료를 양성하는 데 주력했다.

성균관 아래에는 네 개의 중앙 교육기관인 사학(四學, 동부, 서부, 남부, 중부)이 있었다. 사학은 성균관에 입학하기 전 단계의 예비 교육기관으로, 유능한 양반 자제들이 입학하여 기초 학문을 배웠다. 지방에는 향교(鄕校)가 설치되어 있었는데, 향교는 고려 시대와 마찬가지로 지방민의 교육과 교화를 담당하는 역할을 했다. 향교는 지방의 유학을 확산시키고, 향촌 사회의 질서를 유지하는 데 중요한 역할을 했다. 이처럼 조선의 관학은 중앙의 성균관과 사학, 지방의 향교로 이어지는 체계적인 교육체제를 갖추고 있었다.

(2) 사학(私學)

조선 시대의 사학은 크게 서원(書院)과 서당(書堂)으로 나뉜다. 서원은 지방에 세워진 중등교육기관으로 중종 때 주세붕이 백운동 서원을 세운 것을 시작으로 전국적으로 확산되었으며, 학문 연구와 선현에 대한 제사라는 두 가지 기능을 가지고 있었다. 서원은 뛰어난 학자들이 강학을 펼치고 제자들을 양성하는 학문의 요람이었으며, 성리학 연구의 중심지 역할을 했다. 또한 서원은 향촌 사회의 지식인들이 모여 사회적 여론을 형성하고 정치에 참여하는 공간이 되기도 했다. 그러나 조선 말기에 이르러 서원 본래의 목적에서 벗어나 폐해가 심각해지자 대원군 집권 때 많은 서원이 철폐되었다.

서당은 지방에 세워진 초등교육기관으로 신분에 관계없이 마을의 아이들이 모여 천자문, 동몽선습 등 기초적인 한문과 유교 경전을 배웠다. 서당의 훈장(訓長)은 마을 주민이 추대한 학식 있는 인물로, 학생들을 가르치는 것 외에도 마을의 경조사를 돕는 등 중요한 역할을 했다. 서당은 조선 사회 전반의 문맹을 줄이고 기본적인 유교적 소양을 확산시키는 데 기여했다.

5) 한국 근대 시기의 교육

우리나라의 근대 교육은 서구열강에 의한 개항과 문호개방으로 시작되었다. 조선 최초의 국제조약인 강화도 조약을 계기로 계속된 열강과의 통상조약 체결로 개화사상가들에 의한 개화 교육운동과 기독교 선교사들에 의한 서구식 근대 교육이 도입되어 전개됨으로써 전통적 유교 교육이 종식되고, 서구의 신문물을 바탕으로 한 근대 교육이 시작되었다. 고종은 교육을 통한 국가와 민족의 성장을 고취시키고자 '교육입국조서(敎育立國詔書)'를 통해 "교육을 통하여 나라를 세운다"는 뜻을 천명하며, 덕 · 체 · 지(德體智) 삼육(三育)을 교육의 기본 강령으로 제시했다. 이는 유교 경전 중심의 전통 교육에서 벗어나 근대적인 전인 교육을 지향했음을 보여준다.

이후 국가 주도로 여러 근대식 학교가 설립되었다. 교사를 양성하기 위한 한성사범학교(漢城師範學校), 중등교육기관인 한성중학교(漢城中學校), 소학교(小學校), 또한 외국어 교육의 필요성이 커지면서 육영공원(育英公院)과 같은 영어 교육기관도 등장했다.

한편으로 외국 문물을 배우고자 하는 운동에 부응하여 사립학교들도 설립되었다. 근대 학교는 주로 선교사들에 의해 설립된 미션스쿨인 배재학당, 경신학교, 이화학당 등이 있다. 민간인에 의해 설립된 사학은 원산학사가 우리나라 최초의 근대 학교였다. 이 외에도 민영환이 세운 홍화학교, 안창호가 세운 점진학교 등이 있다.

官報 開國五百四年二月初二日
詔勅朕惟我 祖宗이業을創ᄒᆞ사統을垂ᄒᆞ시미玆에
五百四年을歷有ᄒᆞ시니實我 列朝의敎化와德澤이人
心에浹洽ᄒᆞ시미며亦我臣民이厥忠愛를克殫ᄒᆞᆷ을由
ᄒᆞᆷ이라이러므로朕이無疆ᄒᆞᆫ大歷服을嗣ᄒᆞ야夙夜에
祇懼ᄒᆞ야오작 祖宗의遺訓을是承ᄒᆞ노니爾臣民은
朕衷을體ᄒᆞᆯ지어다오작爾臣民의祖先이我 祖宗의
保育ᄒᆞ신良臣民이니爾臣民도亦爾祖先의忠愛를克
紹ᄒᆞ야朕의保育ᄒᆞ는良臣民이라朕이爾臣民으로더
브러 祖宗의丕基를守ᄒᆞ야萬億年의休命을迓續ᄒᆞ
노니嗚呼라民을敎치아니면國家를鞏固케ᄒᆞ기甚難

교육입국조서

출처 : https://100.daum.net/multimedia/entry/14XXE0005550

6) 일제 강점기의 교육

일제 강점기에 들어서면서 조선의 교육은 일본 제국주의의 식민지 통치 도구로 변질되었다. 일제는 '조선교육령(朝鮮教育令)'을 공포하여 조선인에 대한 교육을 체계적으로 통제하고 세계사적 최악의 민족 말살 정책을 추진했다. 일제의 탄압 속에서도 우리 민족은 교육을 통한 저항을 멈추지 않았다. 일제의 통제를 피해 민족 교육을 계속하려 했던 사립학교들이 있었으며, 정규 학교에 다니지 못하는 민중을 위해 야학(夜學)이 활성화되어 한글과 역사를 가르치며 민족 의식을 고취하였다. 민족의 힘으로 대학을 설립하려는 민립대학설립운동이 전개되기도 했다.

7) 해방 이후 한국 교육

해방 이후 한국 교육은 일제 식민 교육의 잔재를 청산하고, 새로운 민주 국가를 건설하기 위한 이념을 바탕으로 민주주의 교육이념을 확립하고, 널리 인간을 이롭게 한다는 홍익인간 이념을 제정하면서 교육 민주화를 꾀했다.

6-3-3-4 학제를 수립하고, 초등교육의 무상화 및 의무화가 추진되었으며, 민족 정체성을 되찾기 위해 한국사 과목의 중요성이 강조되었고, 국어(한글) 교육이 활발하게 이루어졌다. 이 시기의 교육은 비록 전쟁과 사회적 혼란 속에서 많은 어려움을 겪었지만, 대한민국 교육의 기본 틀을 형성하는 데 노력했다.

3. 서양 교육사

1) 고대의 교육

(1) 그리스의 교육

고대 그리스 시대는 인간의 자유와 개인의 능력 개발을 중시하는 문화가 발전한 시기이다. 철학, 예술, 문학, 과학 등의 종합적인 학문이 생성하고 발전하여 서양 교육사의 기초를 마련해 준 중요한 시기였다. 품성의 도야를 교육의 주된 목적으로 삼아서 어느 한쪽에만 치우친 교육이 아니라 인격의 조화적 발달과 다방면적인 도야를 교육의 목적으로 보았다. 교육은 주로 시민권과 군사적, 철학적 능력을 키우는 데 초점이 맞추어졌으며, 도시국가 폴리스(polis)별로 차이가 컸다. 아테네는 철학과 예술, 학문 중심의 교육을 강조하며 했으며, 반면 스파르타는 군사적 훈련과 체력 단련에 주력하는 군사적 교육이 주류였다.

① 아테네의 교육

아테네는 에게해 근처에 있는 자유로운 분위기의 도시로, 무역을 통해 물자가 풍부하여 경제적으로 풍요로움이 느껴지는 도시였다. 아테네의 교육은 고대 그리스에서 최초로 시민의 자율성과 개개인의 창의성을 중시하여, 자유로운 시민을 양성하는 것이 목적이었다. 교육이 개인의 인격 형성과 공동체 내에서의 시민적 역할 수행을 위한 기반으로 간주되었으며, 이는 현대 민주사회의 시민교육의 원형으로 볼 수 있다. 아테네의 교육은 철학・문학・예술・수학 등 지적 성장과 도덕적 성찰을 강조하며, 자유로운 토론과 논의, 비판적 사고, 창의력 계발을 중심으로 이루어졌다. 이는 당시의 '파이디아' 교육과 같은 인간 중심적 교육철학의 표현으로, 학생 개개인의 능동적 참여와 주체성을 강조하는 현대 교육의 중요한 원칙과 연관된다. 또한 그리스에는 노예도 많았기 때문에 그리스인들은 경제적 활동에서 벗어나 철학에 매진할 수 있었다. 이러한 아테네의 교육과 도시의 분위기는 그리스를 대표하는 여러 철학자를 낳았다. 대표적인 철학자로 소크라테스, 플라톤, 아리스토텔레스 등을 들 수 있다. 이러한 철학자들이 자신의 후학 양성을 위해 실시했던 교육방법은 현재까지도 사용되고 있어, 서양 교육의 근원으로 볼 수 있다.

또한 아테네에서는 교육에서 가족과 지역사회의 역할이 매우 컸으며, 귀족 및 부유한 계층에게 주로 제공되었기 때문에 교육의 접근성이나 평등성 측면에서는 한계도 존재했다. 그러나 전체적으로 볼 때, 아테네 교육은 인간의 자율성과 창의성을 강조하는 지성 중심의 교육철학을 정립하였으며, 이는 서양 교육사에서의 인문주의적 전통의 시초라고 할 수 있다.

② 스파르타의 교육

스파르타는 그리스 안쪽 내륙지역을 차지하고 있던 폴리스로, 무역업이 아닌 농업을 주산업으로 하며, 다수의 노예와 극소수의 귀족으로 이루어져 있었다. 귀족들은 다수의 노예를 효율적으로 관리하기 위해 군사훈련을 받았으며,

이를 바탕으로 한 강력한 군국주의 국가의 형태를 띠고 있었다. 스파르타의 교육은 국가 전체의 강군 육성을 위해 엄격하고 통제된 체제 아래 이루어져 군사적 효율성과 국가 안보를 최우선 가치로 삼았으며, 태어나자마자 남자 아이들은 군사훈련과 생존훈련에 투입되어 체력과 전투력을 강화하는 데 집중하였다. 스파르타의 교육은 그 집단적 목표를 위해 개인의 자유와 자율성을 희생하는 대신, 규율과 복종, 협동심, 인내심을 기르는 데 초점이 맞추어졌다.

스파르타의 교육방법은 엄격한 규율과 반복훈련, 체력시험, 실전적 군사훈련이 주를 이루었고, 이는 군사적 효율성을 극대화하는 데 효과적이었다. 또한 이러한 교육은 개인의 능력보다는 집단 내 역할 수행 능력, 충성심, 복종심에 비중을 두었으며, 이는 당시 스파르타 사회가 군사적 단결과 국가 안전을 위해 선택한 전략적 선택이었다고 볼 수 있다.

<표 4-1> 아테네와 스파르타 교육 비교

구 분	아테네	스파르타
교육목표	시민 의식, 지적 능력, 예술적 감각 함양	군사적 능력, 체력, 규율, 충성심 양성
대 상	주로 남자 어린이	갓 태어난 남자 어린이부터
내 용	철학, 수학, 음악, 문학, 미술 등 다양	군사훈련, 체력단련, 규율과 복종
수업방법	토론, 강의, 연구 중심	체력 단련, 실전 훈련 중심
교육의 성격	자유롭고 인간 중심	엄격하고 군사 중심
특 징	인간의 자율성과 창의성 강조	강인함과 충성심, 규율 강조

(2) 로마의 교육

로마 시대의 교육은 그리스의 문화와 철학적 전통을 바탕으로 하면서도, 현실성, 실용성과 시민권·법률·행정 능력을 강화하는 방향으로 발전하였다. 로마는 강력한 군사력과 함께 행정력, 법률, 공공 정책 등을 중시하였으며, 이에 따라 교육 역시 이와 연계된 사회적 역할을 수행할 수 있는 능력을 기르는 데 집중하였다.

로마의 교육은 개인의 도덕성 함양과 동시에 국가의 효율적 행정, 군사력 유지에 필요한 능력을 양성하는 데 목적이 있었다. 특히 귀족 계층을 중심으로 문학·법률·연설·역사·군사·철학 등을 교육하여, 공직자와 군인, 법률가를 양성하는 것이 핵심이었다. 따라서 실용성과 사회적 책임감이 강조되었으며, 근본적으로 시민적 의무와 조화로운 성장을 중시하였다.

로마는 3개의 시대로 나누어 볼 수 있으며 교육 또한 이러한 시대를 담고 있다. 첫째, 왕정 시대에는 학교교육이 없었으며, 주로 모방과 생활교육이었다. 둘째, 공화정 시대에 이르러 국가에 유용한 시민을 양성하고자 로마의 전통 교육이 이루어졌는데, 가정이나 가정 교사에 의한 기초 교육에서 문해력과 산수, 도덕 교양을 가르쳤으며, 특히 가족 내에서의 도덕적 가치관 형성이 중요시되었다. 공화정 말기에는 그리스 문화의 유입으로 문법학교, 수사학교 등이 세워졌다. 초등교육기관인 루두스(Ludus)에서는 12동판법과 읽기, 쓰기, 셈하기를, 문법학교에서는 시와 문학을 배우고 수사학교에서는 웅변술을 가르쳤다. 셋째, 제정 시대에는 그리스 문화의 유입이 사상, 문화, 교육이 조화를 이루게 되면서 학교에서의 교육이 중심이 되어 웅변가 양성을 교육목적으로 삼았다. 초등교육기관인 루두스를 마치고 중등교육기관인 문법학교에서 문법, 문학, 7자유교과(문법, 수사학, 변증법, 수학, 기하학, 천문학, 음악)를 배우고 수료하면 고등교육기관인 수사학교에 입학하여 웅변가 양성을 목적으로 문학, 철학, 과학, 외국어, 문법 등을 배웠으며, 수사학(연설력)은 정치와 법률 분야에서 매우 중요시되어 연설 연습과 논리적 사고력을 키우는 데 주력하였다.

로마 시대의 대표적인 교육사상가로는 키케로, 세네카, 마르쿠스 아우렐리우스 등이 있었으며, 이들은 법률, 철학, 수사학 등 다양한 분야에서 뛰어난 업적을 남기며 로마 교육의 철학적·윤리적 발전에 큰 영향을 끼쳤다.

2) 중세의 교육

중세 시대는 대략 5세기 이후부터 15세기 말까지 유럽 역사에 걸쳐 10세기 동안 지속된 시기로, 로마 제국의 몰락 이후 유럽은 봉건제라는 새로운 정치적 체계를 형성하며 혼란과 불안정이 계속되었다. 중앙집권적 권력이 약화되면서 유럽의 정치 권력은 지역별 봉건 영주와 군주에게 분산되어, 봉건 영주가 땅을 소유하고 농민 보호를 명목으로 봉사와 세금의 의무를 지우면서 지역사회를 통치하였다. 중세 후기에는 십자군 전쟁, 성지 순례, 교회와 국가 간 권력 투쟁 등이 일어나면서 종교와 정치가 밀접하게 연계된 복잡한 정치적 배경이 형성되었다. 교회는 영적 권위뿐 아니라 정치적 권력도 강하게 행사하였으며, 따라서 교육과 문화의 주체로서 막강한 영향력을 행사하였다.

이러한 시대적 배경 속에서, 교육은 종교적 교리와 도덕적 성품을 함양하는 종교 교육이 주를 이루었으며, 신 중심적 교육으로 인해 신앙심의 함양과 구원에 초점을 맞추었고, 이를 위해 성경과 교리, 신학 등을 학습하는 것이 중심이었다. 또한 지적 발전보다는 도덕적·종교적 성품 함양이 우선시되었다. 보통 중세는 암흑의 시대, 종교의 시대, 신의 시대라고 불린다. 왜냐하면 이 시기에는 모든 일상이 종교적으로는 기독교, 경제적으로는 봉건적 장원제도하에 있었기 때문이다.

이 시기 교육은 주로 성직자와 수도사들이 담당하였으며, 일반 서민에게는 제한적이고 제한된 내용의 교육이 제공되었다. 또한 당시에는 글을 읽고 쓸 수 있는 능력이 중요시되었으며, 이를 통해 성경 읽기와 기도, 교회 행사 참여가 가능하였다. 이러한 이유로 중세의 교육은 대표적인 교육기관은 교구학교로서 가난한 아이들을 대상으로 한 초등교육을 담당하였으며, 문답학교는 교사를 양성하는 곳으로 신학 이외에 철학, 수사학, 천문학, 문학, 그리스어 및 로마서적 등을 연구하였다. 또한 본산학교는 교회의 성직자를 양성하기 위한 고등교육기관으로 문답학교보다 더 전문적인 수준의 지식을 가르쳤다(이병승 외, 2021).

수도원학교는 수도원의 부속 학교였지만, 중세의 전문적인 학문 연구기관이었으며, 주로 7자유과를 가르쳤다.

11세기경 중세의 교육은 종교적인 성격보다 세속적인 성격이 강하게 나타나기 시작한다. 세속교육은 기사교육과 시민교육으로 나뉜다. 세속교육이 등장하게 된 이유는 봉건제의 출현으로 봉건영주들이 자신들의 안위와 성을 지키기 위한 전문 기사들을 양성하고, 이렇게 양성된 기사들을 데리고 진행된 십자군 원정의 결과라고 볼 수 있다. 십자군들이 원정을 다니면서 머무는 곳에 도시가 생기고, 상공업이 발달함에 따라 막강한 경제력을 가진 시민 계급이 생겨났고, 이들을 위한 직업교육이 필요함에 따라 다양한 시민학교가 세워졌다. 도시가 발달할 즈음 주로 생산과 관련된 기술교육이 필요해짐에 따라 도제교육이 성행하였으며, 이는 현대 직업교육의 전신이라고 할 수 있다.

12세기 이후 유럽에서는 최초의 대학이 세워지기 시작하였는데, 파리 대학, 볼로냐 대학, 오토니아 대학 등이 대표적이다. 이 대학들은 법학, 의학, 신학, 철학 등 다양한 분야의 학문을 가르쳤는데, 신학과 철학이 중심이었으며, 아리스토텔레스의 사상도 재해석되어 교리적 체계에 통합되었다. 중세의 대학은 고등교육 및 연구기관으로서 정치적 중립성과 자율을 보장받았으며, 이후 르네상스 운동에 선구적인 역할을 했다는 점에서 교육사적으로 큰 의의가 있다.

3) 문예부흥기의 교육

문예부흥기, 즉 르네상스는 14세기 말부터 16세기 초까지 유럽 전역에 걸쳐 일어난 문화, 예술, 사상적 혁신의 시기이다. 이 시기는 중세 봉건사회와 교회의 권위가 점차 약화되고, 인간 중심적 세계관이 부상하면서 시작되었다. 이탈리아를 중심으로 한 도시국가들이 경제적 부를 축적하고, 상업과 무역이 활발해지면서 부유한 시민 계층이 성장하였다. 이러한 배경은 고대 그리스와 로마의 문화를 재발견하고 계승하려는 움직임을 촉진시켰으며, 교육 또한 인간의 잠재력과 개개인의 능력을 강조하는 방향으로 전환되었다.

르네상스의 교육은 고전 문학, 철학, 역사, 예술 등 인문학적 영역을 중심으로 새롭게 재구성되었다. 고대 그리스와 로마의 텍스트들이 라틴어와 그리스어 원전으로 재발견되고 번역되면서 학문에 대한 관심이 높아졌다. 이와 함께, 인문주의자들은 인간성과 도덕적 성품을 강조하며, 학생들에게 비판적 사고력과 창의적 사고를 키우도록 지도하였다. 교육방법은 주로 문답법, 독서, 글쓰기, 토론 등 능동적 참여를 유도하는 방식으로 발전하였으며, 학생 개개인의 능력과 잠재력을 개발하는 데 초점이 맞추어졌다.

르네상스 시대의 교육은 인간 중심적이고 개성의 존중을 바탕으로 하는 인문주의적 교육철학의 기초를 다졌으며, 이는 이후 근대 교육 발달에 큰 영향을 미쳤다. 이 시기 교육은 단순한 지식 전달을 넘어, 학생들이 인간으로서의 자율성과 창의성을 개발하는 데 큰 의미를 두었다. 또한 예술과 과학, 문학이 융합된 인문 교육은 오늘날의 다양한 융합교육과 비판적 사고 중심의 교육 패러다임의 뿌리가 되었다. 따라서 문예부흥기의 교육은 근대 유럽의 교육적 지평을 넓히고, 인간 존엄성과 창의성을 중시하는 현대 교육의 기반을 마련하는 데 중요한 역할을 하였다.

4) 종교개혁기의 교육

종교개혁기는 16세기 유럽 전역에 걸쳐 일어난 기독교 교리와 교회의 권위에 대한 도전의 시기이다. 교회의 부패와 권력 남용을 비판하고, 성경 번역과 교리의 해석에 있어서 오로지 성서에 의해서만 복음을 들을 수 있다고 보면서 그리스도교의 참된 정신으로 돌아가 교회를 개혁하려 한 종교운동이다. 독일과 스위스를 중심으로 종교적 신앙의 회복과 더불어, 개인의 신앙적 자율성을 강조하며 마틴 루터, 존 칼빈 등 개혁자들이 주도한 교회 개혁운동이었다.

이전의 중세 교육이 교회 중심의 교리와 라틴어 성경 습득에 초점을 두었다면, 개혁자들은 성경을 각 개인이 읽고 해석할 수 있어야 한다고 주장하였다. 이로 인해, 일반 시민들도 성경을 읽고 이해하는 능력을 기르는 교육이 강조되었다. 교육방법은 주로 성경 읽기와 강독, 설교, 논리적 토론을 통해 성경적 가치와 도덕성을 함양하는 방식으로 개인의 내적 성찰과 자율적 학습을 강조하는 개혁적 성격을 띠었다. 이에 따라, 학생들은 비판적 사고와 자율적 학습 능력을 기르게 되었으며, 종교적 성찰과 실천적 신앙이 교육의 핵심이 되었다. 또한 교육의 중요성이 보편화되면서 국가 차원의 공교육과 기초적인 모국어 교육이 강조되고 발전되었다. 이러한 교육적 혁신은 모든 국민에게 사회적, 경제적, 종교적, 성적 조건과 상관없이 교육을 시켜야 한다는 평등교육과 공교육의 이념적 토대가 되었으며, 근대 시민교육과 개인주의적 사고방식의 발전에 영향을 끼치며, 오늘날 민주사회와 인권 사상의 발전에도 중요한 밑거름이 되었다. 따라서 종교개혁기 교육은 종교적 신앙과 더불어 개인의 자유와 책임, 자기 주도적 학습의 중요성을 인식하는 데 있어 중요한 전환점이었다.

5) 근대의 교육

(1) 실학주의 시대의 교육

실학주의는 17세기 이후 유럽과 아시아에서 발전한 사상적 흐름으로, 이 시기 유럽은 근대 자연과학의 세기로 객관적인 자연세계에 대한 명확한 관찰을 강조하여, 현실적 문제 해결과 실용적 지식을 강조하였다. 실제 생활에 필요한 덕목을 함양하고 관념보다는 사물을 중요시하는 교육관이다. 17세기 코페르니쿠스와 갈릴레이의 지동설, 뉴턴의 만유인력과 아메리카, 아시아 대륙의 발견에 따른 자연과학과 경험주의 사상에 의해 합자연주의, 직관교육, 실물교육을 중요시하였다. 실학주의 교육사상은 크게 인문적 실학주의, 사회적 실학주의, 그리고 감각적 실학주의로 나누어 볼 수 있다.

① 인문적 실학주의

르네상스 시대 초기에 인문주의의 편협함을 비판하고, 고전의 언어적 해석에만 그치지 말고 그 속에 들어 있는 실제적이고 사회적인 맥락을 찾아 실생활에 적용할 것을 강조하는 사상이다. 즉, 인문적 실학주의는 지적, 도덕적, 종교적, 사회적, 신체적 훈련을 강조하면서도 문학적이면서도 실제적인 인문 교육을 강조하였다. 인간의 자연적 감성과 직관, 창의성을 존중하며, 실질적 능력과 인격수양에 중점을 둔다. 교육에서는 문자 해득과 도덕적 품성 함양이 핵심 내용이 되며, 글쓰기, 독서, 논리적 사고, 도덕적 실천 등을 강조한다.

② 사회적 실학주의

개인의 사회적 성공과 윤리적 발전을 위한 실용적인 지식과 기술 습득을 강조했다. 이 사상은 귀족 자녀들에게 언어, 역사, 지리학뿐만 아니라 승마, 검술, 춤과 같은 사교 및 신체 단련 교육을 포함하여 실제 사회생활에 필요한 소양을 가르치는 데 중점을 두었다. 대표적인 인물로는 로크(John Locke)가 있으며, 그는 『교육에 관한 소견』에서 신사 교육을 주장하며 강건한 신체와 도덕성을 겸비한 전인적인 인간을 양성하는 것이 중요하다고 보았다. 따라서 사회적 실학주의는 교육의 목적을 단순한 지식 전달을 넘어 개인을 사회의 유능한 구성인으로 성장시키는 데 두었다는 점에서 그 특징을 찾을 수 있다.

③ 감각적 실학주의

감각적 실학주의는 교육의 목적을 자연의 질서와 법칙을 이해하고 삶에 적용하는 것에 두었다. 이 사상은 교육방법에서 경험과 관찰을 가장 중요하게 여겼으며, 교과서에 의존하는 주입식 교육을 비판했다. 학습자의 감각을 기초로 하는 감각주의 교육방법을 채택하였기 때문에 교육방법적 측면에서 볼 때 실학주의는 근대교육의 출발점이라고 볼 수 있다(정미경 외, 2021). 대표적인 인물인 코메니우스(J. Comenius)는 『세계도회』와 같은 그림이 있는 교과서를 활용하여 어린이들이 직접 사물을 보고 만지는 것처럼 감각을 통해 지식을 습득하도록 주장했다. 또한 그는 모든 사람이 모국어로 기초 교육을 받아야 한다고 주장하며 교육의 보편성을 강조했다. 따라서 감각적 실학주의는 인간의 지식은 감각적 경험에서 출발한다고 보고, 객관적인 사물과 현상을 직접 경험하고 관찰하는 교육을 통해 자연의 이치를 깨닫게 하는 것을 특징으로 하고 있다.

(2) 계몽주의 시대의 교육

18세기는 인간 이성에 대한 신뢰를 바탕으로, 종교적 권위와 봉건적 사회 질서로부터 벗어나 개인의 자유와 자율성을 확립하고자 했던 과도기적인 시기이다. 계몽주의 교육의 핵심 목표는 인간이 스스로의 지성을 사용하여 미성숙 상태에서 벗어나는 것, 즉 '계몽'을 이루는 것이었다. 칸트가 "자신의 이성을 사용할 용기를 가져라"라고 외쳤듯이, 계몽주의 사상가들은 교육을 통해 인간을 이성적이고 비판적인 사고 능력을 갖춘 존재로 만들고자 했다. 이러한 배경 속에서 교육은 소수 특권층의 전유물이 아닌, 모든 시민이 받아야 할 보편적인 권리이자 의무로 인식되기 시작하였다.

계몽주의 교육은 전통적인 주입식 교육 방식에서 벗어나 경험과 감각을 중시하는 새로운 교수법을 추구했다. 로크의 '백지설(Tabula Rasa)'은 인간이 선천적인 관념 없이 태어나 경험을 통해 지식을 형성한다는 개념을 제시하며, 교육 환경의 중요성을 강조하였다. 반면 루소는 아동의 자연적 본성을 존중하는 '소극적 교육'을 주장하며, 인위적인 간섭 없이 아동이 자연의 질서 속에서 자유롭게 성장하도록 돕는 것을 교사의 역할로 보았다. 이러한 사상적 다양성 속에서도 공통적으로 아동의 특성과 발달 단계를 고려한 아동 중심 교육에 대한 인식이 싹트기 시작했다.

더불어 계몽주의 교육 사상은 근대 국민 교육 제도의 토대를 마련하였다. 교육이 개인의 발달을 넘어 국가의 발전과 시민 사회의 형성에 기여하는 중요한 도구라는 인식이 확산되었다. 이는 학교교육의 공교육화와 세속화로 이어졌으며, 읽기, 쓰기, 셈하기 등의 기초 지식뿐만 아니라 시민으로서 갖추어야 할 도덕적 자질과 사회적 책임감을 가르치는 방향으로 나아갔다. 또한 교육을 통해 사회를 개선하고 인류의 진보를 이끌 수 있다는 믿음은 이후의 교육 개혁 운동과 혁신적인 교육 사상에 깊은 영향을 미쳤다.

(3) 신인문주의 시대의 교육

18세기 후반부터 19세기에 걸쳐 등장한 신인문주의 교육 사상은 계몽주의의 지나친 합리주의와 주지주의에 대한 반동으로 나타났다. 계몽주의가 인간을 이성적인 존재로만 규정하고 자연과학적 지식 습득에 치중하는 경향을 보이자, 신인문주의자들은 인간의 감성과 도덕성, 예술적 능력을 포함한 전체적인 조화로운 발달을 추구했다. 이들은 고대 그리스의 이상인 '파이데이아(Paideia)'를 회복하고자 했으며, 교육의 궁극적 목표를 단순한 지식 축적을 넘어 개인의 내적 완성, 즉 자유롭고 도덕적인 인격체를 형성하는 데 두었다.

신인문주의 교육은 아동의 내재된 잠재력과 고유한 본성을 존중하는 것을 핵심으로 삼았다. 교육의 내용은 지식뿐만 아니라 아름다움과 선함을 깨닫게 하는 교양 과목을 중요하게 다루었으며, 문학, 역사, 예술 등을 통해 학생들은 고전의 가치를 배우고, 이를 통해 자신을 성찰하며 조화로운 인격을 함양할 수 있다고 보았다. 교사의 역할은 지식을 주입하는 사람이 아니라, 학생의 자발적인 성장을 돕고 그들이 내면의 힘을 스스로 발견할 수 있도록 안내하는 조력자로 재정립되었다. 이러한 교육관은 학생 개개인의 개성과 자율성을 중시하는 근대적인 아동 중심 교육의 출발점이 되었다.

이러한 신인문주의 사상은 페스탈로치(Pestalozzi), 헤르바르트(Herbart), 프뢰벨(Fröbel) 등의 교육자들에게 영향을 미치며 구체적인 교육방법론으로 발전하였다. 페스탈로치는 인간의 정신적, 도덕적, 신체적 능력이 조화롭게 발달해야 한다는 '삼육론'을 주장했고, 헤르바르트는 교육을 통해 아동의 인격을 도야하는 것을 목표로 삼았다. 신인문주의가 강조한 '전인 교육'의 개념은 오늘날까지도 교육학의 중요한 원리로 남아 있으며, 지식 편중 교육에 대한 비판과 함께 인성 교육, 예체능 교육의 중요성을 다시금 강조하는 계기가 되고 있다.

6) 현대의 교육

20세기 이후의 교육을 현대 교육이라 칭하는데, 20세기는 교육의 기회균등, 교육의 민주화가 시작되었다. 이 시기는 이데올로기가 대치되는 상황에서 전통적인 교육을 개선하고자 하는 신교육운동이 일어났다. 유럽에서는 교육내용을 개선하려는 신교육운동이 전개되고, 미국에서는 교육방법을 개선함으로써 민주화하려는 아동해방 운동이 전개되었다(이병승 외, 2021).

루소가 강조한 아동 중심의 인간주의적 교육을 실천하고자 하는 교육자들이 등장하면서 변화가 이루어졌는데, 주로 전통적 주입 교육이 아닌 아동의 자유와 개성을 존중하는 새로운 학교를 건설하자고 주장하였다. 신교육운동은 새로운 신학교를 설립하며 유럽을 중심으로 확산되었다. 루소의 자연주의 교육사상은 페스탈로치, 프뢰벨 등의 아동의 고유한 인격과 권리를 강조하였으며, 20세기에 이르러 아동 중심 교육과 듀이의 진보주의 교육, 전인적 발달 교육 등에 영향을 주었다. 한편 미국에서는 교육방법을 개선하려는 교육개혁이 진행되었다(이병승 외, 2021). 듀이는 듀이학교(Dewey School)를 설립하고 운영하면서 기존의 교육을 완벽하게 바꾸어 아동 중심으로 혁신하였다. 이는 이후 진보주의 교육이론가들에게 계승되어 미국 전역으로 확산되었다. 20세기 미국의 교육은 진보주의를 중심으로 현대 4대 교육철학 사조를 통해 구체적으로 확인할 수 있다.

진보주의의 영향을 받은 구성주의(Constructivism)는 학습자가 지식을 수동적으로 받아들이는 존재가 아니라, 이미 가지고 있는 경험과 지식을 바탕으로 새로운 지식을 능동적으로 구성해 나가는 존재라고 주장한다. 피아제(Jean Piaget)와 비고츠키(Lev Vygotsky)가 대표적인 학자이며, 이들은 학습자의 내적 인지 발달 단계와 사회적 상호작용의 중요성을 강조했다. 구성주의는 학습자의 자율성과 창의성을 중요하게 여기며, 교사의 역할을 지식 전달자에서 학습을 촉진하고 조력하는 퍼실리테이터(facilitator)로 바꾸는 데 결정적인 역할을 했다.

1960년대 이후 등장한 인본주의 교육(Humanistic Education)은 인간의 전인적 성장을 가장 중요한 가치로 삼았다. 이는 인간을 기계적이고 비인간적인 존재로 보는 기존 교육에 대한 반발로 나타났다. 로저스(Carl Rogers)와 매슬로(Abraham Maslow)는 인간의 자아실현과 개인적 성장을 강조하며, 학생의 감정, 가치관, 태도를 존중하는 교육환경을 조성해야 한다고 주장했다. 인본주의 교육은 학생을 '미래 사회에 적응할 인력'이 아닌, '고유한 인격과 잠재력을 지닌 한 사람'으로 대우해야 한다는 원칙을 확립하며, 전인 교육의 가치를 재조명했다.

현대 교육은 이처럼 다양한 사조를 거쳐 발전해 왔으며, 오늘날에는 이 모든 사상들을 아우르는 통합적 접근이 시도되고 있다. 특히 디지털 기술과의 융합은 현대 교육의 가장 큰 특징 중 하나이다. 컴퓨터, 인터넷, 인공지능 등은 개별화된 학습(personalized learning)을 가능하게 하고, 학생들이 시공간의 제약 없이 정보를 습득하고 협력할 수 있는 환경을 제공한다. 이는 '평생학습(lifelong learning)'의 중요성을 더욱 부각시키며, 급변하는 사회 속에서 개인이 끊임없이 성장할 수 있도록 돕는 교육의 역할을 확장하고 있다.

요약

1. 한국의 고대 교육은 단군신화에 나타난 홍익인간의 이념을 기반으로 사상적 구조를 형성하기 시작하였고, 이는 우리나라 교육법의 기본 정신으로 그 명맥을 이어오고 있다.

2. 삼국 시대는 각 나라의 지리적·문화적 특징에 기반하여 고유한 교육제도를 발전시켰다. 고구려는 중국의 영향을 받으면서 중국의 침략을 막아야 하는 상황에 기반하여 문무겸비의 교육을 발전시켰다. 백제는 찬란한 문화적 역량을 나타내며 삼국의 학문적 기반을 조성하였다. 신라는 군사적·문화적 열세에 처한 상황을 극복하기 위해 청소년 군사조직인 화랑도를 기반으로 교육을 발전시켰다.

3. 통일신라 시대와 고려 시대의 교육은 비형식적이었던 인재양성제도와 인재선발시스템을 국가가 주도하는 공식적·형식적 체계로 만들고자 노력한 시대였다. 다양한 내외부적 변수로 인해 국가의 정책이 자리 잡지 못했지만, 새로운 교육기관을 설립하고 객관적인 인재양성제도를 시행하고자 한 교육사적 의미를 지닌다. 그러나 중국의 문자, 교재, 제도, 기관 등의 모방은 한계점이라 할 수 있다.

4. 조선 시대의 교육은 성리학을 기반으로 한 유교적 이상 국가를 건설하기 위한 수단으로 발전되었다. 고등교육에서 초등교육에 이르는 교육제도가 확립되고 과거제도를 통한 객관적이고 공정한 인재선발이 시도되었다. 특히 중인계층을 중심으로 잡학 교육을 통한 다양한 실용적 능력을 지닌 인재를 양성하기도 하였다. 그러나 과거시험 합격을 교육의 주요한 목적으로 삼는 입신양명, 출세지향적 교육관의 만연으로 교육의 과정보다 교육의 결과를 중요시하는 사고방식이 확산되면서 지극히 세속적인 교육 전개를 보인 것도 사실이다.

구분		삼국시대			통일 신라시대	고려시대	조선시대
		고구려	백제	신라			
관학	고등	태학			국학	국자감	성균관
	중등					중앙 : 동서학당 지방 : 향교	중앙 : 4부학당 지방 : 향교
사학	고등	경당				12도	
	중등						서원
	초등					서당	서당

5. 그리스 시대와 로마 시대는 자신의 문화와 다른 문화를 배타적으로 거부하는 길을 택하지 않고 다수의 시민이 토론을 통하여 다양한 문화를 소화하는 길을 택하여 고대 문화의 중심지로 각광을 받았다. 인간 중심적, 전인적, 계급주의적, 문화적인 그리스 로마 시대의 사상적 특징은 이후 서양 교육에 반영되어 현대의 서양 교육의 목적과 내용 그리고 교육방법에 이르기까지 그 영향력을 행사하고 있다.

6. 중세의 교육은 종교적 주정주의, 신 중심의 교육관 등의 특징을 가지며 종교교육의 정수를 보여 주었다. 그러나 온전한 전인의 양성이라는 교육목적에 비추어 보면 종교적으로 편중된 교육관은 그 효과가 의심되고, 자유로운 학문적 발전을 저해했다는 점에서 비판받을 수 있다.

7. 르네상스 시대는 신의 세계에서 인간의 세계로, 내세주의에서 현세주의로, 금욕주의에서 인간주의로 중심을 옮겨 인간을 구속하는 모든 외부적 권위를 벗어나 인간으로 하여금 스스로 삶의 주체가 되도록 노력한 시대였다. 또한 경험적·직관적 학습을 강조하여 학습자의 흥미를 불러일으키고, 자주적 사고를 중시하는 근대적인 교육방법을 활용하였다.

8. 서양 근세 근대의 교육관은 중세 암흑기 교육관에서 탈피하여 이성과 과학이 지배하는 세상을 열어가는 기반을 제공하였다. 또한 의무교육제도의 도입과 아동 중심 교육관의 출발점이 되었고 국가 주도의 공교육 발전을 이루는 초석을 제공하였다.

9. 현대의 교육은 유럽과 미국을 중심으로 신교육운동과 진보주의적 교육개혁을 진행하면서 오늘날에 이르게 되었다.

제 5 장

교육의 철학적 기초

1. 교육과 철학의 관계
2. 현대 교육철학 사조

제5장 교육의 철학적 기초

학습내용

- 철학과 교육철학은 어떤 관계에 있는지 이해한다.
- 교육철학의 필요성을 이해한다.
- 전통/현대 교육철학의 사조에 대해 이해한다.

1. 교육과 철학의 관계

1) 교육철학의 의미

철학은 영어로 philosophy로 어원을 분석해 보면, 그리스어의 'philos(사랑하다)'와 'sopihia(지혜)'가 결합된 단어이며, '지혜를 사랑하는 학문'이라는 뜻을 가지고 있다. 철학의 중요한 과제는 모두 인간존재와 연결되어 있다. 교육 역시 인간이 없는 인간 부재의 교육이란 참교육이라 할 수 없다. 이렇게 인간을 중심으로 하여 철학과 교육은 유기적 관계의 영역으로 접근된다. 그래서 일찍이 철학자가 교육자였고 교육자는 철학적 사유와 철학적 탐구에 의해 교육문제를 논의하였다. 서양의 소크라테스, 플라톤, 아리스토텔레스가 대표적 사상가이며 동양의 공자, 맹자나 우리나라의 퇴계, 율곡도 같은 범주이다.

교육학의 아버지라고 불리는 헤르바르트(Herbart)는 교육을 과학적인 교육학으로 체계화하기 위해 철학과 심리학을 기초학문으로 정립하여 과학으로서 교육학은 철학의 문제요, 교육의 진정한 완성은 철학이라고 하였다. 그는 "교육의 목적은 철학에, 교육의 방법은 심리학에 의존한다"(Herbart, 1965)고 하였다.

교육철학은 초기에는 독립성이 인정되지 못하였으나, 헤르바르트에 의해 철학에서 분리되어 철학적 교육학으로 교육철학이 독립성을 가지고 철학과 심리학의 기초 위에 연구되기 시작하였다. 그 이후 브라우디(Broudy), 브라멜드(Brameld) 등이 교육문제에 대한 철학적 이해와 문제를 분석하고 비판하여 교육문제 자체를 철학적으로 탐구하였다. 듀이(Dewey)는 교육철학은 일반철학을 수용한다고 하여 도리어 교육철학을 일반철학보다 상위학문으로 이해하였다.

현대에 들어와서 교육철학은 철학적 지식을 교육의 이론이나 실천, 그리고 교육문제 해결이나 교육현상의 이해에 응용하는 응용철학으로서, 교육과 철학은 상호 분리해서 생각할 수 없는 교육의 철학적 측면과 철학의 교육적 측면이 동시에 존중되어야 하고, 철학적 사상이나 이론, 방법, 개념이 교육현상이나 교육연구의 기초로서 교육적 탐구나 방법론적 이해의 길잡이가 되어야 할 것이다. 철학이 없다면 교육은 목적 없는 단순한 기술이나 지식 전달 행위에 불과하다. 반대로 교육이 없다면 철학은 현실과 동떨어진 추상적인 사변에 머물게 된다. 따라서 둘은 서로에게 필수적인 보완 관계인 것이다.

교육철학은 철학에 바탕을 두고 교육의 체계를 탐구하고, 교육에 사용되는 용어의 의미를 밝히고, 어떤 근거에 바탕을 두는지를 명확하게 이해할 수 있도록 돕는다. 즉, 교육철학은 교육현장에서 일어나는 실제적인 문제들에 초점을 맞추고 이를 위한 대안을 마련하기 위해 철학적 탐구를 추구하는 학문이다.

2) 교육철학의 필요성과 기능

교육철학은 교육의 근본적인 목적과 가치를 탐색하고, 교육 현상의 본질을 이해하도록 돕는 학문이다. 단순히 지식을 전달하는 기술을 넘어, '무엇을 위해', '어떻게', '왜' 가르쳐야 하는지에 대한 방향성을 제시한다.

이러한 교육철학적 탐구의 필요성에 대해 다음과 같이 정리할 수 있다(손승남 외, 2019). 첫째, 교육철학은 교육개념을 명료화하기 위해 필요하다. 가령, 창의나 융합은 모두가 아는 단어이지만, 교육현장에서 이들이 어떤 의미를 가져야 하는지에 대해서는 쉽게 답할 수 없다. 이렇게 모호하게 사용되는 단어를 명확하게 규정하기 위해 교육철학이 필요하다. 둘째, 교육철학을 통해 교육문제를 해결하기 위한 넓은 사고가 가능하다. 오늘날의 교육문제는 상식이나 과학적인 수준에서 해결이 불가능한 문제들이 많다. 그러나 교육철학은 문제의 본질에 접근하여 대안을 찾을 수 있는 사고가 가능하도록 도와준다. 셋째, 교육철학은 교육활동의 방향을 제시해 준다. 교육철학은 가치지향적 학문으로 현재에 대한 비판력과 미래를 예견할 수 있는 예견력을 기를 수 있도록 도와준다. 이를 통해 보다 바람직한 방향으로의 교육을 제시하고 실천할 수 있다. 넷째, 교육철학은 가치 판단의 준거를 제공한다 교육철학적 논의를 통해 더 중요한 가치가 무엇인지, 그 이유는 무엇인지에 대해 탐구하고, 결과를 도출할 수 있다. 다섯째, 교육철학은 교육활동에 대한 비판의 근거를 제시한다. 교육현장에서 이루어지는 다양한 교육활동에 대해 비판을 하기 위해서는 합리적인 근거를 제시해야 한다. 가령 체벌이나 조기교육 등의 문제에 대하여 교육철학은 도덕적이고, 합리적인 근거를 들어 비판하고 대안을 탐색하도록 도와준다.

그러므로 교육철학의 기능은 교육의 본질과 목적을 깊이 탐구함으로써 교육활동 전반에 대한 명확한 방향을 제시하고, 이론과 실제를 비판적으로 성찰하도록 돕는 것이므로, 다음과 같은 기능을 가진다.

첫째, 분석적 기능이다. 교육철학은 '교육', '학습', '교사', '학생'과 같은 교육 관련 개념들의 의미를 명확히 분석하고 정의하는 역할을 한다. 이론적 혹은 일상적 언어의 의미를 명백히 하며 논리적 모순이나 모순된 표현을 가려내어 각종 판단의 기준을 밝히는 것이다. 이를 통해 교육현장에서 발생하는 용어의 모호성을 제거하고, 논리적이고 일관된 논의를 가능하게 한다.

둘째, 평가적 기능이다. 교육철학은 특정 교육 이론, 정책, 또는 방법이 교육의 본질적인 가치에 부합하는지 비판적으로 평가하는 기준을 제공한다. 평가 기준을 세우고 그 평가기준에 입각하여 교육적 의미나 교육 현실이 바람직한 것인지 아닌지를, 또는 만족스러운 것으로 받아들일 만한 것인지 아닌지를 평가하는 것이다. 이는 교육의 효율성뿐만 아니라 도덕적, 윤리적 타당성을 검토하게 하여 교육의 질적 향상을 돕는다.

셋째, 사변적 기능이다. 사변적 기능은 어떤 이론적 실천적 문제를 해결하기 위하여 새로운 가설, 제언을 성립시키고 제시하는 행위이다. 교육철학은 현재의 교육 시스템에 대한 깊은 성찰을 바탕으로 새로운 교육 이념과 대안을 제시한다. 교육의 본질에 대한 근본적인 질문을 던짐으로써 미래 교육이 나아가야 할 방향을 모색하고, 창의적인 교육적 비전을 제시하는 역할을 한다. 이러한 사변적 기능은 철학 본연의 기능은 물론 교육철학의 여러 기능 중에서도 가장 핵심적인 기능이다.

넷째, 통합적 기능이다. 통합적 기능이란 교육현상이나 과정을 전체로서 파악하고 부분적인 활동들을 통합적으로 이해하려는 활동이다. 교육은 심리학, 사회학, 역사학 등 다양한 학문 분야의 영향을 받는다. 교육철학은 이처럼 분산된 학문적 관점들을 하나로 통합하여 교육 현상을 포괄적이고 전체적인 시각으로 이해하도록 돕는다.

2. 현대 교육철학 사조

1) 진보주의

진보주의(Progressivism) 교육철학은 경험을 통한 성장을 교육의 핵심으로 보는 철학이다. 전통적인 교육이 성인 중심의 지식 주입을 강조했다면, 진보주의는 학습자의 흥미와 경험을 바탕으로 한 아동 중심 교육을 주장한다. 이 사조는 미국의 철학자 존 듀이(John Dewey)에 의해 체계화되었으며, 전통 교육의 비판에서 출발했다.

진보주의는 교육의 목적이 변화하는 사회에 적응할 수 있는 능동적인 개인을 양성하는 것으로, 학생들이 끊임없이 변화하는 문제에 직면하여 스스로 해결책을 찾을 수 있는 능력을 갖추도록 돕는 것을 의미한다. 미리 정해진 교과서나 지식을 가르치기보다는, 학생들의 흥미와 직접적인 경험을 중심으로 교육내용을 구성한다. 프로젝트 학습, 현장 견학, 실험 등과 같은 활동 중심의 학습을 강조하며, 학생들이 생활 속에서 부딪히는 문제들을 해결하는 과정을 교과내용으로 삼는다. 진보주의의 교육방법은 학생 주도의 문제해결 학습이 핵심이다. 수업의 중심이 학습자에게 있으며, 개방적이고, 자유로운 분위기에서 수업이 진행된다. 교사는 학생이 스스로 학습에 참여하도록 동기를 부여하고, 다양한 자료와 정보를 제공하여 학습 과정을 돕는다. 또한 개별 학습보다는 협력과 상호작용을 중시하는 그룹 활동을 적극적으로 활용하여 협동학습을 강조하며, 협동학습을 통해 학습자들이 민주적 시민으로서 갖추어야 할 태도를 습득할 수 있다고 본다.

진보주의의 대표적 학자인 듀이(Dewey)는 경험에 의한 교육(learning by doing)을 강조했는데, 이는 단순히 학습자들이 하는 행동을 의미하지는 않는다. 여기에서 경험은 교육적 경험으로 학습자들이 경험을 통해 교육적 가치를 획득하는 것을 의미한다. 이 외에도 킬패트릭(Kilpatrick), 보데(Bode), 차일드(Childs), 카운츠(Counts) 등이 있다. 1918년 진보주의 교육협회(Progressive Education Association)가 조직된 후 진보주의는 세계로 퍼져 나가 아동 중심, 경험 중심, 놀이 중심, 생활 중심, 흥미 중심의 교육을 펼치고 있다.

2) 항존주의

항존주의(Perennialism)는 진보주의가 갖는 급진성에 반대하는 입장으로, 영원하고 불변하는 진리와 가치에 교육의 목적을 두며, 시대를 초월하는 인류의 보편적 지혜를 가르치는 것을 강조한다. 'Perennial'이라는 단어 자체가 '영원한, 끊임없는'이라는 뜻을 담고 있듯이, 인간의 본성과 사회의 본질이 변하지 않는다고 보고, 이러한 불변의 원리에 기초한 교육을 추구한다. 항존주의는 플라톤과 아리스토텔레스의 형이상학적, 인간학적 관점과 토마스 아퀴나스에 의해 집대성된 스콜라 철학의 영향을 크게 받아, 인간에게는 이성(理性)이라는 본질적인 능력이 있으며, 이 이성을 계발함으로써 영원한 진리를 탐구하고 도덕적 주체로 성장할 수 있다고 믿는다.

따라서 항존주의의 교육목적은 학생들에게 시대를 초월하는 보편적 진리(universal truth)와 가치를 전달하여 인간의 잠재된 이성을 계발하는 것이며, 이러한 진리는 고전(great books)에 담겨 있다고 보아, 교육을 통해 고전을 탐구하여 인간의 본질과 지혜를 깨닫고, 불변의 도덕성을 함양하여 궁극적으로는 이성적이고 도덕적인 인간, 즉 자유 교양인(liberal arts man)을 육성하는 것을 목표로 한다.

항존주의의 교육과정은 시대를 초월하는 고전(great books)들로 구성되며 이는 단순히 문학 작품에 국한되지 않고, 철학, 역사, 과학, 예술 등 인류의 지적 유산을 담고 있는 위대한 저작들을 포함한다. 교수방법은 교사 중심의 주입식 교육과 소크라테스식 대화를 혼합하여 사용한다. 교사는 고전과 진리를 전달하는 권위 있는 존재로, 학생들에게 지식을 체계적으로 가르친다. 그러나 단순히 지식을 암기하게 하는 것을 넘어, 교사와 학생 간의 질문과 대화를 통해 고전의 의미를 깊이 탐구하고 논리적 사고력을 향상시키는 방법을 중요시하는데, 이는 학생들의 이성을 자극하고 스스로 진리를 발견하도록 돕는 과정이다.

항존주의의 대표적 사상가로는 고전 읽기를 통해 이성을 계발하는 것이라고 주장한 허친스(Robert M. Hutchins)와 애들러(Mortimer J. Adler)가 있다.

그러나 항존주의는 영원한 진리와 가치를 강조함으로써 시대와 사회의 변화를 간과한다는 비판을 받았다. 급변하는 현대 사회에서 과거의 지식만을 고집하는 것은 현실 적응력을 저해할 수 있으며, 모든 인간이 동일한 보편적 지식과 이성을 가지고 있다고 보는 관점은 개개인의 다양성, 흥미, 적성 등을 무시할 수 있다는 비판에 직면하게 된다. 엘리트주의적 경향이 강하며, 특정 문화와 가치관을 주입할 위험이 있다는 점도 항존주의의 한계로 지적된다.

3) 본질주의

본질주의(Essentialism)는 진보주의의 지나친 아동 중심 교육에 대한 반발로 형성되었다. 이는 사회의 생존과 발전에 필수적인 기본적인 지식과 기술을 가르치는 것을 교육의 본질로 본다. 본질주의는 영원한 진리를 추구하는 항존주의와 함께 보수주의 교육철학의 양대 산맥을 이룬다.

본질주의는 이상주의와 실재론에 기반을 두고 있다. 이상주의(Idealism)는 인간 정신의 발달을 중시하며, 교육이 인류의 문화적 유산을 전달해야 한다고 본다. 실재론(Realism)은 객관적인 실재가 존재하며, 교육을 통해 학생들이 외부세계의 본질을 파악하고 이에 적응하도록 해야 한다고 주장한다. 이러한 철학적 배경을 바탕으로 본질주의는 인류가 축적한 문화유산을 체계적으로 전달하는 것을 교육의 핵심 과제로 설정한다.

본질주의의 교육목적은 학생들에게 사회생활에 필수적인 기본적인 지식과 기술을 효율적으로 습득하게 하는 데 있다. 이는 학생들이 사회에 적응하고 유능한 시민으로 성장하는 데 필요한 기초 역량을 갖추도록 하는 것을 목표로 한다. 본질주의는 교육의 목적을 아동의 흥미나 잠재력 계발보다는, 인류의 문화적 유산을 보존하고 전달하는 데 둔다.

본질주의의 교육과정은 기본 교과(basic subjects)를 중심으로 구성된다. 이는 읽기, 쓰기, 셈하기와 같은 기초 학습 능력과 역사, 과학, 언어, 문학 등 사회생활에 필수적인 지식들을 포함한다. 본질주의는 이들 교과를 체계적으로 학습함으로써 학생들이 객관적인 지식과 기능을 습득하고, 논리적 사고력을 함양할 수 있다고 본다. 더불어 본질주의는 교사 중심의 주입식 교육을 강조한다. 교사는 해당 교과의 전문가로서 지식과 기술을 학생들에게 명확하고 체계적으로 전달하는 역할을 수행한다. 학습은 학생의 흥미나 자발성에 의존하기보다 반복 연습과 암기를 통해 이루어지며, 학생의 성취도를 평가하기 위해 엄격한 시험과 평가를 자주 실시한다. 이러한 방법은 학생들에게 책임감과 규율을 가르치는 데 효과적이라고 본다.

본질주의의 대표적 사상가로는 본질주의 교육자협회(Essentialist Committee for the Advancement of American Education)를 창설하고 교육의 본질이 학생들에게 필요한 기본 지식과 기술을 체계적으로 가르치는 데 있다고 주장한 배글리(William C. Bagley)와 베스터(Arthur Bestor)가 있다.

본질주의는 지식의 주입과 암기를 지나치게 강조하여 학생의 흥미와 자율성을 무시한다는 비판을 받는다. 창의력, 비판적 사고, 문제해결 능력 등을 소홀히 할 수 있다는 지적도 있다. 이러한 교육방식은 학생들에게 학문적 부담을 가중시키고, 교육을 지루하고 딱딱한 것으로 인식하게 만들 수 있다는 한계를 가진다.

4) 재건주의

재건주의(Reconstructionism)는 1930년대에 진보주의(Progressivism) 교육철학에서 파생된 사조이다. 당시 진보주의가 개인의 성장과 흥미를 지나치게 강조하면서 사회적 문제 해결에 소홀하다는 비판이 제기되자, 이를 보완하여 등장했다. 재건주의는 교육을 통해 현재의 사회적 위기를 극복하고, 보다 나은 사회를 적극적으로 재건해야 한다고 주장한다. 이는 교육이 개인의 성장뿐만 아니라 사회 변혁의 강력한 도구로 활용되어야 한다는 신념에 기반한다.

재건주의는 실용주의(Pragmatism)의 영향을 강하게 받았다. 특히 듀이(John Dewey)의 사상 중에서도 교육이 민주주의의 발전에 기여해야 한다는 점을 적극적으로 수용했다. 그러나 듀이의 교육철학이 사회적 실천보다는 개인적 경험에 초점을 맞추고 있다고 비판하며, 교육의 목표를 개인의 성장에서 사회 개혁으로 확장했다. 재건주의는 교육의 궁극적인 목적이 현존하는 사회 문제를 해결하고 이상적인 사회를 건설하는 데 있다고 보았다.

재건주의의 교육목적은 사회를 개혁하고 미래 사회를 재건하는 데 기여하는 능동적인 인간을 양성하는 것이다. 학생들은 사회의 문제점을 인식하고, 이를 비판적으로 분석하며, 해결책을 모색하는 능력을 길러야 한다. 또한 학생들은 이러한 사회적 실천에 참여함으로써 민주주의적 가치와 공동체 의식을 함양하게 된다. 재건주의는 교육을 통해 사회가 직면한 다양한 문제들(예 빈곤, 환경 파괴, 인종 차별 등)을 해결하고, 궁극적으로 이상적인 민주주의 사회를 건설하는 것을 목표로 삼는다.

재건주의의 교육의 교과과정은 사회적 문제와 현안을 중심으로 구성된다. 학생들은 사회, 역사, 과학 등 다양한 과목을 통해 현대 사회의 문제점을 탐구하고, 그 원인과 해결 방안을 심층적으로 논의한다. 교과서에 정해진 지식을 암기하는 대신, 현재 사회의 이슈들을 주제로 삼아 토론하고 연구하는 프로젝트 중심의 학습이 이루어진다. 따라서 재건주의 교육방법은 학생들의 적극적인 참여와 실천을 강조한다. 주요 교수방법으로는 프로젝트 학습(project-based learning)과 문제해결 학습(problem-solving learning)이 있다. 교사는 학생들의 문제해결 과정을 돕는 조력자(facilitator) 역할을 수행한다. 학생들은 교사와 함께 토론하고, 연구 자료를 수집하며, 현장 조사를 통해 사회 문제를 직접 경험하고 해결책을 제시하는 활동에 참여한다. 이를 통해 비판적 사고, 협력, 의사소통 능력 등을 기르게 된다.

재건주의의 대표적 사상가로는 교육을 통해 민주주의적 사회를 재건해야 한다고 역설하며, 재건주의를 교육사조로 체계화한 브라멜드(Theodore Brameld)가 있으며, 진보주의 교육이 개인의 흥미에만 치중한다고 비판하며, 교육이 사회적, 경제적 위기를 해결하는 데 적극적으로 나서야 한다고 주장한 카운츠(George S. Counts) 등이 있다.

재건주의는 교육이 정치적, 사회적 이념을 주입하는 수단으로 변질될 수 있다는 비판을 받는다. 특정 사회적 이상을 설정하고 이를 학생들에게 가르치는 과정에서 교육의 중립성이 훼손될 위험이 있다는 것이다. 또한 학교가 사회 전체의 변화를 주도하는 데에는 현실적인 한계가 있으며, 모든 사회 문제를 교육만으로 해결하려는 시도는 비현실적이라는 지적도 있다.

요약

1. 교육철학은 철학적 지식을 교육의 이론이나 실천, 그리고 교육문제 해결이나 교육현상의 이해에 응용하는 응용철학으로서, 교육현상이나 교육연구의 기초로서 교육적 탐구나 방법론적 이해의 길잡이다.

2. 실제 교육현장에서 일어나는 많은 문제는 교육철학을 바탕으로 대안을 수립하고 어떤 철학을 분석 혹은 해결의 틀(기준)로 삼느냐에 따라 해결방식과 대안이 달라진다.

3. 4대 현대 교육철학 사조

구 분	진보주의	항존주의	본질주의	재건주의
대표학자	듀이	허친스	배글리	브라멜드
교육목적	학습자의 자아실현	이성의 계발	핵심적이고 본질적인 문화의 전수	사회적 개혁
교육내용	학습자 흥미, 요구를 반영한 내용	문학, 철학 등 고전 및 인문학	기초 학문 및 사회의 정수(essence)	현대 사회 문제 및 사회과학
교육방법	경험, 협동학습	독서, 토론, 토의	훈련과 연습	집단토의, 참여

제 6 장

교육의 사회적 기초

제6장 교육의 사회적 기초

학습내용

- 교육의 사회적 기능에 대해 이해한다.
- 교육사회학이 연구하는 문제에 대해 살펴본다.
- 다양한 교육사회 이론들의 특징 및 이론적 한계에 대해 살펴본다.

1. 교육과 사회

1) 교육의 사회적 기능

교육은 단지 지식을 전달하는 활동이 아니라, 사회 전체의 구조와 깊은 관련을 맺고 있는 사회 제도이다. 인간은 사회 속에서 살아가며, 사회적 규범과 가치, 행동 양식을 배우고 익히는 과정을 통해 사회의 일원으로 성장한다. 이때 교육은 단순한 지식 전달이나 개인의 성장을 돕는 행위를 넘어, 사회의 구조, 계층, 문화, 권력 관계와 끊임없이 상호작용하며 영향을 주고받는다. 이러한 과정을 우리는 사회화(socialization)라고 부르며, 이때 학교는 사회화를 위한 가장 핵심적인 기관으로 작용한다.

교육사회학(sociology of education)은 교육과 사회의 상호 관련성을 해석하고 이해하는 학문으로, 교육학적인 안목과 사회학적인 안목이 동시에 필요하다. 교육사회학은 다양한 교육학 분야 중에서 현실과 사회에 더욱 관심을 두고 있으며, 교육현실의 실체를 제대로 파악하는 데 목적을 둔다. 따라서 교육현실과

거리가 먼 교육이상을 주창하기보다 사회의 역사와 문화, 정치와 경제, 국제관계 등을 폭넓게 고려하여 교육현실을 이해하고자 한다. 이는 그 사회를 제대로 알지 못하고서 그 사회의 교육을 이해한다는 것은 불가능하기 때문이다. 인간은 본질인 언어, 관습, 종교, 제도, 예술, 기술, 지식, 윤리 등과 같은 생활양식을 가지고 있다. 이러한 사회의 특성과 범위 내에서의 교육을 이해하기 위해서는 그 사회뿐만 아니라 그 사회에 영향을 주는 많은 요소와 관계된 교육현상을 연구해야 한다.

사회학자 뒤르켐(É. Durkheim)은 교육을 '사회적 사실'이라고 표현하였다. 그는 교육이 사회가 존속하기 위한 기본 조건이며, 사회는 각 세대에게 고유한 가치와 규범, 도덕을 전달함으로써 공동체를 유지한다고 보았다. 뒤르켐에 따르면, 교육은 단지 개인의 성장을 위한 도구가 아니라, 사회의 도덕적 통합과 질서를 유지하는 핵심 기제이다. 예를 들어, 프랑스의 공교육 제도는 공화주의 가치(자유, 평등, 박애)를 학교를 통해 체계적으로 전수함으로써 사회 통합에 기여해 온 것이다. 뒤르켐의 시각은 교육이 사회의 안정과 지속을 위한 기능적 측면을 강조하는 것으로, 기능주의 교육사회학의 출발점이 되었다. 이 관점에서는 교육이 사회의 필요에 따라 역할을 수행하고, 모든 구성원들이 조화를 이루는 데 기여한다고 본다.

2) 교육사회학의 연구 문제

교육사회학은 교육과 관련된 개인적인 문제와 경험을 사회문제와 집단현상, 구조적 맥락에서 이해할 수 있는 시각을 제시해 준다. 또한 교육을 통해 미래의 시민을 만들고, 국가의 정책을 수립하며, 경제, 정치, 사회생활 사이의 관계를 이해하도록 한다(Parelius & Parelius, 1978). 교육사회학자들이 제기한 주요 연구 문제의 사례는 다음과 같다(성낙돈 외, 2015).

- 학교교육에 관여하고 있는 학부모의 자녀가 더 성공적인 학교생활을 하는가?
- 상이한 교수기법, 학습유형, 학급조직은 다양한 형태의 능력을 가진 학생들에게 얼마나 효과적인가?
- 일부 지역사회가 학교에 미치는 영향은 무엇이며, 이러한 영향력은 특히 어린 학생들의 사회화와 관련하여 학교의 의사결정에 어떻게 반영되는가?
- 교사들의 전문성이 학교체제에 주는 영향은 무엇인가? 교사채용 시험이 교사의 질을 높이는가?
- 기회의 평등과 인종차별 폐지와 같은 문제들이 학교에 어떻게 영향을 주는가? 소수민족의 학생들이 인종차별이 폐지된 학교에서 더 좋은 교육을 받을 수 있는가?
- 어떤 학생들은 그들에게 유익한 고용기회를 만들기 위해 더 많은 교육을 받고 있지 않은가?
- 교육은 잠재적인 수입에 얼마나 영향을 주는가?

위의 물음과 같이 교육사회학은 학부모의 참여와 자녀의 학교생활, 학생들의 능력에 미치는 요인, 지역사회, 아동의 사회화, 교사의 전문성, 교육기회 균등, 교육과 직업 및 수입 등을 중요한 연구문제로 보고 있다.

2. 교육의 사회적 기능

사회화란 인간이 사회적 존재로 성장해 가는 과정을 의미하며, 가정, 또래집단, 종교 기관, 학교 등 다양한 사회 기관을 통해 이루어진다. 이 중에서도 학교는 제도화된 2차 사회화 기관으로서 아동에게 규칙, 질서, 협력, 경쟁, 성취 등의 사회적 행동양식을 체계적으로 가르친다.

1) 기능주의 이론

기능주의 이론(Functionalism)은 사회가 유기체처럼 서로 연관된 여러 부분들(제도, 조직, 역할 등)로 구성되어 있으며, 이 각 부분은 전체 사회의 안정과 지속을 위해 특정한 기능을 수행한다고 전제한다. 이는 교육을 사회 유지와 통합을 위한 필수적인 제도로 바라보는 관점이다. 기능주의의 출발은 19세기 유럽이 사회적으로 질서 유지가 어려운 시기였다. 시대적으로 불안하고 혼란한 사회에서 사람들은 위기의식을 느꼈고, 동시에 새로운 사회질서를 확립하고 안정화되기를 바랐다. 이러한 시대적 상황과 필요성에 따라 프랑스의 콩트(Comte)는 사회질서 유지와 개선을 통해 사회가 보다 안정될 수 있는 사회이론을 체계화하기 시작했고, 콩트의 관점은 기능주의 사회학의 이론적 기반이 되었다. 이후 뒤르켐(Durkheim)과 미국의 파슨스(Parsons)가 기능주의 이론을 체계적으로 발전시켰다(장재천, 2018). 기능주의는 사회의 안정과 질서를 토대로 논리를 확장시켜 간다. 기능주의 사회관은 다음과 같이 요약할 수 있다. 첫째, 한 체제를 구성하고 있는 요소들은 상호의존적이다. 둘째, 한 체제의 구성 요소들은 체제를 유지하기 위해 적극적으로 작용한다. 셋째, 한 체제는 다른 체제에 영향을 미치며, 이 체제들은 상위체제와 하위체제로 구분된다. 이러한 기능주의 사회관에서 학교교육은 사회가 존속하고 발전하는 데 필수적인 여러 기능을 수행하는 중요한 사회 제도이다. 기능주의는 학교가 사회의 안정과 통합에 기여하며, 개인에게는 공정한 기회를 제공한다고 긍정적으로 평가한다.

뒤르켐(Durkheim)은 교육은 사회의 도덕적 가치와 규범을 개인에게 내면화시키는 과정이라고 보았다. 그는 "교육은 사회적 사실이다"라고 말하며, 사회가 자신의 존속을 위해 구성원들에게 요구하는 도덕을 가르치는 것이며 나아가 교육을 통해 사회는 공동체 의식과 사회적 연대를 유지하는 것이라고 하였다. 예를 들어, 현재 공교육이 공통된 국가 정체성과 시민의식을 함양하는 데 목표를 두는 것이 여기에 해당된다. 파슨스는 학교는 가정과 직업 세계를 연결하는 중간 단계로, 아이들이 사회에 적응할 수 있도록 준비시키는 곳이며, 보편주의적 가치(능력, 성취, 규칙 등)를 가르쳐서 학생들이 공정한 기준에 따라 평가받는 법을 배우게 되고, 이를 통해 사회는 성취 중심의 질서를 유지하게 된다고 보았다. 예를 들면, 모든 학생이 같은 시험을 보고 성적에 따라 진로가 결정되는 것은 기능주의의 '능력주의' 원리에 기반한 것이다.

기능주의의 주요 개념은 다음과 같다.

<표 6-1> 기능주의의 주요 개념

핵심 개념	설 명
사회화 (socialization)	교육은 사회가 요구하는 가치, 규범, 태도를 개인에게 내면화시켜 사회 구성원으로 성장하게 함
사회 통합 (social integration)	교육은 다양한 배경을 가진 학생들에게 공통의 규범과 정체성을 가르쳐 사회의 연대감을 강화함
선발과 배치 (selection & allocation)	교육은 개인의 능력과 성취에 따라 적재적소에 배치하는 역할을 함(예 진학, 취업)
사회적 이동 (social mobility)	능력에 따른 보상을 통해 계층 이동을 가능하게 함. 교육을 사회적 사다리로 인식
사회적 통제 (social control)	학교는 규율, 시간 관리, 권위 존중 등을 가르치며 사회 질서를 유지함

기능주의의 교육은 새로운 세대가 사회의 규범과 가치를 내면화하게 하는 사회화 기능, 다양한 계층과 집단 간의 공통된 정체성을 형성하는 통합의 기능, 개인의 능력에 따라 사회적 지위나 직업을 배정하는 선발과 배치 기능, 질서와 안정, 연속성을 유지시키는 사회 유지의 기능, 능력에 따른 상승 이동을 가능하게 하는 사회적 이동의 기능과 같이 긍정적인 면도 있지만, 부정적인 면도 있다. 실제로 기능주의는 교육은 평등한 기회를 제공하지 않으며, 사회적 배경에 따라 성취에 차이가 발생하는 현실의 불평등 구조를 간과하고 있으며, 교육이 불평등한 사회구조를 정당화하는 수단이 되는 이데올로기 정당화의 기능,

또 교육을 통한 억압, 차별, 권력 관계 등의 문제를 다루지 않으면서 갈등적 측면을 무시하고 있다. 이러한 한계를 보완하기 위해 갈등이론, 비판이론, 문화 재생산이론 등이 등장하게 된다.

<표 6-2> 기능주의 사회관과 교육관

사회관	교육관
① 사회의 모든 요소는 안정지향적이다. ② 사회의 각 요소들은 상호의존적이며 통합적이다. ③ 사회변화는 점진적이고 누적적이며 개선적으로 이루어진다. ④ 사회적 합의는 모든 사회 구성원의 지지에 의해 이루어진다. ⑤ 모든 사회 구성원에게 균등하고 공정한 기회가 주어지며, 사회적 보상은 능력과 노력(능력주의)에 따라 주어진다. ⑥ 사회적 가치관, 관습, 규범 등은 보편적 가치를 가지고 있으며, 사회통제 이데올로기는 강제와 억압보다는 보편적 합의에 의해 이루어진다.	① 학교는 사회의 안정과 질서에 기여한다. ② 학교는 개인의 재능과 노력에 따라 공정한 보상을 한다. ③ 학교는 사회불평등을 해소해 주며, 사회평등화를 도모한다. ④ 학교는 지위의 사다리이며, 이를 통해 공정한 사회이동을 촉진한다. ⑤ 학교는 사회의 각 집단과 유기적인 관계를 맺고 있으며, 상호의존적인 영향을 미친다. ⑥ 학교에서 전수하는 교과내용과 지식은 사회 구성원들의 합의와 보편적 가치를 가지고 있다.

출처 : 강창동(2018). 교육사회학의 이해, p. 83.

2) 불평등이론 : 기능주의에 대한 비판적 관점

기능주의 이론은 교육이 사회 통합과 질서 유지를 위해 긍정적 역할을 수행한다고 보았다. 그러나 현실 속 교육은 모든 사람에게 평등한 기회를 제공하기보다는, 사회 계층에 따른 불평등을 정당화하거나 재생산하는 경우가 많다. 이러한 관점에서 등장한 것이 불평등이론(inequality theories)이다. 이 이론들은 교육을 지배 구조를 유지하고 기존 사회 질서를 재생산하는 장치로 보고, 교육의 이면에 숨겨진 권력, 이데올로기, 문화적 배제를 비판적으로 분석한다.

(1) 갈등이론

갈등이론(Conflict Theory)은 사회가 조화롭게 움직이는 것이 아니라, 지배계층과 피지배계층 간의 갈등과 긴장으로 구성되어 있다고 본다. 교육은 사회적 갈등을 해소하는 장이 아니라, 오히려 지배계층의 이익을 유지하기 위한 수단으로 작동한다고 본다. 다시 말해, 학교교육이 사회의 평등을 도모하기보다 오히려 사회적 불평등을 심화시키는 기제라는 것이다. 학교가 객관성, 중립성, 기회균등의 현장이라는 인식을 심어줌으로써 현재와 같은 경제적·정치적 구조를 사회적으로 대물림하고 지배계층을 영속화하는 데 필요한 태도와 이념을 학교가 재생산한다고 본다. 그러므로 학교는 지배계층이 원하는 기존의 불평등한 위계 구조에 피지배계층이 순종하도록 만드는 이데올로기적 기관이라고 비판하였다. 마르크스주의 교육이론의 대표적 학자인 알튀세르(Louis Althusser)는 교육을 이데올로기적 국가기구(ISA : Ideological State Apparatus)로 보았다. 학교는 정치적 강제 없이도 개인이 사회 질서에 자발적으로 순응하도록 만드는 이데올로기 장치로서, 교육을 통해 지배계층의 가치와 질서를 '정상'으로 인식하게 하고, 피지배계층이 이를 자발적으로 수용하도록 만든다고 주장하였다. 예를 들어, '성실, 복종, 노력'과 같은 가치를 강조하는 학교교육이 자본주의 사회의 질서에 순응하는 노동자를 양산하는 효과를 가져오게 되는 경우이다.

(2) 경제재생산이론

경제재생산이론(Economic Reproduction Theory)은 학교를 불평등한 경제적 구조를 재생산하기 위해 계급적 갈등을 완화하고 자본주의 사회의 불평등 체제를 유지하는 도구적 수단으로 본다. 교육은 능력 중심의 공정한 선발 기제가 아니라, 출신 계층에 따라 다른 형태의 사회화를 수행하여 사회적 불평등을 고착시킨다. 예를 들면, 자본가는 세련된 지식이나 기술 같은 특성보다는 근면, 성실, 시간 엄수 등과 같은 태도를 선호하며, 노동자가 이러한 태도를 수용하여 서로 협동하기를 원한다. 학교는 자본가가 중요시하는 가치와 태도를 강조하고, 이러한 특성을 지닌 노동자를 양산해 낸다. 즉, 학교는 미래의 노동자가 순종적이며 복종하는 것을 강조하면서 자본주의적 가치와 태도를 재생산해 내는 것이다. 경제적 재생산론은 사회의 하부구조인 경제구조가 상부구조를 결정한다는 마르크스주의 경제적 결정론의 입장에 따라, 상부구조인 학교가 하부구조인 자본주의의 특성을 그대로 반영하여 교육함으로써 사회의 불평등 구조를 재생산한다는 것이다.

보울스와 진티스(Bowles & Gintis)는 미국 자본주의 사회의 교육 시스템을 분석하면서, 교육이 자율적이고 공정한 기회 제공의 장이 아니라, 노동 시장에서 필요한 가치와 태도를 학습시키는 공간이라고 주장하였다. 그들은 특히 학교가 복종, 시간 준수, 근면성실 등 노동자가 갖추어야 할 성향을 길러주며, 계층별로 다른 사회화를 수행한다고 보았다. 예를 들어, 상류층 학생들은 창의성, 자율성 중심의 교육을 받는 반면, 하층계급 학생들은 순종, 규율 중심의 교육을 받는다는 것이다. 이를 통해 학교는 겉으로는 공정한 제도처럼 보이지만, 실제로는 계층 구조를 정당화하고 재생산하는 데 기여한다는 것이다.

경제적 재생산론은 학교교육에 대한 새로운 시각을 제시했다는 의의가 있으나 다음과 같은 한계가 있다(강창동, 2018).

첫째, 학교교육을 경제적 모순 구조에 국한시킴으로써 정치, 문화 역사 등과 같은 다양한 측면을 간과하였다. 둘째, 학생의 의식구조를 경제구조에 구속시킴으로써 인간을 기계적이며 수동적인 존재로 파악하였다. 셋째, 교수·학습 과정에서 나타나는 교사와 학생, 학생 간의 상호관계의 역동성을 간과하였다.

(3) 문화재생산이론

문화재생산이론(Cultural Reproduction Theory)은 1970년대 프랑스 사회학자인 피에르 부르디외와 장-클로드 파스롱의 저서 『재생산(Reproduction in Education,

Society and Culture)』에서 제시한 비판적 교육사회학 이론으로, 사회 계층 간 불평등이 단지 경제적 자본의 차이로만 발생하는 것이 아니라, 문화적 자본(cultural capital)의 불평등한 분배와 그 재생산 과정을 통해 심화된다는 것이다. 즉, 경제적 모순이 있는 자본주의가 유지되는 이유 중 하나를 지배계급의 문화가 문화의 기준이 되어 학교교육을 통해 교육적 가치로 투입되는 것으로 본다. 따라서 하위계급의 자녀는 지배계급의 문화가 생소할 수밖에 없으므로 학교교육에도 불리하게 작용하여 종국에는 사회적 불평등을 재생산한다는 것이다.

학교의 교육과정, 평가 방식, 교사들의 태도 등은 지배계급의 문화적 특성을 반영하고 있다. 따라서 이미 가정에서 이러한 문화적 자본을 습득한 지배계급의 자녀들은 학교 생활에 더 쉽게 적응하고 학업에서 성공할 가능성이 높다. 반면 하위계급의 자녀들은 자신들의 문화적 배경이 학교에서 인정받지 못하고 오히려 열등한 것으로 취급받는 경험을 하게 된다. 이 과정에서 하위계급 자녀들은 학업 실패의 원인을 사회 구조적 문제가 아닌, 자신의 개인적 능력 부족으로 여기게 된다.

문화적 재생산론의 대표적인 학자로 부르디외(Bourdieu), 번스타인(Bernstein, 1961) 등이 있다. 부르디외는 이러한 현상을 '상징적 폭력(symbolic violence)'이라는 개념으로 설명한다. 상징적 폭력은 물리적 폭력이 아니라, 지배계급의 문화와 가치가 마치 객관적이고 당연한 진리인 것처럼 주입되는 비가시적인 폭력인 것이다. 학교는 이러한 상징적 폭력을 행사하는 주요 기관이 되며, 이를 통해 사회적 불평등이 자연스러운 결과인 것처럼 합리화되고 재생산된다. 부르디외는 한 사회의 문화적 가치는 계급적 위치에 따른 상대적인 가치를 가지며, 계급적 성격에 의해서 결정된다고 보았다. 따라서 문화의 가치는 지속적으로 변화함으로써 소비, 분배, 생산되며, 이는 문화시장을 형성하는 것과 같아서 자본주의 사회에서의 문화의 가치는 매우 중요하다고 보았다. 그는 문화를 경제자본처럼 자본으로 보아야 한다고 주장하면서 문화적 자본이 모든 사람에게 균등하게 분배되는 것은 아니라고 설명하였다. 나아가 문화적 자본은 궁극적으로 경제적 가치를 발생시키며 자연스럽게 사회 구성원이 내재화하도록 하고 있다.

브루디외는 문화자본(cultural capital)을 "특정 문화에 계급적 가치가 부여되어 자본적 역할을 수행하는 것"으로 정의하였으며, 문화자본의 범위는 매우 넓은데 교육자본, 학력자본, 언어자본뿐만 아니라 옷차림, 취향, 매너, 태도, 행동 등을 포함하고 있다. 이러한 문화자본의 취향은 계급을 구별 짓는 역할을 하며, 특히 지배계급은 자신들을 다른 사람과 구별 짓거나 자신들의 상징적 지위를 드러내는 중요한 수단으로 활용한다. 부르디외는 "엘리트 문화는 학교의 문화와 가까우므로 중하위계급 출신의 학생들은 교양이 풍부한 계급 출신의 학생들에게 이미 주어져 있는 것(스타일, 취향, 위트 등)을 얻기 위해 노력해야 한다"고 하였다. 이처럼 학교교육은 지배집단이 피지배집단에게 물리적인 강압이나 폭력을 사용하지 않고도 자신의 지위를 영속하도록 하는 데 '상징적 폭력(symbolic violence)'을 사용하는 것으로 보았다.

번스타인은 노동계급 학생의 '언어자본'의 중요성을 강조하였다. 그는 출신 계급에 따라 언어를 사용하는 방식에 차이가 있다는 것에 주목하였는데, 결국 학업성취에까지 영향을 미친다고 설명하였다. 중상위계급의 아동들은 '정교한 어법(elaborated code)'을 사용하는데, 이는 특정한 상황의 요구에 적합하도록 개별화된 언어 표현법이다. 반면 하위계급 아동들은 '제한된 어법(restricted code)'을 사용하는데, 듣는 사람의 이해도를 고려하지 않고 많은 가정을 함축하는 언어구사 방법으로서 노동계급 지역사회의 문화적 배경이 포함되어 있다. 번스타인은 정교한 어법을 사용하는 아동이 제한적 어법을 사용하는 아동에 비해 학교교육에서 요구하는 상황에 훨씬 더 잘 적응할 수 있다고 설명하고 있다. 왜냐하면, 학교교육은 체계화된 언어 유형인 정교한 어법을 선호하기 때문에 중상위계급 아동은 하위계급 아동보다 학업성취에서 우월하며, 미래에 차지할 직업적 지위에 대해서도 유리한 위치에 놓이게 되기 때문이다.

결론적으로, 문화재생산이론은 학교가 교육을 통해 사회적 불평등을 완화시키는 것이 아니라, 오히려 기존의 계층 구조를 공고히 하는 역할을 수행한다고 비판한다. 학교는 중립적인 공간이 아니며, 지배계급의 문화적 헤게모니를 확립하고 유지하는 데 기여하는 사회적 장치라는 것이다.

(4) 저항이론

저항이론(Resistance Theory)은 학생들이 학교의 지배적인 규범과 이데올로기에 무비판적으로 순응하는 것이 아니라, 자신의 계급적, 문화적 배경을 바탕으로 이를 거부하고 저항하는 행위가 일어난다는 점에 주목하는 이론이다. 이 이론은 영국 버밍엄 대학의 현대문화연구소(CCCS)에서 출발하여, 특히 폴 윌리스의 연구를 통해 대표적으로 알려졌다. 저항이론의 출발점은 학생들이 학교의 지배적 문화에 대해 무기력하게 동화되는 것이 아니라, 능동적으로 자신의 문화를 형성하고 저항을 통해 자율성을 표출한다는 인식에서부터이다. 저항이론은 기능주의 교육이론이 학생들을 수동적인 존재로 간주하고, 문화재생산이론이 교육 불평등을 지나치게 구조 결정론적으로만 설명한다는 한계를 극복하려 하는 이론으로, 이는 단순히 반항적인 행동이 아니라, 계급적 모순과 사회적 불평등에 대한 무의식적 또는 의식적인 대응으로 해석된다.

대표적인 연구 사례로 폴 윌리스(Paul Willis)의 『학교와 노동계급의 문화(Learning to Labour)』가 있다. 윌리스는 영국 노동계급 소년들의 학교 생활을 참여 관찰하며, 이들이 학업에 무관심하고 학교의 권위에 도전하는 행동을 보이는 이유를 분석했다. 이 소년들은 "낙오자들(lads)"이라는 집단을 형성하고, 학교의 공식적인 가치(열심히 공부하여 좋은 직업을 얻는 것)를 거부했다. 이들에게 학교는 '엘리트주의적이고 위선적인 곳'이었으며, 육체 노동을 중시하는 자신들의 계급적 문화와 충돌하는 곳이었다. 윌리스는 이 소년들의 저항이 사실상 지배 계급의 이데올로기를 꿰뚫어 보는 통찰력(penetration)과 자신들의 계급 문화를 긍정하려는 노력(limitation)에서 비롯되었다고 보았다. 이들은 학교교육이 자신들을 더 나은 삶으로 이끌지 못할 것이라 직감했고, 결국은 부모 세대와 같은 육체 노동자의 삶을 살게 될 것이라는 현실을 무의식적으로 인지하고 있었던 것이다. 따라서 이들의 저항 행위는 자신들의 정체성을 지키고, 학교가 제시하는 기회의 사다리가 허구라는 것을 깨달은 데서 나온 것이다.

저항이론은 교육사회학 연구에 있어 학생들을 능동적이고 주체적인 행위자로 인식하게 했다는 점에서 큰 의의가 있다. 이 이론은 교육 불평등을 단순히 구조적인 문제로만 볼 것이 아니라, 학생들의 저항적 실천 속에서 교육적 의미를 찾아야 함을 강조한다. 교사는 학생들의 저항 행위를 단순한 일탈로 치부할 것이 아니라, 그 배경에 있는 사회적, 문화적 맥락을 이해하고 그들의 목소리에 귀 기울여야 한다.

그러나 저항이론은 다음과 같은 비판도 받고 있다. 윌리스의 연구에서 나타난 소년들의 저항은 결국 이들을 다시 노동계급의 삶으로 회귀하도록 기존의 계층 구조로의 편입(노동계급화)이라는 아이러니한 결과를 만들었다는 점에서 자신들의 운명을 스스로 재생산하는 역설적인 결과를 낳았다는 지적이다. 즉, 이들의 저항이 현실적인 사회 변화를 이끌어 내기보다는 기존의 불평등 구조를 강화하는 결과를 초래했다는 한계가 있다. 또한 이 연구가 소수의 특정 집단에 대한 사례 연구에 기반하고 있어 일반화하기 어렵다는 비판도 존재한다.

(5) 비판적 교육학

비판적 교육학(Critical Pedagogy)은 브라질의 교육학자 파울루 프레이리가 제시한 이론으로, 교육을 단순히 지식 전달의 과정이 아닌, 인간 해방과 사회 변혁을 위한 실천적 행위로 이해하는 이론이다. 이 이론은 기존의 전통적인 교육 방식을 비판하고, 억압받는 사람들이 스스로의 의식을 각성하고 불평등한 사회 구조에 저항하도록 돕는 교육의 역할을 강조한다.

프레이리는 전통적인 교육방식을 '은행 저금식 교육(Banking Education)'이라고 비판했다. 이는 교사가 지식을 '소유'하고, 학생은 아무런 주체성 없이 그 지식을 '저금'하는 대상이 되는 수동적인 관계를 의미하는 것이다. 이 방식에서 학생은 단순히 지식을 암기하고 외우는 존재로 전락하며, 교사와 학생 간의 소통은 단방향으로 이루어진다. 프레이리는 이러한 교육이 학생들의 비판적 사고 능력을 억압하고, 사회의 불평등을 자연스럽게 받아들이도록 만든다고 보았던 것이다.

프레이리는 은행 저금식 교육의 대안으로 '문제 제기식 교육(Problem-Posing Education)'을 제시했다. 이는 교사와 학생이 함께 '대화(dialogue)'를 통해 현실의 문제를 인식하고, 그 문제의 원인과 해결 방안을 탐구하는 교육방식이다. 이 과정에서 교사는 지식의 전달자가 아닌, 학생들과 함께 배우고 성장하는 '촉진자(facilitator)'의 역할을 수행한다. 학생들은 더 이상 수동적인 존재가 아니라, 스스로의 삶을 비판적으로 성찰하고 변화시키는 주체로 거듭나게 되는 것이다. 이때 중요한 것이 '의식화(conscientization)'로, 이는 비판적 교육학의 가장 중요한 목표이자 과정이다. 억압받는 사람들이 자신이 처한 사회적, 경제적, 정치적 억압의 원인을 깨닫고, 그 현실을 변화시키기 위해 행동하려는 의지를 갖게 되는 것을 의미하는데, 의식화는 단순히 현실을 아는 것을 넘어, 그 현실을 변화시키기 위한 실천적 행위, 즉 프락시스(Praxis)로 나아가는 동력이 되는 것이다. 프레이리는 교육이 바로 이러한 의식화를 촉진하는 핵심적인 수단이라고 주장했다.

문제 제기식 교육의 핵심적인 방법론으로 프레이리는 '대화'를 들었다. 대화는 단순히 이야기를 주고받는 것을 넘어, 상대방을 존중하고, 서로의 경험을 나누며, 공동의 목표를 향해 나아가는 공동체적 실천을 의미한다. 진정한 대화는 교사와 학생 간의 위계적 관계를 해체하고, 서로가 동등한 파트너로서 지식을 공동으로 구성해 나가는 과정이다.

프레이리의 비판적 교육학은 교육이 단순히 개인의 성장을 위한 것이 아니라, 사회 전체의 변화를 이끌어 내는 힘을 가지고 있음을 보여주었다. 이 이론은 교사들에게 학생들을 단순한 학습의 객체로 보지 말고, 사회적 맥락 속에서 스스로의 삶을 성찰하고 변화시키는 주체로 바라볼 것을 촉구한다. 그러나 이 이론은 지나치게 이념적이고 급진적이라는 비판을 받기도 한다. 또한 현실의 학교 현장에서 모든 교과를 문제 제기식 교육으로 진행하는 것이 어렵고, 교사의 역할에 대한 높은 요구를 한다는 한계도 지적된다. 그럼에도 불구하고, 프레이리의 이론은 교육 불평등, 사회 정의 등 오늘날의 교육 문제에 대해 깊은 통찰을 제공하며, 교사들이 자신의 교육적 실천을 성찰하게 만드는 중요한 이론적 토대가 되고 있다.

<표 6-3> 기능주의-불평등이론 비교

구 분	기능주의	불평등이론
교육의 목적	사회 통합, 질서 유지	지배 구조 유지, 계층 재생산
관 점	교육은 공정한 경쟁의 장	교육은 불평등한 사회구조 반영
평가 기준	능력, 성취 중심	출신 배경, 문화자본 중심
주요 이론가	뒤르켐, 파슨스	알튀세르, 보울스, 진티스, 부르디외, 윌리스, 프레이리

요약

1. 교육사회학은 교육과 사회의 상호 관련성을 해석하고 이해하는 학문으로, 교육학적인 안목과 사회학적인 안목이 동시에 필요하며, 교육현실의 실체를 제대로 파악하는 데 목적을 둔다.
2. 교육사회학의 거시적 관점으로는 기능주의와 갈등주의(불평등이론)를 들 수 있다. 기능주의는 사회를 영속적이고 안정성 있는 구조적 요인들의 통합으로 파악한다. 이 구조적 요인들은 사회를 유지하는 데 공헌하며 사회구조는 사회 구성원 사이의 가치에 대한 합의에 기초하여 존재한다. 반면 불평등이론은 사회의 속성을 의견의 불일치, 갈등, 강압 등으로 파악하였고 사회변화의 주된 동력을 권력투쟁으로 이해하였다.
3. 기능주의 이론은 사회의 질서와 현상 유지, 합의, 사회적 통합을 주요 관심사로 가지며, 사회의 유지와 존속이 어떻게 가능한지를 설명한다. 기능주의 관점에서의 학교교육은 사회화, 지위할당, 선발의 기능을 담당한다. 사회화는 보편적 사회화, 특수사회화, 역할사회화 등이 있다.
4. 기능주의에 반대하는 불평등이론에는 갈등이론, 경제재생산이론, 문화재생산이론, 저항이론, 비판적 교육학이 있다.
5. 불평등이론은 사회 구성원이 합의에 의해 사회체제를 안정적으로 유지하는 것이 아니라 사회집단의 대립과 갈등을 중시하는 관점이며, 사회집단은 상반된 이념이나 가치를 지향하므로 대립과 갈등이 일어난다고 본다.
6. 불평등이론의 관점에서의 학교교육은 지배계급의 이익을 도모하는 제도적 수단이며, 불평등한 사회질서를 재생산하는 이데올로기적 도구로 본다.

제 7 장

교육의 심리학적 기초

1. 교육심리학의 개념
2. 학습이론
3. 발달이론
4. 학습자의 지적 특성

제 7 장 교육의 심리학적 기초

학습내용

- 교육심리학이란 어떤 학문인지 이해한다.
- 교육심리학의 연구영역에 대해 살펴본다.
- 행동주의, 인지주의, 구성주의, 사회학습, 인본주의 학습이론에 대해 이해한다.
- 발달의 개념과 원리를 이해한다.
- 인지 발달, 정의적 발달, 지능 발달 이론에 대하여 이해한다.

1. 교육심리학의 개념

1) 교육심리학의 정의

교육심리학(Educational Psychology)은 교육과 심리학이 만나 인간의 학습과 발달, 그리고 교수·학습 상황에서 나타나는 심리적 과정을 연구하는 학문이다. 즉, 학습자가 어떻게 배우고 발달하며, 교사가 어떤 방식으로 가르쳐야 학습 효과가 극대화되는지를 탐구한다. 교육에 심리학을 적용하고자 하는 시도는 19세기 초 독일의 철학자이자 교육사상가인 헤르바르트(Herbart)가 심리학에서 교육방법의 원리를 도출하고자 시도한 것에서 시작되었다(신명희 외, 2018). 특히 아동교육을 중심으로 교육 실행 과정에서 나타나는 현상을 과학적으로 접근하여 학문적으로 연구하고자 하는 시도가 이루어졌는데 이로 인해 교육심리학이 시작되었다. 교육심리학은 심리학의 기초 이론을 바탕으로 하지만, 그 적용 범위가 교육현장에 특화되어 있다는 점에서 일반 심리학과 구별된다. 다시 말해, 교육 장면에서 일어나는 다양한 심리적 과정을 연구하고, 그 결과를 실제 교수·학습 활동에 적용하는 학문 분야라 할 수 있다. 우리가 학교에서 배우고 가르치는 모든 과정에는 학습자의 생각, 감정, 동기, 행동 등이 얽혀 있다. 한국교육심리학회(2000)의 『교육심리학용어사전』은 교육심리학을 "교육에 내재되어 있는 심리적인 현상을 과학적으로 연구하여 교육방법의 이론적 근거를 제공하고 이를 토대로 교육실천의 과정을 지원하려는 학문"으로 정의하고 있다. 교육심리학은 학습자의 다양한 요소들을 과학적으로 탐구하여 '어떻게 하면 학생들이 더 잘 배우고, 교사는 더 효과적으로 가르칠 수 있을까?'라는 질문에 답하려고 한다.

먼저, 교육심리학은 학습자 이해를 가장 중요한 출발점으로 삼는다. 학생은 모두 같은 방식으로 배우지 않는다. 어떤 학생은 시각적 자료를 통해 잘 배우고, 어떤 학생은 직접 몸으로 해보아야 이해한다. 또 학습자는 발달 단계에 따라 사고하는 방식과 정서적 특징이 달라진다. 교육심리학은 이러한 개인차와 발달적 특성을 이해함으로써 학습자에게 알맞은 교육방법을 찾도록 돕는다.

둘째, 교육심리학은 교수·학습 과정 자체를 연구한다. 교사가 수업을 어떻게 조직하는가, 어떤 설명과 질문을 사용하는가, 학생들의 참여를 어떻게 이끌어 내는가 등이 여기에 포함된다. 즉, 교육심리학은 효과적인 수업을 만들기 위한 다양한 이론과 전략을 제시한다. 예를 들어, 학습 동기를 높이는 방법, 협동학습의 장단점, 수업에서의 피드백 제공 방식 등이 모두 교육심리학의 탐구 주제다.

셋째, 교육심리학은 학습 성과와 평가에도 관심을 둔다. 학생들이 수업을 통해 무엇을 얼마나 배우는지 확인하고, 그 과정을 공정하게 측정하는 방법을 연구한다. 단순히 성적만 보는 것이 아니라, 학습 태도, 문제해결력, 창의성, 자기조절 능력과 같은 다양한 심리적 요인까지 평가의 대상으로 삼는다.

마지막으로, 교육심리학은 실천적 학문이다. 단순히 이론을 정리하는 데 머물지 않고, 실제 교실 현장에서 교사가 활용할 수 있는 구체적인 지침을 제공한다. 예를 들어, 학습에 어려움을 겪는 학생을 어떻게 도와야 하는지, 긍정적인 학급 분위기를 어떻게 만들 수 있는지, 학생의 흥미를 어떻게 자극할 수 있는지 등을 다룬다.

정리하면, 교육심리학은 "교육현장에서 일어나는 심리적 과정을 탐구하여 학습자의 발달과 학습을 돕는 학문"이라고 할 수 있다. 다시 말해, 학생을 이해하고, 더 나은 교수방법을 찾으며, 학습 효과를 평가하고, 그 결과를 실제 수업에 적용하는 것이 교육심리학의 핵심이다. 따라서 교육심리학은 교육학의 여러 분야 중에서도 가장 직접적으로 교실 현장과 연결된, 실용적이고도 중요한 학문이라 할 수 있다.

2) 교육심리학의 영역

교육심리학은 매우 넓은 범위를 다루고 있지만, 영역들은 서로 독립적으로 존재하기보다는 서로 긴밀하게 연결되어 있으며, 함께 학습과 교육과정을 설명한다. 교육심리학의 적용 영역은 다음과 같다.

첫째, 학습과 학습이론 영역이다. 교육심리학의 중심에는 학습이 있다. 학생들이 어떻게 새로운 지식을 습득하고, 기술을 연습하며, 태도를 형성하는지 탐구하는 것이 핵심이다. 예를 들어, 행동주의 학습이론이나 인지주의 학습이론이 있으며, 다양한 학습이론은 교사가 수업을 설계하고 학습 전략을 선택하는 데 기초가 된다.

둘째, 발달영역이다. 교육심리학은 학습자를 이해하기 위해 발달 단계를 연구한다. 발달은 신체적, 인지적, 사회·정서적 측면에서 이루어지며, 연령과 환경에 따라 다른 특징을 보인다. 인지 발달, 사회·정서 발달 등이 있으며 교사는 이러한 발달 특성을 이해해야 학생들에게 적절한 교육 경험을 제공할 수 있다.

셋째, 학습자 개인차의 영역이다. 모든 학생이 똑같이 배우는 것은 아니다. 교육심리학은 학습자 개인차를 설명하고, 이를 수업에 반영하는 방법을 연구한다. 지능과 사고양식, 성격과 기질, 흥미와 동기 등 개인차에 대한 이해는 차별화된 수업, 맞춤형 지도, 특수교육에도 직접적으로 활용된다.

넷째, 학습 동기 영역이다. 아무리 좋은 수업도 학생이 배우려는 의지가 없으면 효과가 크지 않다. 교육심리학은 학생들이 학습하려는 마음을 갖도록 하는 학습 동기를 연구한다. 내적 동기, 외적 동기와 같은 다양한 동기 유발 전략을 사용하여 학생의 참여와 몰입을 높일 수 있다.

다섯째, 교수·학습 방법과 수업 전략 영역이다. 교육심리학은 효과적인 교수 방법과 수업 전략을 탐구한다. 설명식 수업, 토론식 수업, 협동학습, 프로젝트 학습 등 다양한 교수방법이 있다. 수업 중 교사－학생, 학생－학생 간의 상호작용도 중요한 연구 주제다. 즉, 교육심리학은 "어떻게 가르칠 것인가"에 대한 과학적 근거를 제시한다.

여섯째, 평가와 측정의 영역이다. 학생들이 얼마나 학습했는지 확인하는 평가와 측정 역시 교육심리학의 중요한 영역이다. 형성평가, 총괄평가, 수행평가 등이 있으며 교육심리학은 평가를 통해 학습자의 성취를 확인할 뿐 아니라, 교수방법을 개선할 근거도 제공한다.

일곱째, 교실 관리와 상담 영역이다. 교육심리학은 교실 관리와 상담 영역도 포함한다. 교사는 학생들이 안전하고 긍정적인 환경에서 학습할 수 있도록 학급을 조직하고 지도해야 한다. 또한 학습에 어려움을 겪는 학생이나 정서적 어려움을 가진 학생을 이해하고 상담하는 데 교육심리학적 지식이 활용된다.

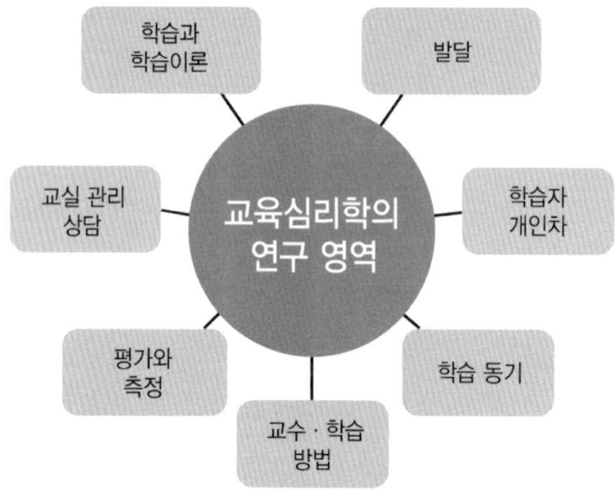

|그림 7-1| 교육심리학의 연구 영역

2. 학습이론

교육심리학에서 가장 중요한 주제 가운데 하나는 학습이론이다. 학습이론은 인간이 어떻게 배우고, 지식을 습득하며, 행동을 변화시키는지를 설명하는 다양한 관점을 제시한다. 학습이론은 교육현장에서 교수・학습 활동을 이해하고 설계하는 데 기초가 된다. 크게 보면 행동주의, 인지주의, 구성주의, 사회학습이론, 그리고 인본주의 학습이론이 있다.

1) 행동주의 학습이론

행동주의 학습이론(Behavioral Learning Theory)은 학습을 외부 자극(stimulus)과 반응(response)의 연결로 이해하여 인간의 행동이 외부환경에 의해 형성된다고 본다. 따라서 학습자가 주변 환경으로부터 받는 모든 자극과 반응이 연합되는 조건화가 행동주의의 주요 관심사이다.

행동주의 학습이론은 인간의 학습 능력은 선천적인 것이 아니라 환경 조성을 통해 형성되며, 대부분의 인간 행동은 학습된 것으로 규정하였다. 따라서 행동주의 학습이론에서는 모든 반응이 자극에 의해 유발된다고 가정하고 조건화 원리를 이용해 바람직한 행동을 형성하고, 바람직하지 못한 행동을 수정할 수 있다고 보았다. 행동주의 학습이론은 파블로프(I. Pavlov)의 고전적 조건화 이론과 스키너(B.F. Skinner)의 조작적 조건화 이론으로 구분할 수 있다.

(1) 파블로프의 고전적 조건형성 이론

러시아의 생리학자 파블로프는 어떠한 조건을 형성함으로써 반응을 유도해 내는 조건형성을 통한 학습, 즉 고전적 조건화(classical conditioning)를 강조하였다. 조건화란 특정 행동을 유발 또는 변화시키기 위해 특정 조건을 부여하는 것을 말하는데, 고전적 조건화는 특정 행동을 유발하기 위해 자극을 조절한다. 즉, 자연적 상태에서는 어떤 특정 반응을 끌어내지 못하던 중성 자극이 무조건 자극과 반복적으로 연합, 제시되는 조건형성 과정을 통해 특정 반응을 유도한다.

파블로프는 개의 소화 과정을 연구하다가, 학습이 어떻게 일어나는지를 보여주는 중요한 현상을 발견했다. 그는 실험에서, 음식을 주기 전에 종소리를 울리면, 개가 시간이 지남에 따라 음식이 없어도 종소리만 듣고 침을 흘리게 된다는 사실을 알아차렸다. 이를 통해 자극과 반응이 반복적으로 연합되면, 새로운 자극도 기존 자극과 같은 반응을 이끌어 낼 수 있다는 것을 설명했다. 여기에서 개가 먹이에 대해 침을 흘리는 행동은 생득적인 반사행동이지만 종소리에 대해 침을 흘리는 것은 학습된 행동이다.

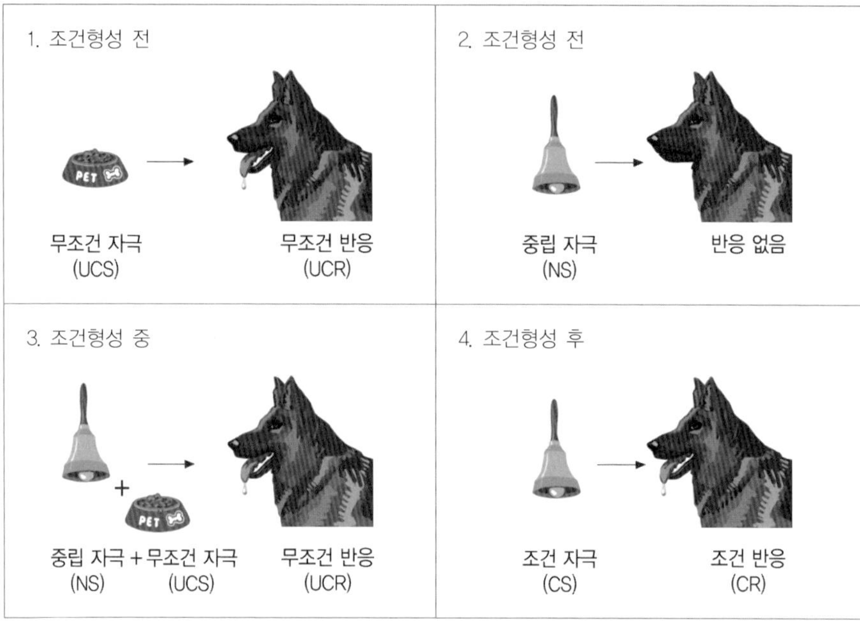

|그림 7-2| 파블로프의 고전적 조건형성 이론

(2) 스키너의 조작적 조건형성 이론

조작적 조건형성 이론은 미국의 심리학자 스키너에 의해 체계화된 학습 이론이다. 이 이론은 인간의 행동이 결과(consequences)에 의해 형성된다는 점에 초점을 맞춘다. 행동주의에 뿌리를 두고 있지만, 파블로프의 고전적 조건형성 이론이 자동적인 반사 행동을 다루는 것과 달리, 조작적 조건형성은 학습자가 의도적으로 환경에 영향을 미치는 조작적 행동(operant behavior)이 어떻게 강화되거나 약화되는지를 설명한다. 즉, 학습은 '행동(behavior) → 결과(consequence) → 행동의 변화(change in behavior)'의 순환 과정을 통해 일어난다고 본다.

스키너는 특정 버튼을 누르면 먹이가 나오도록 고안된 '스키너 상자(Skinner Box)'라는 실험장치를 적용해 비둘기를 대상으로 실험을 진행하였다. 상자 안의 비둘기는 뛰기도 하고 벽에 부딪히거나 긁기도 하며 부지런히 움직였다. 그러다 우연히 먹이가 나오는 버튼을 누르자 먹이가 나왔다. 버튼을 누른 반응은 우연히 일어났지만 먹이를 받은 비둘기는 버튼 누르기와 먹이를 연결하고 버튼 누르기를 학습함으로써 조건화가 이루어진다. 이때 먹이는 두 번째 반응을 유도하여 조건화를 성립시키는 강화물이 된다. 고전적 조건화에서는 강화가 반응을 일으키지만, 조작적 조건화에서는 반응 뒤에 강화가 일어난다. 조작적 조건화 이론은 강화가 핵심적인 요인이며, 강화이론이라고도 한다.

조작적 조건형성 이론의 핵심은 행동의 빈도를 변화시키는 두 가지 주요 결과, 즉 강화(reinforcement)와 처벌(punishment)이다.

구 분	행동의 빈도 증가	행동의 빈도 감소
제공 (positive)	정적 강화 (positive reinforcement)	정적 처벌 (positive punishment)
제거 (negative)	부적 강화 (negative reinforcement)	부적 처벌 (negative punishment)

강화는 어떤 행동의 빈도를 증가시키는 모든 결과이며, 바람직한 행동 후에 즐거운 자극을 제공하여 행동의 빈도를 높이는 정적 강화(예 발표를 잘한 학생에게 칭찬하기)와 바람직한 행동 후에 불쾌한 자극을 제거하여 행동의 빈도를 높이는 부적 강화(예 숙제를 마친 학생에게 잔소리를 멈추는 것)가 있다.

처벌은 어떤 행동의 빈도를 감소시키는 모든 결과이며, 바람직하지 않은 행동 후에 불쾌한 자극을 제공하여 행동의 빈도를 낮추는 정적 처벌(예 떠드는 학생에게 청소시키기)과 바람직하지 않은 행동 후에 즐거운 자극을 제거하여 행동의 빈도를 낮추는 부적 처벌(예 싸운 학생에게 쉬는 시간을 박탈하는 것)이 있다.

스키너의 조작적 조건형성 이론은 교실에서의 행동 관리와 학습 동기 부여에 광범위하게 적용되고 있는데 정리해 보면 다음과 같다.

① **행동 수정**(behavior M) : 교실 내에서 학생들의 바람직한 행동을 강화하고, 문제 행동을 약화시키는 데 체계적으로 활용된다.

② **강화 계획**(schedules of reinforcement) : 강화물을 언제, 어떻게 제공할지 계획하는 것은 학습 효과와 행동의 지속성을 결정하는 중요한 요소이다. 예를 들어, 예측 가능한 강화(고정 비율/간격)는 행동의 습득을 빠르게 하지만, 예측 불가능한 강화(변동 비율/간격)는 행동의 소거를 늦춰 행동이 더 오래 지속되도록 만든다.

③ **토큰 경제**(token economy) : 학생들의 바람직한 행동에 대해 토큰(스티커, 포인트 등)을 제공하고, 이 토큰을 모아 실질적인 보상(상품, 특별 활동)으로 교환하게 하는 제도이다.

④ **즉각적인 피드백** : 행동과 결과 사이의 시간 간격이 짧을수록 학습 효과가 높아진다. 따라서 교사는 학생의 행동에 대해 즉각적이고 명확한 피드백을 제공해야 한다.

조작적 조건형성 이론은 행동을 예측하고 통제하는 데 탁월한 효율성을 보여주며 행동주의 교육의 과학적 기초를 제공했지만, 인간의 내적 인지 과정, 정서, 자유의지 등을 간과하고 외적 보상에만 지나치게 의존한다는 비판을 받기도 한다.

2) 인지주의 학습이론

인지주의 학습이론(Learning Theory of Cognitivism)은 학습을 외부 자극에 대한 단순한 반응으로 보는 행동주의의 한계를 극복하며 등장했다. 이 이론은 인간의 내적 사고 과정, 즉 인지(cognition)에 초점을 맞추어 학습자를 단순히 자극에 반응하는 존재가 아니라, 정보를 능동적으로 처리하는 존재로 본다. 인간의 마음을 컴퓨터의 정보처리 과정에 비유하며, 지식이 어떻게 습득되고 조직되며 활용되는지를 탐구하는 데 초점을 둔다. 학습은 기억, 주의, 사고 과정 속에서 이루어지며, 기존 지식 구조와 새 지식이 연결될 때 효과적이라는 것이다. 대표적 이론으로는 통찰학습이론과 정보처리이론이 있다.

(1) 통찰학습이론

통찰학습이론(Insight Learning Theory)은 독일의 형태심리학자인 쾰러(Kőhler)가 형태심리학에 근거하여 주장한 학습이론이다. 쾰러는 침팬지를 대상으로 문제해결에 관한 실험을 하던 중 문제해결 행동은 시행착오를 거듭하는 과정이 아니라 통찰을 통해 문제의 요소를 재구조화하는 과정에서 이루어진다는 이론을 제시하였다.

쾰러는 술탄이라는 침팬지가 들어 있는 우리의 천장에 바나나를 매달아 놓고 크기가 다른 상자 몇 개, 작은 막대기, 긴 막대기 등을 넣어 두었다. 이 실험에서 침팬지는 행동주의의 주장처럼 조건반사나 시행착오를 통해서가 아닌 통찰을 통해 우리 내부의 전체 구성 요소를 파악한 후 요소들을 활용하여 바나나를 따 먹었다. 침팬지는 상자를 쌓고 올라가서 바나나를 따거나, 작은 막대기로 시도하다가 닿지 않는 것을 확인하고 긴 막대기를 사용해 바나나를 따는 데 성공하였다. 이 실험에서 침팬지는 서로 관계없는 바나나와 상자, 막대기 요소를 통찰하는 과정에서 관계성을 파악하고 문제해결을 위해 구조화함으로써 인지구조의 변화를 경험하였다. 따라서 통찰이란 상황을 구성하는 요소 간의 관계 파악이며, 통찰학습은 통찰과정을 통해 일어나는 학습자의 인시구조의 변화라고 정의할 수 있다. 통찰학습은 문제해결 과정에서 급격하고 완벽하게 이루어지기 때문에 '아하 경험(aha experience)' 또는 '아하 학습(aha learning)'이라고도 한다.

쾰러는 침팬지 실험을 통해 다음과 같은 결론을 내렸다. 첫째, 문제해결은 과거 경험이 아니라 경험적 사실을 재구성하는 인지구조의 변화이다. 둘째, 통찰력은 탐색적인 과정을 통해서 이루어지며, 우연히 이루어지는 시행착오와는 다르다. 셋째, 통찰학습은 종류와 개체에 따라 차이가 있다.

(2) 정보처리이론

정보처리이론(Information Processing Theory)은 인간의 인지과정을 컴퓨터의 정보처리 과정에 비유한다. 정보처리이론 학습의 모델은 투입된 정보가 저장되는 정보저장소와 정보저장소로부터 정보의 이동과 관계된 인지처리 과정으로 구성되어 있다. 정보처리이론은 인간의 학습은 새로운 정보를 받아들여 의미있는 정보를 기억 속에 저장하고 다시 인출하는 학습자 내부의 학습발생 기제를 설명하고 있다. 이러한 정보처리는 부호화, 저장, 인출 기억의 3단계로 이루어진다. 학습은 감각기억, 단기기억(작업기억), 그리고 장기기억의 세 단계로 이루어진다고 설명한다.

① 정보저장소

- 감각기억(sensory memory) : 시각, 청각 등 감각기관을 통해 들어온 정보를 아주 짧은 시간(1~3초) 동안만 유지한다. 정보가 단기기억으로 전이되기 위해서는 시연, 부호화, 이미지화 등의 과정이 필요하다.
- 단기기억/작업기억(short-term memory/working memory) : 감각기억에서 주의를 기울인 정보가 넘어오는 단계로, 보통 7±2개의 정보를 약 20초간 유지한다. 이곳에서 정보는 활발하게 처리되고 조작된다.
- 장기기억(long-term memory) : 단기기억에서 처리된 정보가 몇 분에서 길게는 영구적으로 저장되는 곳이다. 장기기억의 정보를 인출하여 사용하는 것이 곧 학습의 결과로 나타난다.

② 인지처리 과정

하나의 정보를 하나의 정보저장소에서 다른 정보저장소로 옮기는 내부적이고 지적인 활동을 말한다.

- 선택적 주의(selective attention) : 수많은 외부 정보 중에서 우리가 특정 정보에만 초점을 맞춰서 처리하는 인지적 과정이다. 예를 들어, 시끄러운 파티

장에서도 친구의 목소리만 골라 듣는 '칵테일 파티 효과'가 이에 해당한다.

- 지각(perception) : 감각 기관을 통해 들어온 정보를 의미 있는 형태로 조직하고 해석하는 과정이다. 이는 단순히 정보를 받아들이는 것을 넘어, 과거의 경험이나 지식에 기반하여 정보를 이해하는 능동적인 과정이다.
- 시연(rehearsal) : 단기기억에 있는 정보를 잃지 않도록 반복하는 과정이다. 시연에는 두 가지 종류가 있다. 전화번호를 외울 때처럼 단순히 정보를 반복하는 행위의 유지 시연(maintenance rehearsal)과 새로운 정보를 이미 알고 있는 지식과 연결하여 의미를 부여하는 행위의 정교화 시연(elaborative rehearsal)이다. 이는 정보를 장기기억으로 효과적으로 옮기는 데 중요한 요소이다.
- 부호화(encoding) : 외부에서 들어온 정보를 단기기억 또는 장기기억에 저장하기 위해 의미 있는 형태로 변환하는 과정이다. 부호화는 정보처리이론에서 가장 중요한 인지처리 과정이며, 부호화 과정을 거치지 않을 경우 대부분의 정보는 소멸된다. 정보를 효과적으로 부호화할수록 나중에 더 쉽게 기억할 수 있다.
- 인출(retrieval) : 장기기억에 저장된 정보를 필요할 때 다시 의식으로 불러오는 과정이다. 인출 과정이 원활하게 이루어져야 학습한 지식을 실제 문제 해결에 적용할 수 있다. 정보를 인출하기 위해서는 외부 자극과 저장된 정보를 비교하는 재인(recognition)과 장기기억 속의 정보를 찾아서 인출하는 회상(recall)의 방법을 사용한다.

인지주의 학습이론은 오늘날의 교육에 다음과 같은 중요한 시사점을 제공한다. 첫째, 단순 암기보다는 학습자의 기존 지식과 새로운 정보를 연결하여 의미를 구성하도록 유도해서 의미 있는 학습을 하도록 해야 한다는 것을 강조한다. 둘째, 학습자가 정보를 스스로 탐색하고 조직하며 문제를 해결하는 능동적인 역할을 하도록 기회를 제공해야 한다. 셋째, 학습 결과뿐만 아니라, 그 결과에 도달하기까지의 사고 과정 자체를 중요하게 다루고, 비판적 사고, 문제해결 능력 등 고차원적 사고를 길러주어야 한다. 넷째, 협력학습, 토론, 질문 등을 통해 학습자 간의 사회적 상호작용을 촉진하여 학습의 효과를 극대화해야 한다.

3) 구성주의 학습이론

구성주의 학습이론(Constructivism Learning Theory)은 학습자가 객관적인 지식을 단순히 흡수하는 것이 아니라, 스스로의 경험과 기존 지식을 바탕으로 새로운 의미와 이해를 구성(construct)해 나가는 능동적인 과정이라고 보는 학습이론이다. 이는 지식이 외부에 존재하는 독립된 실체가 아니라, 학습자 각자의 내면에서 재창조되고 재해석되는 주관적인 산물이라는 관점을 제시한다. 구성주의는 교사가 지식을 전달하는 '지식의 전달자'가 아닌, 학습자가 스스로 지식을 구성하도록 돕는 '조력자' 역할을 해야 한다고 본다.

구성주의의 주요 개념으로는 지식의 구성(knowledge construction), 선행 지식의 중요성(importance of prior knowledge), 사회적 상호작용(social interaction)을 들 수 있다.

- **지식의 구성** : 구성주의의 가장 핵심적인 개념은 학습이 지식의 습득(acquisition)이 아닌 지식의 구성(construction)이라는 점이다. 학습자는 새로운 정보를 접할 때, 기존에 가지고 있던 스키마나 정신적 모델을 사용하여 이를 해석하고 통합한다. 이 과정에서 기존 지식이 확장되거나, 새로운 정보를 수용하기 위해 수정되면서 학습자의 이해가 심화되는 것이다.
- **선행 지식의 중요성** : 학습은 전적으로 학습자가 이미 알고 있는 것과 관련된다. 새로운 정보는 기존의 인지적 틀에 맞춰 연결되므로, 학습자의 선행 지식은 새로운 학습의 출발점 역할을 한다. 학습자가 가진 오개념(misconception)을 파악하고 이를 교정하도록 돕는 것 또한 중요한 교육적 과제이다.

- **사회적 상호작용** : 사회적 구성주의자들은 지식 구성이 혼자만의 과정이 아니라, 다른 사람과의 상호작용을 통해 이루어진다고 본다. 토론, 협업, 의사소통을 통해 학습자들은 서로의 관점을 공유하고, 갈등을 해결하며, 공동의 지식을 만들어 나간다. 이는 비고츠키의 근접 발달 영역(ZPD) 개념과도 밀접하게 연결된다.

이러한 개념을 바탕으로 구성주의 학습이론은 여러 유형으로 나누어 볼 수 있는데, 첫째, 인지적 구성주의(Cognitive Constructivism)이다. 대표적인 학자는 피아제(Piaget)로, 이 관점은 주로 학습자 개인의 인지적 과정에 초점을 맞춘다. 피아제는 학습자가 동화(assimilation)와 조절(accommodation)을 통해 인지적 불균형 상태를 극복하고 지식을 구성해 나가는 내적 과정을 중요하게 다룬다. 학습은 외부 정보의 단순한 흡수가 아니라, 학습자 개인이 끊임없이 의미를 탐색하고 능동적인 사고 활동을 통해 지식을 구성해 나가야 하는 것으로 보았다. 이 과정에서 학습자의 인지 발달 단계에 맞추어 적합한 교육내용을 구성해야 하고, 학습자가 직접 조작하고 탐구하며 지식을 구성할 수 있는 기회를 제공해서 학습자의 능동적 참여를 유도해야 하며, 학습자가 기존의 스키마와 충돌하는 새로운 문제에 직면하도록 하여 인지적 불균형 상태를 유발하고, 이를 해결하는 과정에서 학습이 일어나도록 도와주어야 한다는 것이다.

둘째, 사회적 구성주의(Social Constructivism)로, 대표적인 학자는 비고츠키(Vygotsky)이다. 이 관점은 지식의 구성이 사회적, 문화적 환경 속에서 이루어진다고 주장한다. 학습이 개인의 내적 과정뿐만 아니라 사회적 상호작용과 문화적 도구를 통해 이루어지는 것으로, 학습을 개인의 고립된 행위가 아닌 사회와 문화 속에서 공동으로 지식을 구성하는 과정으로 설명한다. 비고츠키는 학습자가 스스로 해결할 수 있는 현재의 발달 수준과, 타인(교사나 유능한 동료)의 도움을 받아 해결할 수 있는 잠재적 발달 수준 사이의 영역인 근접 발달 영역(ZPD)을 설명하며, 학습은 이 ZPD 안에서 이루어질 때 가장 효과적이라고 보았다. 더불어 근접 발달 영역에 있는 학습자를 돕기 위해 교사나 유능한 동료가 제공하는 임시적인 도움을 비계설정(scaffolding)이라고 표현하면서 비계설정은 문제해결에 대한 힌트 제공, 질문, 격려, 또는 구체적인 시범 등 다양한 형태를 띠는데, 학습자의 능력이 향상됨에 따라 점차 줄여나가야 한다고 했다. 비고츠키는 언어를 사고 발달의 가장 중요한 문화적 도구로 보았다. 아동은 먼저 타인과의 대화(사회적 언어)를 통해 사고하고, 점차 그 대화를 내면화하여 혼잣말(사적 언어)을 거쳐 내적인 사고(내적 언어)로 발달시킨다고 보았다. 즉, 비고츠키의 사회적 구성주의는 학습이 단순한 개인의 내적 성장이 아니라, 사회적 관계와 문화적 도구를 통해 공동으로 지식을 만들어 가는 과정임을 강조하고 있는 것이다.

4) 사회학습이론

사회학습이론(Social Learning Theory)은 행동주의와 인지주의의 한계를 극복하며, 인간의 학습이 단순히 직접적인 경험을 통해 이루어지는 것이 아니라 사회적 맥락 속에서 이루어진다는 점을 강조한다. 이 이론의 핵심은 반두라(Albert Bandura)에 의해 정립되었으며, 학습자가 타인의 행동을 관찰하고 모방함으로써 새로운 행동을 습득한다고 설명한다. 즉, 보상이나 처벌과 같은 직접적인 경험이 없어도, 타인이 보상받거나 처벌받는 것을 보면서 간접적으로 학습이 가능하다는 것이다.

(1) 관찰 학습

관찰 학습(Observational Learning)은 모델(model)이 되는 타인의 행동을 보고 배우는 것이다. 이는 직접 행동을 해보고 결과를 경험하는 것이 아니라, 다른 사람의 경험을 대리적으로(vicariously) 학습하는 것을 의미한다. 학습자는 부모, 교사, 또래, 심지어 대중매체 속 인물까지 다양한 모델을 통해 행동 규범, 기술, 태도 등을 배운다.

(2) 대리적 강화 및 벌

관찰 학습의 효과는 모델의 행동이 가져오는 결과에 따라 달라진다.

- 대리적 강화(vicarious reinforcement) : 모델이 특정 행동에 대해 보상을 받는 것을 관찰하면, 그 행동을 따라 할 가능성이 높아진다.
- 대리적 벌(vicarious punishment) : 모델이 특정 행동에 대해 처벌을 받는 것을 관찰하면, 그 행동을 하지 않을 가능성이 높아진다.

(3) 상호결정론

반두라의 상호결정론(Reciprocal Determinism)은 인간의 행동은 개인적 요인(인지, 정서 등), 행동, 그리고 환경이라는 세 가지 요인의 끊임없는 상호작용에 의해 결정된다고 본다. 이 세 가지 요소는 서로에게 영향을 미치며 행동을 형성한다. 예를 들어, 학습자가 자신감이 있으면(개인적 요인) 발표를 하려는 행동을 하고, 그 발표에 대한 긍정적인 피드백(환경)을 받으면서 자신감이 더욱 강화되는 순환적 관계를 가지게 된다는 것이다.

(4) 관찰 학습의 4단계 과정

관찰 학습은 다음의 네 가지 인지적 단계를 거쳐 일어난다.

① 주의 단계(attention) : 학습자는 모델의 행동에 주의를 기울여야 한다. 모델의 매력, 능력, 행동의 단순성 등이 주의 집중을 돕는 요소다.

② 파지 단계(retention) : 관찰한 행동을 기억하고 내면에 저장하는 과정이다. 이는 심상(mental images)이나 언어적 부호(verbal codes)의 형태로 기억된다.

③ 운동 재생 단계(motor reproduction) : 파지된 행동을 실제로 수행할 수 있는 능력이다. 이는 신체적인 능력뿐만 아니라 연습과 피드백을 통해 행동을 수정하고 개선하는 과정을 포함한다.

④ **동기화 단계**(motivation) : 학습자가 관찰한 행동을 실제로 수행하려는 동기가 있어야 한다. 이는 직접적인 강화, 대리적 강화, 또는 자기 스스로 부여하는 강화(자기강화)를 통해 형성된다.

이와 같은 사회학습이론은 교육현장에 다음과 같은 중요한 시사점을 제공한다. 첫째, 교사의 역할 모델로, 교사는 학생들의 학업 태도, 사회적 기술, 정서적 반응에 큰 영향을 미치는 중요한 역할 모델이다. 교사의 긍정적인 행동과 태도는 학생들의 모방 학습을 촉진하게 된다.

둘째, 자기효능감 증진으로, 반두라는 자기효능감(self-efficacy), 즉 특정 과제를 성공적으로 수행할 수 있다는 믿음이 학습에 매우 중요하다고 보았다. 교사는 성공 경험 제공, 긍정적인 피드백, 유능한 모델 제시를 통해 학생들의 자기효능감을 높일 수 있게 된다. 셋째, 협력 학습 및 집단 활동의 중요성으로 또래 모델을 관찰하고 상호작용하는 과정에서 학습이 효과적으로 이루어지게 된다. 역할극, 협동 과제 등은 관찰 학습의 기회를 제공하는 좋은 교육 방법이다.

5) 인본주의 학습이론

인본주의 학습이론(Humanistic Learning Theory)은 인간의 존엄성과 무한한 잠재력에 초점을 맞추며, 학습을 단순한 지식 습득이 아닌 자아실현(self-actualization)을 향한 개인의 성장 과정으로 간주한다. 이 이론은 인간을 외부 환경의 자극에 수동적으로 반응하는 존재로 본 행동주의나, 무의식적 욕구에 의해 움직이는 존재로 본 정신분석학에 반기를 들고, 학습자의 자율성, 자유, 선택을 존중해야 한다고 주장한다. 인본주의 교육의 목표는 학습자가 잠재력을 최대한 발휘하여 온전한 인간으로 성장하도록 돕는 것이다.

인본주의 학습이론의 주요 개념으로는 자아실현 욕구(need for self-actualization), 전인적 학습(holistic learning), 비지시적 교육(non-directive education)을 들 수 있다. 첫째, 자아실현 욕구란, 인본주의 이론의 핵심으로 인간에게는 타고난 성장 욕구인 자아실현의 욕구가 내재되어 있다고 보는 것이다. 학습은 바로 이 자아실현을 위한 자연스러운 과정이자 수단인 것이다. 학습자는 외부의 보상이나 처벌 없이도 자신의 잠재력을 발견하고 발전시키려는 내적 동기를 가지고 있는 것이다. 둘째, 전인적 학습이란, 인본주의는 학습을 인지적 측면에만 한정하지 않고, 감정, 태도, 가치관 등 학습자 전체의 성장과 발달을 포괄하는 전인적 학습을 강조하고 있다는 의미이다. 진정한 학습은 학습자의 삶과 관련이 깊고, 그의 인격 전체에 영향을 미치는 의미 있는 경험으로 보아야 하는 것이다. 셋째, 비지시적 교육이란, 학습을 가르치는 행위가 아니라 돕는 행위로 보고 있다는 것이다. 교사는 지식을 일방적으로 전달하는 사람이 아니라, 학습자가 스스로 배우고 성장할 수 있도록 돕는 조력자(facilitator) 역할을 수행해야 한다. 학습자가 스스로의 학습목표를 설정하고, 그 과정에 대한 주체적인 선택권을 가지는 것을 바람직한 학습으로 보는 것이다.

인본주의 학습이론을 주장한 학자로는 로저스(Carl Rogers)와 매슬로(Abraham Maslow)가 대표적이다.

(1) 로저스의 경험 학습

경험 학습(Experiential Learning)은 학습을 단순히 지식을 습득하는 과정이 아닌, 학습자의 삶 전체에 의미 있는 변화를 가져오는 과정으로 본다. 즉, 학습자의 경험을 가장 중요한 가치로 여기며, 이는 인지적 학습(인지적, 지적 측면의 학습)과는 구분되는 개념이다.

경험 학습의 특징은 첫째, 개인적 관련성(personal involvement)으로 학습 내용이 학습자 개인의 삶과 직접적으로 연결될 때 의미 있는 학습이 일어난다고 본다. 단순히 외우는 것이 아니라, 개인의 문제나 관심사와 관련된 경험을 통해 배우게 되는 것이다. 둘째, 자기 주도성(self-initiated)으로 학습자가 스스로 학습의 방향을 설정하고 주도할 때, 학습에 대한 책임감을 느끼고 더욱 깊이 있게 배우게 된다는 것이다. 셋째, 자기 평가(evaluated by learner)로 외부의 평가 기준보다는 학습자 스스로가 자신의 성장과 변화를 평가하는 것이 중요하다. 이는 내적 동기를 강화한다. 넷째, 전면적 효과(pervasive effect)로 경험 학습은 지식 습득을 넘어 학습자의 태도, 감정, 가치관 등 삶의 전반에 걸쳐 지속적이고 깊은 변화를 일으키게 된다.

로저스는 경험 학습이 효과적으로 일어나기 위해서는 다음 세 가지 전제 조건이 필수적이라고 강조했다.

① **진실성**(congruence) : 교사가 학생에게 솔직하고 진정한 태도를 보여주는 것이다. 이는 교사와 학생 간의 신뢰 관계를 형성하는 기반이 된다.

② **무조건적인 긍정적 존중**(unconditional positive regard) : 교사가 학생의 행동이나 태도에 상관없이, 그 존재 자체를 있는 그대로 존중하고 수용하는 것이다. 학생은 비난받을 두려움 없이 자유롭게 자신을 표현할 수 있다.

③ **공감적 이해**(empathic understanding) : 교사가 학생의 감정과 생각을 마치 자신의 것처럼 깊이 이해하려 노력하는 것이다. 이는 학생의 내적 세계를 탐색하고, 스스로의 감정을 인식하는 데 도움을 준다.

로저스의 경험 학습 이론은 오늘날 교육에 많은 시사점을 제공한다. 우선, 교사의 역할이 지식 전달자가 아니라, 학습자가 스스로 배우도록 돕는 촉진자가 되어야 한다고 보았다. 교사는 학습환경을 조성하고, 학습자원을 제공하며, 정서적 지지를 통해 학습을 돕는 역할을 해야 한다. 둘째, 교사는 학습자 개인의 필요와 흥미를 존중해야 한다. 학생이 참여하고, 선택하며, 스스로 평가하는 학습 기회를 제공해서 학습자 중심 교육으로 나아갈 것을 권한다. 셋째, 학습에 대한 위협이나 불안감이 최소화된 안전한 환경에서 학습자는 새로운 아이디어를 탐색하고 위험을 감수할 수 있으므로 안전한 학습 환경을 조성해 주어야 한다.

(2) 매슬로의 욕구 5단계설

매슬로(Abraham Maslow)는 인간의 행동이 욕구에 의해 동기화되며, 이 욕구들은 낮은 단계에서 높은 단계로 이어진다고 주장했다. 그는 인간의 욕구를 다섯 단계로 나누어 위계적인 피라미드 형태로 제시했는데, 이를 욕구 위계설이라고 한다. 학습은 가장 상위 단계인 자아실현 욕구에 해당한다고 보았으며, 하위 욕구(생리적 욕구, 안전 욕구)가 충족되지 않으면 상위 욕구인 학습 동기가 생기기 어렵다고 주장했다. 즉, 학습이 효과적으로 이루어지기 위해서는 학습자의 기본적인 신체적, 심리적 안정감이 보장되어야 한다는 것이다.

① **1단계 생리적 욕구**(physiological needs) : 인간의 가장 기본적인 욕구로, 생존에 필수적인 것들이다. 식욕, 수면, 배설, 성욕 등이 여기에 속한다. 이 욕구가 충족되지 않으면 다른 어떤 욕구도 생각할 수 없다.

② **2단계 안전의 욕구**(safety needs) : 생리적 욕구가 충족되면 신체적, 심리적 위협으로부터 안전과 보호를 받고 싶어 하는 욕구가 생긴다. 질서, 안정, 예측 가능성을 추구하는 것과 관련이 있다.

③ **3단계 소속 및 사랑의 욕구**(love and belonging needs) : 안전의 욕구가 충족되면 타인과 관계를 맺고 싶어 한다. 가족, 친구, 연인과의 관계를 통해 소속감을 느끼고 사랑을 주고받고 싶어 하는 욕구이다.

④ **4단계 자아존중의 욕구**(self-esteem needs) : 소속 욕구가 충족되면 타인으로부터 존경받고 인정받고 싶어 하는 욕구가 생긴다. 능력, 성취, 명성, 지위에 대한 욕구와 자존감, 자신감, 독립심과 같은 내적 존중감으로 나뉜다.

⑤ 5단계 자아실현의 욕구(self－actualization needs) : 가장 높은 단계의 욕구로, 자신의 잠재력을 최대한 발휘하여 자신이 되고 싶은 모습을 실현하려는 욕구이다. 창의성, 문제 해결, 자발성과 같은 특성을 통해 나타난다.

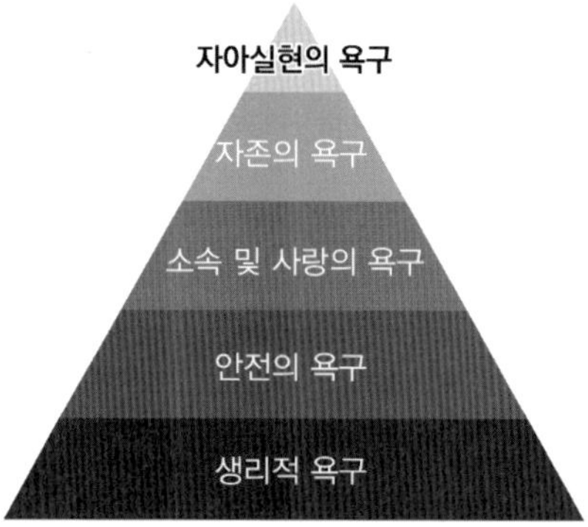

|그림 7-3| 매슬로의 욕구 5단계

매슬로의 욕구 5단계설은 학습에 있어서 학생들의 학습 동기를 유발하기 전에, 우선적으로 학생들의 생리적 욕구(식사, 수면)와 안전의 욕구(안정감) 같은 기본적인 욕구가 우선적으로 먼저 충족되었는지 살펴야 한다는 것과, 교사는 학생이 소속감을 느끼고 존중받는다는 느낌을 가질 수 있도록 긍정적인 관계를 형성하고 돕는 것이 학생의 학습 동기를 강화하는 데 필수적이고 중요하다는 것을 알 수 있다. 또한 교실에서 학생들이 자신의 잠재력을 발휘하고 창의성의 표현을 통해 자아실현의 기회를 제공해야 한다. 이는 학습이 단순한 지식 습득이 아닌, 의미 있는 자기 성장 과정으로 나아가게 만드는 것이다.

3. 발달이론

1) 발달의 개념

발달(development)은 한 인간이 전 생애에 걸쳐 탄생부터 죽음까지 경험하는 변화의 과정이다. 정자와 난자가 수정된 그 순간부터 태아기를 거쳐 세상에 태어나고 영유아기, 아동기, 청소년기, 성인기, 노년기의 과정을 지나 죽음에 이르기 직전까지 인간에게 일어나는 신체적·정서적·정의적 영역에서의 양적·질적 변화를 의미한다. 발달에는 양적으로 증대하는 변화를 의미하는 성장(growth)과 질적으로 향상되어 가는 과정을 뜻하는 성숙(maturity)이 모두 포함되어 있다.

인간의 생애를 살펴보면 출생 이후 신생아, 영유아기에는 급격한 속도로 신체적인 발달을 하게 되고, 청소년기까지 완만하게 발달하다가 18세 성인으로 전환되는 시점을 기점으로 하여 발달이 하강 곡선을 나타내게 된다. 이러한 신체적인 발달 외에도 후천적 경험 혹은 훈련을 통해 행동이 변화하는 것을 의미하는 학습(learning) 역시 발달의 범주에 속한다. 발달을 교육의 관점에서 바라본다면 인간의 변화를 촉진하는 요인은 무엇인지가 주요 관심사라고 할 수 있다. 인간의 변화에 영향을 미치는 요인으로는 유전과 같은 선천적인 요인과 학습과 같은 후천적인 요인이 있다. 인간이 본연적으로 타고난 유전적인 특징은 인간의 발달 정도를 결정짓는 중요한 요인이지만, 성장의 과정에서 어떠한 경험을 하고 교육을 받았는지에 따라 인간의 발달 속도와 모습은 얼마든지 달라질 수 있다. 즉, 인간의 발달은 의도적인 학습을 통해 계속적으로 변화해 나가는 과정인 것이다. 따라서 학습자의 발달은 교육의 효과성을 높이기 위해 반드시 고려되어야 하는 사항으로 교사는 학습자의 발달에 대한 충분한 지식을 쌓아 이를 기반으로 학생 지도와 수업을 진행할 수 있어야 한다.

<표 7-1> 성장 · 성숙 · 발달의 개념 비교

구 분	정 의	특 징	예 시
성장 (growth)	신체적 크기와 양적 증가	주로 신체적 · 외형적 변화	키 · 체중 증가, 근육량 증가
성숙 (maturation)	유전적으로 결정된 기능이 시간 경과에 따라 자연스럽게 발현	생물학적 요인에 의해 일정한 시기에 나타남	사춘기의 2차 성징, 걷기 능력
발달 (development)	성장과 성숙을 포함, 경험과 학습을 통한 질적 변화까지 포함	신체 · 인지 · 정서 · 사회적 변화 모두 포괄	언어 능력 발달, 도덕성 발달, 사회성 발달

발달의 일반적인 원리는 다음과 같다.

첫째, 일정한 순서의 원리이다. 발달은 보편적이고 불변적인 순서를 따른다. 예를 들어, 아기는 머리를 가누고 → 앉고 → 기고 → 서고 → 걷는 순서로 운동 능력을 발달시킨다.

둘째, 점진적 변화의 원리이다. 발달은 단번에 이루어지지 않고, 점진적 · 연속적으로 진행된다. 예를 들어, 언어 발달은 옹알이 → 단어 → 짧은 문장 → 복잡한 문장으로 점차 확장된다.

셋째, 개인차의 원리이다. 발달의 순서는 유사하지만, 속도와 정도에는 개인차가 존재한다. 예를 들어, 어떤 아이는 10개월에 걷기 시작하고, 다른 아이는 14개월에 걷기 시작한다.

넷째, 분화와 통합의 원리이다. 발달은 처음에는 단순하고 미분화된 상태에서 시작하여 점차 세분화(분화)되고, 다시 조직화되어 통합된다. 예를 들어, 영유아의 정서는 초기에는 단순한 쾌 · 불쾌로 나타나다가, 이후 기쁨 · 분노 · 두려움 등으로 분화되고, 다시 자기조절 능력과 결합되어 정서적 성숙으로 이어진다.

다섯째, 상호작용의 원리이다. 발달은 유전적 요인(내적 요인)과 환경적 경험

(외적 요인)의 상호작용 속에서 이루어진다. 예를 들어, 언어 능력은 발성 기관의 성숙(유전)과 사회적 언어 환경(경험)의 상호작용에 의해 발달한다.

여섯째, 결정적 시기의 원리이다. 일부 발달은 특정 시기에 적절한 경험이 주어져야 정상적으로 이루어진다. 예를 들어, 시각 발달은 영아기에 시각적 자극을 경험해야 정상 발달이 가능하다.

일곱째, 발달 영역의 상호관련성 원리이다. 신체, 인지, 정서, 사회성 등 발달 영역은 서로 독립적이지 않고 긴밀히 연결되어 있다. 예를 들어, 언어 발달은 인지 발달에 영향을 주고, 사회성 발달과도 밀접하게 관련된다.

2) 인지 발달

인지 발달(cognitive development)이란 인간이 태어나면서부터 성장해 나가는 과정에서 지식을 획득하고, 이해하며, 사고하는 능력이 발달하는 과정을 의미한다. 즉, 단순히 기억하거나 지식을 축적하는 차원을 넘어, 환경과의 상호작용 속에서 사고 구조가 변화·성숙해 나가는 과정이라 할 수 있다.

발달심리학에서는 인지를 단순히 '머릿속에서 일어나는 사고 활동'으로만 보지 않고, 문제를 인식하고 해결하며, 타인과 의사소통하고, 새로운 상황에 적응하는 전반적 정신 과정으로 이해한다. 따라서 인지 발달은 언어, 기억, 주의, 추론, 문제 해결, 창의적 사고 등 다양한 영역을 포괄한다.

특히 피아제(Piaget)는 인지 발달을 아동이 능동적으로 환경과 상호작용하며 지식을 구성해 나가는 과정으로 설명하였다. 그는 아동을 수동적으로 지식을 주입받는 존재가 아니라, 주어진 경험을 바탕으로 스스로 사고 체계를 조직하고 수정하는 '작은 과학자'로 보았다. 예를 들어, 유아가 사물을 만지고 조작하면서 그 특성을 이해하고, 이를 기존의 사고 틀과 연결하거나 수정하는 과정이 바로 인지 발달이다. 교육의 효과를 높이기 위해서는 학습자의 인지 발달 수준에 맞춰 학습자의 흥미나 관심을 유지하는 동시에 과제를 수행하는 과정에서 성취를 이루어 자신감을 충족시킬 수 있도록 해야 한다. 학습자의 인지 발달을 설명하는 대표적인 이론은 피아제(Piaget)의 인지 발달 이론과 비고츠키(Vygotsky)의 인지 발달 이론이 있다.

(1) 피아제의 인지 발달 이론

스위스의 심리학자 피아제(Jean Piaget)는 인간이 어떻게 지식을 획득하고 구조화하는지에 관심을 가졌다. 그는 아동을 단순한 '미성숙한 어른'으로 보지 않고, 능동적으로 환경과 상호작용하면서 지식을 구성해 나가는 존재로 이해하였다.

① 피아제 인지 발달의 기본 개념

피아제는 인지 발달이 도식(schema)에 기초하여 이루어지며 도식은 외부의 새로운 자극에 의해 지속적으로 새롭게 형성되며 발전해 나간다고 보았다. 도식은 외부 환경과의 상호작용을 통해 형성된 사고의 기본 틀이라고 할 수 있다. 인간은 도식을 통해 자신이 속한 세계의 지식, 절차, 규범 등을 익히고 외부에 반응하고 새로운 상황에 적응해 나간다. 도식은 동화(assimilation)와 조절(accommodation)을 통해 평형(equilibration)을 이루고 새롭게 형성되는 과정을 반복하게 된다. 동화란 외부 환경으로부터 주어지는 새로운 자극을 기존에 가지고 있던 도식으로 해석하여 자기화하는 것을 의미한다. 조절은 자신이 가지고 있는 기존의 도식으로 새로운 자극을 받아들이지 못할 때 기존의 도식을 수정하는 인지과정을 의미한다. 평형화는 이러한 동화와 조절을 통해 현재의 인지도식과 새로운 정보 간의 균형을 이루고자 하는 본능을 의미한다. 인간은 기존의 도식들에서 이해 가능한 정보는 수용하여 통합하고, 기존의 도식에 흡수하기에 적절하지 않은 정보를 받아들였을 경우 도식을 조절하면서 지속적으로 확장해 나간다. 이러한 과정을 통해 인지 발달이 이루어지게 된다.

<표 7-2> 피아제 인지 발달의 기본 개념

기본 개념	특 징	예 시
도식 (schema)	아동이 경험을 조직하고 해석하는 인지 구조	'잡기' 도식, '걷기' 도식
동화 (assimilation)	새로운 경험을 기존 도식에 맞추어 해석하는 과정	강아지를 처음 보고 '고양이'라고 부르는 경우
조절 (accommodation)	기존 도식을 수정하거나 새로운 도식을 형성하여 새로운 경험에 적응하는 과정	강아지를 고양이와 구분하여 '강아지'라는 새로운 도식을 형성
평형화 (equilibration)	동화와 조절의 균형을 이루어 안정된 인지 구조를 형성하는 과정	발달은 이 평형화를 향해 나아가는 과정으로 이해된다.

② 피아제의 인지 발달 단계

피아제는 아동의 인지 발달이 연령과 성숙에 따라 일정한 순서로 진행되는 단계적 과정이라고 보았다. 피아제의 인지 발달은 4단계로 구분되는데, 각 단계는 고유한 특성이 존재하며 질적으로 서로 다른 특성을 가진다. 피아제의 인지 발달 단계는 감각운동기, 전조작기, 구체적 조작기, 형식적 조작기로 구분된다.

가. 1단계 감각운동기(출생~2세)

감각운동기는 출생 직후 신생아의 반사적인 행동부터 출발한다. 2세경에 이르면 목표지향적인 사고활동을 통해 스스로 자기조절 능력을 갖게 된다. 이 시기 영아는 주로 감각을 통한 탐색과 운동기능을 통해 도식을 확장시켜 나간다. 영아는 자신의 감각기관을 통해 세상을 경험하고 인지구조를 발달시켜 나간다. 이 시기의 특징은 대상영속성(object permanence)을 획득해야 한다는 것이다. 대상영속성이란 대상이 시야에서 사라지더라도 계속 존재한다는 것을 인식하는 능력을 말한다. 또한 목표지향적 행동으로 발달이 이루어져야 한다. 영아는 자신의 목표를 달성하기 위해 의도적인 행동을 하는데 장난감 상자 안에 뭐가 있는지 알아야겠다는 목표가 생기면 의도적으로 상자를 열기 위한 행동을 하게 된다.

나. 2단계 전조작기(2~7세)

이 시기의 아동은 상징적 사고가 발달하여 언어, 그림, 놀이 등을 통해 경험을 표현할 수 있으나, 아직 논리적 사고는 충분히 형성되지 않은 상태이다. 따라서 사고의 중심은 여전히 자기중심적이며, 구체적 경험에 크게 의존한다.

- **상징적 기능**(symbolic function) **발달** : 아동은 사물을 직접 경험하지 않고도 그것을 언어나 이미지로 표상할 수 있다. 예를 들어, 장난감 블록을 자동차로 가정하여 노는 '가상놀이(pretend play)'가 활발히 나타난다.
- **자기중심성**(egocentrism) : 아동은 타인의 관점을 이해하기 어렵고, 자신의 시각에서만 세상을 해석한다. 피아제의 '세 산 실험(three mountain task)'에서 전형적으로 관찰되듯, 타인의 시각에서 본 장면을 설명하는 데 어려움을 겪는다.
- **직관적 사고**(intuitive though) : 논리적 근거보다는 눈에 보이는 현상이나 직관에 의존하여 판단한다. 예를 들어, 물컵의 모양이 달라지면 같은 양의 물이라도 양이 달라졌다고 생각한다.
- **보존 개념**(conservation)**의 미발달** : 양, 길이, 무게, 부피 등이 변형되어도 본질은 동일하다는 보존 개념을 이해하지 못한다. 따라서 동일한 양의 점토를 길게 늘리면 더 많아졌다고 여기는 경우가 많다.
- **중심화**(centration) : 상황의 한 가지 측면에만 주의를 집중하고 다른 요소는 무시한다. 예를 들어, 두 개의 줄에 놓인 사탕의 개수를 비교할 때 줄의 길이에만 집중하여 실제 개수의 동일성을 간과한다.
- **애니미즘**(animism)**과 물활론적 사고** : 무생물에 생명이나 의도를 부여한다. 예를 들어, "해가 나를 따라와" 혹은 "인형이 울고 있어"와 같은 사고가 나타난다.

다. 3단계 구체적 조작기(7~11세)

이 시기의 아동은 논리적 사고 능력을 점차 발달시키며, 구체적 사물과 경험에 기초하여 합리적인 추론을 할 수 있다. 그러나 아직 추상적 사고에는 한계가 있으며, 실제적이고 구체적인 대상이나 상황에 의존해야 한다.

- **보존 개념(conservation)의 획득** : 물질의 양, 길이, 무게, 부피 등이 외형이 변해도 본질은 동일하다는 사실을 이해한다. 예를 들어, 같은 양의 물을 넓은 컵과 좁은 컵에 옮겨 담아도 양이 변하지 않았음을 알 수 있다.
- **가역성(reversibility)의 이해** : 어떤 조작이 이루어진 후 다시 원래 상태로 되돌릴 수 있다는 개념을 이해한다. 점토를 길게 늘였다가 다시 뭉치면 본래의 상태로 돌아올 수 있음을 인식한다.
- **분류(classification) 능력 발달** : 사물을 공통된 속성에 따라 분류·서열화할 수 있다. 예를 들어, 동물 그림을 보고 '개와 고양이는 모두 동물이다'라는 상위·하위 개념을 이해한다.
- **서열화(seriation)** : 크기, 무게, 길이 등의 기준에 따라 대상을 순서대로 배열할 수 있다. 예를 들어, 나무 막대를 길이에 따라 차례로 배열하는 과제가 가능하다.
- **탈중심화(decentration)** : 사물이나 상황의 여러 측면을 동시에 고려할 수 있다. 예를 들어, 사탕이 놓인 줄의 길이뿐 아니라 개수까지 함께 고려할 수 있다.
- **논리적 사고의 발달** : 실제 경험에 근거하여 구체적인 문제를 논리적으로 해결할 수 있다. 다만, 추상적이거나 가설적인 문제는 아직 어려워한다.

라. 4단계 형식적 조작기(11세 이후)

이 시기의 아동과 청소년은 이전 단계와 달리, 구체적인 사물에 의존하지 않고 추상적·가설적 사고를 할 수 있게 된다. 따라서 사고의 폭과 깊이가 크게 확장되며, 과학적·논리적 문제 해결 능력이 본격적으로 발달한다.

- **추상적 사고**(abstract thinking) : 눈에 보이지 않는 개념(자유, 정의, 사랑, 도덕 등)을 다룰 수 있으며, 물리적 경험이 없어도 개념을 이해할 수 있다.
- **가설-연역적 사고**(hypothetico-deductive reasoning) : 문제 해결 시 다양한 가설을 세우고, 그에 따른 결과를 체계적으로 검증할 수 있다. 예를 들어, 과학 실험에서 가능한 모든 변인을 고려하여 실험 설계를 할 수 있다.
- **조합적 사고**(combinatorial reasoning) : 여러 가지 가능성을 조합하여 체계적으로 사고할 수 있다. 예를 들어, 색깔·모양·크기 조건이 주어졌을 때 가능한 모든 경우의 수를 논리적으로 나열할 수 있다.
- **체계적 문제 해결**(systematic problem solving) : 무작위 시도에서 벗어나, 문제 해결을 위한 전략을 논리적으로 구성하고 적용한다.
- **자기중심적 사고의 재출현**(adolescent egocentrism) : 청소년기에 나타나는 특수한 자기중심성이 있으며, '가상적 청중(imaginary audience)'과 '개인적 우화(personal fable)'가 대표적이다. 즉, 타인이 항상 자신을 주목하고 있다고 생각하거나, 자신은 특별한 존재로서 독특한 경험을 한다고 믿는 경향이다.

<표 7-3> 피아제의 인지 발달 단계

단 계	연 령	주요 특징	교육적 시사점
감각 운동기	0~2세	• 감각과 운동을 통한 세계 이해 • 대상영속성 획득	풍부한 감각·운동 경험 제공
전조작기	2~7세	• 상징적 사고 발달(언어·상상) • 자기중심성, 중심화, 보존 개념 결여	놀이·언어 활동 강조, 구체적 경험 활용
구체적 조작기	7~11세	• 논리적 사고 가능 • 보존 개념, 분류·서열화 능력 발달 • 구체적 사물에 한정	실험·분류 활동, 구체적 학습 자료 활용
형식적 조작기	11세 이후	• 추상적·가설적·논리적 사고 가능 • 문제 해결을 위한 가설 설정·검증	토론·문제 해결 학습, 추상 개념 교육 가능

피아제의 인지 발달 이론은 아동의 발달 수준에 맞는 학습 자료와 방법을 제공해야 함을 시사한다. 지나치게 추상적인 개념을 조기에 가르치면 효과적이지 않다는 발달 단계에 따른 교육 필요성을 강조하고 있으며, 더불어 아동은 환경과 상호작용하며 스스로 능동적으로 지식을 구성한다고 보아, 교사는 지식을 일방적으로 주입하기보다 탐구·발견 활동을 촉진해야 한다고 하였다. 특히 구체적 조작기 아동에게는 구체적 사물과 활동을 통한 학습이 필요함을 강조하며, 인지 발달이 동화와 조절을 통한 평형화 과정에서 이루어진다는 것을 강조하면서 교사는 학생에게 적절한 인지적 불균형을 제공하여 탐구와 사고를 유도할 수 있도록 할 것을 강조하고 있다.

(2) 비고츠키의 인지 발달 이론

러시아의 심리학자 비고츠키(L. S. Vygotsky)는 아동의 발달을 이해하는 데 있어 개인 내부의 성숙보다는 사회적 상호작용과 문화적 맥락을 강조하였다. 그는 인간 발달이 단순히 개인적 과정이 아니라, 사회적·역사적 환경 속에서 이루어진다고 보았다. 따라서 그의 이론은 사회문화적 발달이론(Sociocultural Theory of Development)이라 불린다. 기본적으로 비고츠키는 아동의 인지는 혼자서가 아니라 사회적 상호작용을 통해 내면화된다고 하였다. 언어와 기호가 대표적인 문화가 축적된 심리적 도구이며, 이를 매개로 사고와 학습이 발달한다. 그중에서도 언어가 결정적인 역할을 한다고 보았다. 비고츠키는 언어를 단순한 의사소통 수단이 아니라 사고를 매개하는 도구로 보았다.

유아는 처음에는 외적 언어를 사용하여 타인과 상호작용하지만, 점차 자기 지시적 언어(사적 언어, private speech)를 통해 문제를 해결하고, 이것이 내면화되면서 사고의 언어(inner speech)로 발전하게 된다. 모든 아동이 동일한 인지 발달 단계를 거친다고 본 피아제와는 달리 비고츠키는 모든 아동이 동일한 단계를 거쳐 인지가 발달하는 것은 아니라고 보았다. 또한 피아제가 아동의 인지 발달

과정에서 외부의 물리적인 대상과 상호작용하는 경험에 주목한 반면, 비고츠키는 성인이나 자신보다 유능한 또래와 같은 타인과의 상호작용을 통해 인지 발달이 이루어진다고 제시하였다.

비고츠키는 인지 발달 과정이 총 4단계의 언어 발달 과정으로 구성되어 있다고 보았다. 첫째, 원시적 언어(출생~2세)의 단계로, 사고 이전의 언어로 울음, 옹알이, 부모의 말 반복 등 의미를 가지고 있지 않은 언어이다. 둘째, 사회적 언어(2세)의 단계로, 타인과 의사소통하기 위한 언어이며, 주로 부모, 교사, 또래와 상호작용하면서 사용된다. 외부 세계와 접촉하며 규칙·지식을 배우는 첫 단계로 볼 수 있다. 셋째, 사적 언어(3~6세)의 단계로, 유아가 자기 자신에게 말하는 언어이다. 문제해결 과정에서 "이건 여기, 저건 저기"처럼 자기 행동을 조절하기 위해 소리 내어 말한다. 사적 언어는 단순한 독백이 아니라, 유아가 사고를 언어화하여 자기 조절(self-regulation)을 학습하는 과정이다. 넷째, 내적 언어(7세 이후)의 단계로, 더 이상 외부로 소리 내지 않고, 머릿속에서 이루어지는 언어이다. 즉, 사고 그 자체가 된다. 이것은 성인의 논리적 사고, 문제 해결, 자기 성찰 능력의 기반이 된다.

비고츠키는 발달의 수준을 현재 발달 수준 영역과 잠재적 발달 영역으로 구분하여 제시하였다. 현재 발달 수준 영역은 주변의 도움 없이 스스로 과업을 수행할 수 있는 수준을 의미하며 잠재적 발달 영역은 현재 학습자의 능력을 초과하는 난이도의 과업 수준을 의미한다. 근접 발달 영역(ZPD : Zone of Proximal Development)은 현재 발달 영역과 잠재적 발달 영역의 사이에 위치한다. 즉, 아동이 혼자서는 수행할 수 없지만, 성인이나 더 유능한 또래의 도움을 받으면 가능해지는 과제의 수준을 의미한다. 근접 발달 영역은 비고츠키 이론의 핵심 개념으로, 발달은 아동이 현재 스스로 할 수 있는 수준이 아니라, 잠재적으로 도달할 수 있는 수준까지 고려해야 한다는 점을 강조한다. 교육은 이 영역을 확장시키는 역할을 수행한다고 보았다.

근접 발달 영역은 학습자의 발달이 이루어짐에 따라 계속해서 변화할 수 있다. 당장은 타인의 도움을 받아야만 비로소 해결 가능한 과업일지라도 숙련이 된 다음부터 독립적으로 할 수 있게 된다면 좀 더 높은 수준으로 새로운 근접 발달 영역이 자리 잡게 되는 것이다. 즉, 학습을 통해 좀 더 높은 수준의 사고와 지식을 습득함에 따라 지속적으로 근접 발달 영역은 이동하게 되고 독립적으로 과업을 수행할 수 있는 현재 발달 수준 영역이 확대된다. 따라서 학습자의 현재 발달 수준 영역이 계속 확장될 수 있도록 타인이 효과적인 도움을 제공하는 것은 매우 중요하다. 이러한 학습자의 근접 발달 영역에서 이루어지는 교사, 부모, 동료와의 긍정적인 상호작용을 비계(scaffolding)라고 한다. 비계를 설정하는 것은 학습의 효과성을 높이기 위한 중요한 교수·학습 전략으로 시범 보이기, 단서 제공, 질문, 격려 등이 있다. 이러한 비계 설정은 학습자가 스스로 과업을 수행할 수 있도록 하는 것이 최종 목표이므로 학습자의 잠재 발달 영역에 따라 그 수준을 적절하게 조절할 수 있어야 한다.

<표 7-4> 피아제와 비고츠키의 인지 발달 이론 비교

구 분	피아제(Piaget)	비고츠키(Vygotsky)
발달 관점	아동은 능동적으로 환경과 상호작용하며 지식을 구성	인지 발달은 사회적·문화적 맥락 속에서 이루어짐
발달의 원동력	동화·조절·평형화 과정에 따른 사발적 발달	사회적 상호작용, 특히 언어와 문화적 도구
발달과 학습의 관계	발달이 선행되고, 학습은 발달을 따라감	학습이 발달을 촉진하며, 발달보다 선행할 수 있음
인지 발달 단계	감각운동기－전조작기－구체적 조작기－형식적 조작기(보편적·불변적 순서)	단계 구분보다 맥락적·상황적 차이를 강조
언어의 역할	사고 발달 이후 언어가 발달, 언어는 사고의 표현 수단	언어는 사고 발달의 핵심 도구, 사적 언어 → 내적 언어로 전환
교육적 시사점	발달 단계에 맞는 학습 경험 제공, 발견학습 강조	교사의 비계설정(scaffolding), 근접 발달 영역(ZPD) 활용, 협동학습 강조

3) 정의적 발달

정의적 발달은 인간의 성장 과정에서 감정, 정서, 태도, 가치관, 성격과 같은 내적이고 비인지적 측면이 발달하는 과정을 의미한다. 이는 단순히 순간적인 감정의 변화에 국한되지 않고, 개인이 특정 상황에서 어떻게 느끼고 반응하며, 자신과 타인을 어떻게 바라보는지를 포함하는 폭넓은 개념이다. 정의적 발달은 유아기부터 성인기에 이르기까지 전 생애에 걸쳐 이루어지며, 가정과 학교, 또래집단, 사회·문화적 맥락의 영향을 받는다.

정의적 발달의 주요 내용에는 정서의 이해와 표현, 자아개념과 자아존중감의 발달, 타인과의 사회적 관계 형성, 도덕적·윤리적 가치관의 내면화, 학습동기와 태도의 형성 등이 포함된다. 예를 들어, 유아기는 기본적인 정서 표현과 애착 관계가 중요한 시기이며, 아동기에는 또래 관계와 사회적 규범의 습득이 강조된다. 청소년기에는 자아정체감과 가치관의 확립이 중심 과제가 되고, 성인기에 이르면 보다 성숙한 정서 조절 능력과 책임 있는 사회적 태도가 요구된다.

교육적으로 정의적 발달은 학습자의 인지적 성취와 직결되는 중요한 요인이다. 긍정적인 자아개념과 학습동기를 지닌 학생은 학습에 적극적으로 참여하고 지속적인 노력을 기울일 가능성이 크다. 또한 정의적 발달은 인성교육, 도덕교육, 사회정서학습(SEL) 등과 연결되며, 학생들이 건강한 사회 구성원으로 성장하는 데 핵심적인 역할을 한다. 따라서 교사는 단순히 지적 성취를 목표로 하기보다, 학생 개개인의 정서적 안정과 자기 이해, 타인에 대한 존중과 공감, 그리고 바람직한 가치관을 형성할 수 있도록 교육적 배려와 지도를 병행해야 한다.

정의적 발달 영역에는 성격 발달과 도덕성 발달이 있으며, 대표적으로 에릭슨(Erikson)의 심리사회적 성격 발달 이론과 콜버그(Kohlberg)의 도덕성 발달 이론이 있다.

(1) 에릭슨의 심리사회적 성격 발달 이론

에릭슨(Erik H. Erikson)은 인간 발달을 전 생애적 관점에서 설명한 대표적인 학자로, 그의 심리사회적 발달이론은 프로이트의 심리성적 발달이론을 확장하면서도 개인과 사회적 환경의 상호작용을 강조하였다. 에릭슨은 인간의 발달이 유아기에서 노년기에 이르는 전 생애 동안 8단계로 진행된다고 보았으며, 각 단계마다 해결해야 할 심리사회적 위기(psychosocial crisis)가 존재한다고 주장하였다. 이 위기를 성공적으로 극복할 경우 건강한 성격 특성이 형성되지만, 실패할 경우 발달상의 어려움이 다음 단계로 이어질 수 있다.

<표 7-5> 에릭슨의 8단계 발달과업

시 기	발달 단계	발달 특징	발달과업	주요 관계대상
0~1세	(기본적) 신뢰감 대 불신감	양육자의 일관된 보살핌을 통해 세상과 타인에 대한 신뢰감을 형성한다. 실패하면 불신감과 불안을 경험한다.	신체적·심리적 욕구 충족	어머니 (주양육자)
1~3세	자율성 대 수치심·의심	스스로 선택하고 행동하는 경험을 통해 자율성이 발달한다. 과도한 통제는 수치심과 자기 의심을 낳는다.	배변훈련, 걷기, 언어발달	부모
3~6세	주도성 대 죄책감	놀이와 모험을 통해 주도성을 기른다. 그러나 과도한 억압은 죄책감을 형성할 수 있다.	도덕성 발달, 목표지향적 행동	가족
6~12세	근면성 대 열등감	학습과 과업 수행을 통해 성취감을 얻는다. 실패나 무시는 열등감을 낳는다.	사회적 기술 습득, 인지 발달	이웃, 학교
청소년기 (12~18세)	자아정체감 대 역할혼미	'나는 누구인가'라는 질문을 통해 자아정체감을 확립한다. 확립하지 못하면 자아정체감의 혼란을 겪는다.	자아정체감 확립	또래, 교사

성인전기 (18~30세)	친밀감 대 고립감	타인과의 친밀한 관계 형성을 통해 정서적 성숙을 이룬다. 실패하면 고립감에 빠질 수 있다.	인간관계 형성, 배우자 선택	배우자, 친구
성인중기 (30~60세)	생산성 대 침체	일과 가정, 사회적 기여를 통해 생산성을 발휘한다. 성취하지 못하면 침체감이 나타난다.	자녀양육 및 후세대 양성	동료, 자녀
성인후기 (60세 이후)	자아통합감 대 절망감	자신의 생애를 긍정적으로 수용하면 자아통합을 이룬다. 그러나 후회와 실망은 절망감을 불러온다.	자기완성	인류

에릭슨의 이론은 학습자의 정의적 발달을 이해하는 데 중요한 틀을 제공한다. 각 발달 단계에서 경험하는 위기는 단순한 개인적 문제가 아니라 사회적 맥락 속에서 다루어져야 한다. 예컨대 아동기에 학습자가 과업 수행을 통해 근면성을 경험할 수 있도록 교사는 성취 기회를 제공해야 하며, 청소년기의 자아정체감 형성을 위해서는 자율성과 자기 탐색을 존중하는 교육적 환경이 필요하다. 따라서 에릭슨의 이론은 학교 교육에서 학습자의 정서적 발달 과업을 이해하고 지원하는 지침으로 활용될 수 있다.

(2) 콜버그의 도덕성 발달 이론

콜버그는 피아제의 인지 발달 이론을 확장하여 도덕적 딜레마에 대한 개인의 추론 방식을 연구했다. 그는 도덕적 행위 그 자체가 아니라, 그 행위를 결정하는 사고 과정에 초점을 맞춰, 도덕성 발달은 나이가 들면서 더 복잡하고 포괄적인 사고를 할 수 있게 되는 자연스러운 인지적 성장 과정으로 보았다.

콜버그는 도덕성의 발달은 단계적으로 이루어진다고 보았으며, 누구든지 보편적인 발달 순서에 따라 모든 발달 단계를 거치며, 각 발달 단계는 위계적으로 이루어져 있으므로 발달 수준이 높아질수록 낮은 발달 단계 수준을 통합할 수 있는 광범위하고 추상적이며 고차원적인 사고를 할 수 있다고 보았다. 콜버그는 도덕성의 발달을 세 가지 수준과 여섯 단계로 구분하였다.

<표 7-6> 콜버그의 도덕성 발달의 3수준과 6단계

수 준	단 계	연 령	특 징	예 시
전인습적 수준 (preconventional level) 이 수준의 도덕성은 자기 자신의 이익과 외부의 처벌이나 보상에 의해 결정된다.	1단계 처벌과 복종 지향	3~7세	규칙을 어기면 벌을 받는다는 사실에 기반해 행동한다. 물리적 결과가 옳고 그름을 판단하는 유일한 기준이다.	"도둑질하면 감옥에 가니까 나빠."
	2단계 개인적 이익 지향	8~11세	자신의 욕구를 충족시키기 위해 행동한다. 옳다고 생각하는 것은 자신에게 이득이 되는 것이다. '상부상조'의 원리가 적용된다.	"도와주면 나도 나중에 도움을 받을 수 있으니 도와줘야 해."
인습적 수준 (conventional level) 이 수준의 도덕성은 사회적 규범과 기대를 따르는 것이다. 대부분의 청소년과 성인이 이 단계에 속한다.	3단계 착한 아이 지향	12~17세	다른 사람에게 인정받고 좋은 사람으로 보이려는 욕구에 따라 행동한다. 사회적 관계와 조화를 중시한다.	"엄마가 착하다고 칭찬할 테니 숙제를 열심히 해야 해."
	4단계 법과 질서 준수 지향	18~25세	사회 질서를 유지하기 위해 법과 규칙을 준수한다. 규칙 자체를 절대적인 것으로 받아들인다.	"법은 모두에게 공평하게 적용되어야 하니 규칙을 어겨서는 안 돼."
후인습적 수준 (postconventional level) 이 수준의 도덕성은 개인의 도덕적 원칙에 따라 행동한다. 사회적 규범보다 더 높은 보편적 정의를 추구한다. 소수의 성인만이 이 수준에 도달한다.	5단계 사회계약 지향	25세 이상	법과 규칙이 사회 구성원의 합의에 의해 만들어진 상대적인 것이라고 인식한다. 때로는 다수의 복지를 위해 규칙을 바꿀 수 있다고 생각한다.	"모두의 인권을 보장하기 위해 기존의 법을 개정해야 해."
	6단계 보편적 도덕 원리 지향	극소수의 인원만	정의, 인권, 평등과 같은 보편적이고 추상적인 윤리적 원칙에 따라 행동한다. 만약 법과 도덕적 원칙이 충돌하면, 개인의 양심과 원칙을 따른다.	"설령 법을 어기더라도 한 사람의 생명을 구하는 것이 더 중요해."

콜버그의 이론은 도덕성 교육이 단순히 규칙을 암기하는 것이 아니라, 학생들이 도덕적 추론 능력을 스스로 발달시킬 수 있도록 도덕적 딜레마에 대해 토론하고 고민하는 기회를 제공해야 한다고 했다. 이를 통해 학생들은 상위 단계의 사고를 경험하며 도덕적 성장을 이룰 수 있다.

이러한 콜버그의 이론에 대해 비판으로, 캐롤 길리건(Carol Gilligan)은 콜버그의 연구가 남성 중심적이며, 여성의 도덕성이 관계와 보살핌에 기반한 '배려 윤리'임을 간과했다고 비판했다. 더불어, 집단주의 문화권에서는 개인의 권리보다 공동체의 조화가 더 중요하게 여겨질 수 있기 때문에 콜버그의 단계가 모든 문화권에 보편적으로 적용되는지에 대한 의문이 제기되기도 한다. 그리고 도덕적 추론 능력이 높다고 해서 반드시 도덕적으로 행동하는 것은 아니므로 도덕적 사고와 실제 행동 사이의 차이가 존재할 수 있다는 점 또한 비판을 받는다.

4. 학습자의 지적 특성

1) 지능의 개념

지능(intelligence)은 인간이 환경에 효과적으로 적응하고 문제를 해결하며 새로운 경험을 학습하고 활용하는 능력을 의미한다. 즉, 새로운 상황에서 사고하고, 경험을 통해 배우며, 추론하고, 문제를 해결하는 종합적 능력으로 정의할 수 있다.

교육학적으로 지능은 단순한 선천적 능력에 국한되지 않고, 학습과 경험을 통해 발달·변화하는 잠재적 능력으로 이해된다. 이에 대해 지금까지도 학자들은 지능에 대한 정의를 다양하게 내리고 있다. 비네(Binet)는 '지능은 잘 판단하고, 잘 이해하며, 잘 추리하는 능력으로, 학습에 필요한 기본 능력'이라고 보았고, 스피어만(Spearman)은 지능을 일반지능과 특수지능으로 구분하여, 모든 지적 활동의 기저에는 일반지능(g)이 있으며, 과제별로 특수지능(s)이 작용한다고 주장하였다. 서스톤(Thurstone)은 지능은 단일 능력이 아니라 언어, 수, 공간, 기억 등 여러 가지 기본 정신능력(primary mental abilities)으로 이루어진다고 보았으며, 가드너(Gardner)는 다중지능이론을 통해, 지능은 언어, 논리·수학, 음악, 공간, 신체운동, 대인관계, 개인내적, 자연탐구 등 다양하고 독립적인 능력 영역으로 구성된다고 주장하였다. 이렇게 다양한 지능에 대한 정의는 현재까지도 지능이란 무엇인지 본질을 밝히고자 하는 연구가 지속되고 있고, 지능을 측정하고자 하는 다양한 시도가 계속 이루어지고 있음을 보여준다.

교육적으로 지능은 여러 가지 의의를 갖는데, 우선 지능은 학습 속도와 수준을 이해하는 기초가 되고, 지능 차이를 고려한 맞춤형 개별화 교육의 필요성 제시하고 있으며, 둘째, 전통적 학업 중심 지능뿐만 아니라, 예술적·사회적 능력도 교육적 가치를 가진 것으로 지능의 다양성을 인정하고 있는 점, 셋째, 지능은 고정된 것이 아니라 학습과 훈련에 의해 변화될 수 있음을 전제로, 교육을 통한 성장 가능성을 강조하고 있다는 점이다. 따라서 지능을 단일 능력으로 한정하기보다, 다원적·역동적·발달적 관점에서 이해하는 것이 바람직하다.

2) 가드너의 다중지능이론

전통적으로 지능은 언어적·논리적 능력에 치우쳐 측정되어 왔다. 이러한 기존의 전통적인 측정 기반의 지능관에 회의를 가지고 지능을 바라보는 새로운 관점이 가드너의 다중지능이론이다. 가드너는 1983년 『Frames of Mind』라는 책에서 인간의 지능을 다양하고 독립적인 영역으로 보아야 하며 개인의 능력을 보다 폭넓게 이해할 것을 주장하였다. 그는 지능은 단일 능력이 아닌, 서로 독립적이면서 상호작용할 수 있는 여러 가지 능력들의 집합이라고 하였다. 개인은 다양한 지능을 가지고 있으며, 각 지능의 발달 정도와 조합은 사람마다 다르다는 것이다. 그러므로 교육은 특정 지능만을 강조하기보다 다양한 지능을 균형 있게 발달시키는 것이 중요하다고 하였다.

<표 7-7> 가드너의 8가지 다중지능

지능 유형	설 명	예 시
언어지능 (linguistic intelligence)	언어를 이해하고 사용하며 표현하는 능력	글쓰기, 토론, 이야기 만들기
논리-수학지능 (logical-mathematical intelligence)	논리적 추론, 수리적 계산, 문제해결 능력	수학 문제 해결, 과학 탐구
음악지능 (musical intelligence)	리듬, 음정, 음악적 패턴을 인지·표현하는 능력	악기 연주, 작곡, 노래
공간지능 (spatial intelligence)	시각·공간적 세계를 정확히 지각하고 변형하는 능력	지도 읽기, 그림 그리기, 디자인
신체-운동지능 (bodily-kinesthetic intelligence)	신체를 조절하여 표현하거나 문제를 해결하는 능력	체육, 무용, 연극 활동
대인관계지능 (interpersonal intelligence)	타인의 감정, 동기를 이해하고 상호작용하는 능력	협동학습, 상담, 리더십 활동
개인내적지능 (intrapersonal intelligence)	자신의 감정, 욕구, 강점을 인식하고 조절하는 능력	자기 성찰, 목표 설정
자연탐구지능 (naturalistic intelligence)	자연환경을 이해하고 분류하며 탐구하는 능력	동식물 관찰, 환경 연구

가드너는 이후 '실존지능(existential intelligence)' 가능성도 제시했으나, 정식 8가지 지능에는 아직 포함하지 않았다.

가드너의 다중지능이론이 가지는 교육적 의의는 첫째, 개별화 교육에 대한 지지로, 학생마다 강점 지능이 다르므로 이를 고려한 맞춤형 수업이 필요하다는 것이다. 둘째, 교육과정 다양화로 교과 활동을 다양한 지능과 연결하여 학생의 잠재력을 발휘하게 해야 한다는 것이다. 셋째, 평가 방식의 변화로, 표준화된 지능검사 대신, 다양한 수행평가와 관찰을 활용하여 학생 능력을 종합적으로 평가해야 한다는 것이다. 넷째, 재능에 대한 존중으로, 학업 성취 외에도 예술, 체육, 사회적 능력 등 다양한 영역이 가치 있게 인정되어야 한다는 것이다.

가드너의 다중지능이론은 지능을 다원적이고 개별적인 능력의 조합으로 파악하여, 교육현장에서 학생의 강점과 개성을 존중하는 이론적 토대를 제공한다. 이는 획일적 교육에서 탈피하여, 다양성을 존중하는 교육적 패러다임을 제시하고 있다는 점에서 눈여겨보아야 한다.

요약

1. 교육심리학은 교육과 심리학이 만나 인간의 학습과 발달, 그리고 교수·학습 상황에서 나타나는 심리적 과정을 연구하는 학문이다. 즉, 학습자가 어떻게 배우고 발달하며, 교사가 어떤 방식으로 가르쳐야 학습 효과가 극대화되는지를 탐구한다.
2. 교육심리학의 목적은 교육현장에서 발생 가능한 문제를 개선하는 데 요구되는 실천적인 정보를 제공하여 교사들이 올바른 의사결정을 하도록 돕는 것이다.
3. 고전적 조건형성은 파블로프에 의해 체계화된 이론으로, 중성 자극이 반사적 행동을 일으키는 무조건 자극과 연합을 통해 조건반응을 유발하는 조건 자극이 된다는 것이다. 일상생활에서 자주 볼 수 있는 불안, 공포 등과 같은 정서적 반응이나 태도는 중성 자극이 의미를 지니게 되면서 특정한 반응을 야기하는 고전적 조건형성의 결과라 할 수 있다.
4. 스키너는 유기체의 행동은 자극에 의해 유발되기도 하지만 능동적·자발적으로 반응하는 존재이므로 유기체의 능동적 행동과 그 결과에 강조점을 둔다. 그는 반사 행동은 유기체의 모든 행동 중 아주 일부만 설명할 수 있으며, 능동적 자발적 행동은 음식물과 같은 무조건 자극이 없는 상황에서도 일어날 수

있기 때문에 이러한 행동을 조작적 행동이라 설명한다. 그는 강화와 벌을 통해 행동이 조형되는데, 강화가 행동의 빈도와 강도를 증가시키는 것이라면, 벌은 행동의 빈도를 감소시키는 것이라고 하였다.

5. 인지주의 학습이론은 인간의 내적 사고 과정, 즉 인지(cognition)에 초점을 맞추어 학습자를 단순히 자극에 반응하는 존재가 아니라, 정보를 능동적으로 처리하는 존재로 본다. 인간의 마음을 컴퓨터의 정보처리 과정에 비유하며, 지식이 어떻게 습득되고, 조직되며, 활용되는지를 탐구하였다. 학습은 기억, 주의, 사고 과정 속에서 이루어지며, 기존 지식 구조와 새 지식이 연결될 때 효과적이라는 것이다. 대표적 이론으로는 통찰학습이론과 정보처리이론이 있다.

6. 통찰학습은 학습자는 지각한 정보를 단순히 기록하거나 학습장면에서 각 부분을 분리해서 보는 것이 아니라 정보를 이해하기 위해 자료를 능동적으로 재구조화하고 상호관계의 맥락 안에서 전체를 지각한다는 것이다. 통찰학습에서 문제 해결의 핵심은 문제의 조직 또는 구성이다. 학습은 시행착오적인 행동이 아니라 인지 현상으로, 학습자가 문제 상황에서 문제 해결을 위한 다양한 요소와 방법들을 먼저 생각하고 문제 해결을 시도하게 된다.

7. 정보처리이론은 인간의 사고과정을 컴퓨터의 정보처리 과정에 비유하여 외부 세계로부터 투입되는 정보가 지각되고 저장되며 기억으로부터 인출되는 방식으로 설명한다. 인간의 정보처리체계는 정보를 저장하고 인출하는 데 요구되는 처리과정과 저장용량 및 유지 시간 등에 따라 세 개의 기억 저장소, 즉 감각기억, 작업기억, 장기기억으로 구성된다.

8. 구성주의 학습이론은 학습자가 객관적인 지식을 단순히 흡수하는 것이 아니라, 스스로의 경험과 기존 지식을 바탕으로 새로운 의미와 이해를 구성(construct)해 나가는 능동적인 과정이라고 보는 학습이론이다. 이는 지식이 외부에 존재하는 독립된 실체가 아니라, 학습자 각자의 내면에서 재창조되고 재해석되는 주관적인 산물이라는 관점을 제시한다. 구성주의는 교사가 지식을 전달하는 '지식의 전달자'가 아닌, 학습자가 스스로 지식을 구성하도록 돕는 '조력자' 역할을 해야 한다고 본다.

9. 인지적 구성주의 학습의 대표적 인물은 피아제(Piaget)이다. 인지적 구성주의는 학습이 외부 정보의 단순한 흡수가 아니라, 학습자 개인이 끊임없이 의미를 탐색하고 능동적인 사고 활동을 통해 지식을 구성해 나가야 하는 것으로 보았다.

10. 사회적 구성주의 학습의 대표적인 학자는 비고츠키(Vygotsky)이다. 사회적 구성주의는 학습이 개인의 내적 과정뿐만 아니라, 사회적 상호작용과 문화적 도구를 통해 이루어지는 것으로, 학습을 사회와 문화 속에서 공동으로 지식을 구성하는 과정으로 설명한다. 비고츠키는 근접 발달 영역(ZPD)을 설명하며 학습은 이 ZPD 안에서 이루어질 때 가장 효과적이라고 보았다.

11. 사회학습이론에서 반두라는 유기체는 직접적인 보상이나 벌의 결과로써 행동을 형성할 뿐만 아니라 다른 사람의 행동과 그 결과를 관찰함으로써 학습이 이루어진다고 주장한다. 이러한 학습은 다른 사람의 행동을 관찰함으로써 일어나는 학습이므로 관찰학습 또는 대리학습으로 불린다.

12. 인본주의 학습이론은 인간의 존엄성과 무한한 잠재력에 초점을 맞추며, 학습을 단순한 지식 습득이 아닌 자아실현(self-actualization)을 향한 개인의 성장 과정으로 간주한다. 학습자의 자율성, 자유, 선택을 존중하며, 목표는 학습자가 잠재력을 최대한 발휘하여 온전한 인간으로 성장하도록 돕는 것이다.

13. 인지 발달은 지능과 사고 과정을 포괄하는 영역의 발달을 의미하며 대표적인 이론으로는 피아제의 인지 발달 이론과 비고츠키의 인지 발달 이론이 있다.

14. 정의적 발달은 정서, 성격 등 인간의 비신체적, 비인지적 특성에서의 발달을 의미하며 대표적인 이론으로는 에릭슨의 심리사회적 성격 발달 이론과 콜버그의 도덕성 발달 이론이 있다.

15. 지능은 학업성취를 예측하는 주요한 요인으로 전통적인 관점에서는 지능의 측정을 통해 학업 부진 학생을 판별하여 부진 영역에 대한 조력이 이루어져야 한다고 보았다.

16. 가드너의 다중지능이론은 전통적인 지능 측정 방식의 획일성을 비판하였으며, 지능의 다양한 영역을 고려하여 학생의 잠재역량을 이끌어 내야 한다고 강조하였다.

제 8 장

교육과정

1. 교육과정의 기본 이해
2. 교육과정의 변천과정
3. 교육과정 개발 모형

제8장 교육과정

학습내용

- 교육과정의 개념에 대해 이해한다.
- 교육과정의 변천 유형에 따라 특징을 구분할 수 있다.
- 우리나라 국가 교육과정의 변천과 그 특징을 설명할 수 있다.
- 교육과정 개발의 필요성 및 원리에 대해 이해한다.
- 교육과정 개발모형의 특징을 이해한다.

1. 교육과정의 기본 이해

1) 교육과정의 개념

교육과정(Curriculum)이라는 용어는 라틴어 'currere'에서 유래되었다. currere는 '달리다, 달리는 길'이라는 뜻을 가진다. 따라서 curriculum은 원래 '달리기 경주에서 달리는 코스나 길'을 의미하였다. 교육과정은 학습자가 학습 과정 속에서 달려가야 할 일정한 길, 코스, 혹은 과정을 의미하게 되었다. 교육과정이란 이처럼 정해진 목표에 따라 교육내용을 이수하는 과정으로, 학습자는 이렇게 정해진 코스를 밟아야 한다. 이런 측면에서 교육과정이란 학습자의 바람직한 인지적·정의적·신체적 발달이라는 교육적 목표를 이루기 위해 만들어진 정해진 코스, 즉 교육적 계획이라고 볼 수 있다.

교육의 역사상 초기에는 교육과정을 학교에서 가르쳐야 할 과목들의 목록 또는 교과목의 집합으로 이해하였다. 즉, 교육과정은 곧 교과(course of study)와 동일시되었으며, "무엇을 가르칠 것인가"에 중점을 두었다. 현대로 오면서 교육학의 발달과 더불어 교육과정은 단순한 교과목의 나열을 넘어 교육 전반의 방향과 경험을 총칭하는 개념으로 확대되었다.

교육과정의 개념은 매우 다양하다. 왜냐하면 교육과정을 바라보는 관점이 매우 다양하기 때문이다. 먼저 조직화된 지식으로서의 교육과정, 학습경험으로서의 교육과정, 교육계획으로서의 교육과정, 교육결과로서의 교육과정으로 나누어 볼 수 있다(조발그니 외, 2022).

(1) 조직화된 지식으로서의 교육과정

교육과정이란 교과목 혹은 그 내용인 지식이 모여 교육과정을 이룬다는 것이다. 여기에서 교과라고 하는 교과목은 무엇일까? 교과목은 국어, 수학, 영어, 체육, 미술 등을 의미한다. 그래서 학생들에게 '교육과정이 뭘까?'라고 물어보면 교과목을 언급하는 경우도 많다. 그만큼 교과목은 학생들에게 매우 익숙한 개념이라고 할 수 있다. 교과목은 인류가 그동안 쌓아온 지식을 비슷한 방법으로 구조화 혹은 조직화된 것들끼리 묶어 분류해 놓은 것이다. 즉, 교육과정은 인류가 쌓은 수많은 지식 중 핵심을 모아 구조화 혹은 조직화된 교육내용이라고 정의할 수 있다.

(2) 학습경험으로서의 교육과정

진보주의 교육자인 듀이는 교육과정을 학생이 학교에서 가지는 학습경험의 총체라고 보았다. 학습자들이 경험하는 것들, 즉 배우고 사고하고, 이를 바탕으로 행동하는 과정이 교육과정이라고 보는 입장이다. 여기에서 경험은 학교 내에서, 학교 밖에서의 모든 경험을 의미하며 이를 통해 학습자가 바람직한 방향으로 변화하고 있다면 긍정적인 학습경험을 하고 있다고 볼 수 있다.

(3) 교육계획으로서의 교육과정

교육과정을 사전에 수립된 교육목표와 그 목표달성을 위한 체계적인 계획으로 보는 것으로, 교육을 위한 의도적인 교육계획을 의미한다고 볼 수 있다. 의도된 교육계획에는 교육의 목표와 내용, 방법, 평가 등에 대해 교육과정이 운영되는 과정에서 진행되어야 할 것들을 포함한다. 교육과정을 교육계획으로 볼 때는 구체적이고, 명시적이며, 목표부터 운영, 방법, 평가에 이르기까지 일관성 있게 진술되어 있다는 것이 특징이다.

(4) 교육결과로서의 교육과정

교육과정을 교육활동의 최종 산출물이나 성취 결과로 보는 관점이다. 교육은 결국 학습자가 무엇을 성취했는가에 의해 평가되며, 교육과정도 그 결과(학업 성취, 행동 변화, 능력 형성 등)로 정의될 수 있다. 이 관점에서 교육과정은 학습자가 정해진 교육과정에 따라 계획된 교육활동을 이수한 결과라고 본다. 그러므로 학습자가 이수한 교육과정은 교육결과의 관점에서 볼 때 모두 조금씩 상이할 수밖에 없다. 학습자들이 도달해야 할 목표는 동일하지만 교과목을 이수하는 과정에서 수업 방법, 학습자 자신의 학습 방법 등에 따라 그 결과가 달라지는 점을 강조한다.

2) 교육과정의 구성 요소

타일러는 『교육과정과 수업의 기본원리(1949)』에서 교육과정 개발의 기본 질문을 네 가지로 제시하며, 이를 중심으로 교육과정의 구성 요소를 교육목표의 설정, 학습경험의 선정, 학습경험의 조직, 학습평가의 네 가지 구성 요소로 설명하였다.

(1) 교육목표(objectives)의 설정

교육과정은 명확한 목표 설정에서 출발해야 한다. 학교는 어떤 교육목표를 달성하려 하는가? 이러한 목표를 설정하려면, 학습자(학생)의 필요와 흥미, 사회의 요구와 가치, 학문(교과)의 논리와 구조를 바탕으로 교육을 통해 달성하고자 하는 목표가 설정되어야 한다.

(2) 학습경험의 선정(screening)

교육목표가 설정되면, 교육목표를 달성하기 위해 어떤 학습경험을 제공할 것인가?를 설정해야 한다. 목표 달성에 적합하고, 학생의 능동적 참여를 이끌어 내는 경험이어야 하며, 교사가 가르치는 내용이 아니라, 학생이 실제로 경험하는 활동을 의미한다.

(3) 학습경험의 조직(organization)

학습경험은 단순 나열이 아니라, 앞서 선정 혹은 선택된 학습경험에 대하여 좀 더 구체적으로 효과적으로 조직화하는 것이다. 타일러가 제시한 조직 원리로는 첫째, 동일한 요소가 반복·심화되도록 배열하는 계속성(continuity)의 원리, 둘째, 학습의 깊이와 폭이 점차 확장되도록 조직하는 계열성(sequence)의 원리, 셋째, 학습경험들이 상호 관련되어 의미 있는 전체를 이루도록 연결하는 통합성(integration)의 원리가 있다.

(4) 학습평가(evaluation)

교육목표가 실제로 달성되었는지 목표 달성 여부를 확인하는 과정이다. 평가는 학습자의 행동 변화가 목표와 일치하는지를 검증해야 하며 교육과정 개선의 피드백 기능도 가진다.

<표 8-1> 교육과정의 구성 요소

구성 요소	핵심 질문	주요 내용
교육목표	어떤 목표를 달성할 것인가?	학습자, 사회, 교과의 요구에 근거한 행동적 목표 설정
학습경험	목표 달성을 위해 무엇을 경험할 것인가?	학생 활동 중심의 경험 제공
경험의 조직	경험을 어떻게 배열할 것인가?	계속성·계열성·통합성 원리에 따른 조직
학습평가	목표가 달성되었는가?	학습자의 행동 변화 검증, 피드백 기능

3) 교육과정의 의미에 따른 교육과정

교육과정의 의미에 따라 교육과정을 구분해 볼 수 있다. 보통 공식적 교육과정, 표면적 교육과정, 잠재적 교육과정, 영 교육과정으로 나눈다(김대현·김석우, 2007).

(1) 공식적 교육과정(formal curriculum)

국가·교육청·학교가 공적으로 제정하고 문서화하여 학교에서 의도적으로 실행하는 교육과정으로 국가 교육과정, 교과서, 수업계획서, 시간표 등을 들 수 있다.

공식적 교육과정은 교육 목적과 내용이 명시적·공식적으로 규정되고, 교사와 학생이 따라야 할 기준을 제공해 주므로 교육의 일관성과 공정성을 확보할 수 있다. 그러나 학생 개별 차이나 현장 맥락을 충분히 반영하지 못할 수 있다는 단점도 있다.

(2) 표면적 교육과정(apparent curriculum)

학교, 수업에서의 교사가 의도적이며 계획적으로 교육목표를 설정하고 그에 상응하는 교육결과를 얻고자 하는 교육과정이다. 교육 문서와 수업 현장에서 명시적으로 드러나 있지만, 실제 학습의 깊이보다는 외형적으로만 다루어지는 교육내용으로 국어, 수학, 과학, 음악, 미술 등과 같은 교과목의 형태로 보인다. 표면적 교육과정은 교과서에 실려 있으나 실제로는 피상적으로 다루어지는 경우로 교육의 외적 모습은 갖추었으나 내적 의미나 깊이가 부족할 수 있다. 따라서 학생에게 진정한 학습 경험을 제공하지 못하고, 교육의 본질을 형식화·피상화할 위험이 있다.

(3) 잠재적 교육과정(hidden curriculum)

공식적 문서에는 드러나지 않지만, 학교생활 전반을 통해 학생이 무의도적으로 습득하는 가치, 태도, 행동양식을 말한다. 교사의 권위적 태도, 학교 규칙 준수, 경쟁과 협동 경험, 교우관계에서 배우는 사회적 기술이 여기에 해당한다. 잠재적 교육과정은 교실 분위기, 학교 문화, 교사와 학생의 상호작용 속에서 형성되므로 긍정적·부정적 영향을 모두 미친다고 볼 수 있다. 잠재적 교육과정은 이런 특징 때문에 중요한 교육과정이기도 하다. 표면적 교육과정이 운영되는 과정에서 반드시 잠재적 교육과정이 생길 수밖에 없는데, 이는 학교생활을 하는 과정에서 학생들이 은연중에 가지게 되는 경험 혹은 배우게 되는 바를 의미한다.

교육적 의의로 인성, 사회성, 가치관 형성에 중요한 역할을 하게 되지만, 교사의 의도와 다르게 작용할 수 있으며, 부정적 사회 규범을 강화할 가능성이 한계점으로 작용한다.

(4) 영 교육과정(null curriculum)

학교에서 의도적으로 가르치지 않거나 무시되는 지식, 가치, 태도이다. 공식적 교육과정에서 다루지 않음으로써 학생에게 '이것은 중요하지 않다'는 메시지를 전달할 수 있는데, 예를 들면, 현재 과학계는 창조론은 받아들이지 않는 대신 진화론이 교육내용으로 신정되어 있다. 이렇게 받아들여지지 않은 창조론의 부분 역시 영 교육과정에 해당한다.

영 교육과정은 교육과정의 선택과 배제의 문제를 비판적으로 성찰하게 하는 의의가 있지만, 교육의 편향성과 불평등을 재생산할 수 있는 한계점도 있다.

<표 8-2> 교육과정의 의미에 따른 유형

유 형	개 념	예 시	특 징	의의와 한계
공식적 교육과정	국가·학교가 문서화한 교육과정	교과서, 수업계획서	명시적, 체계적 일관성 확보	현장 반영 부족
표면적 교육과정	외형적으로만 다루는 교육내용	시험 대비 위주 수업	피상적 실행, 실행과 이상 간 괴리 성찰	교육의 형식화 위험
잠재적 교육과정	무의도적으로 학습되는 태도·가치	규칙 준수, 교우관계	비공식적, 무형, 인성·사회성 형성	부정적 작용 가능
영 교육과정	학교에서 배제된 지식과 가치	정치·윤리적 쟁점	부재를 통한 학습, 선택·배제 문제 성찰	불평등 재생산 가능

2. 교육과정의 변천과정

1) 교육과정의 변천

교육과정은 크게 교과중심 교육과정, 경험중심 교육과정, 학문중심 교육과정, 인간중심 교육과정으로 구분되어 변천되었다.

(1) 교과중심 교육과정

교과중심 교육과정(subject/teacher centered curriculum)은 전통적으로 가장 오래된 형태의 교육과정으로, 1920년대까지 동서양의 교육을 지배해 온 교육과정이다. 교과중심 교육과정은 인간이 축적해 온 지식과 교과를 중심으로 학습내용을 조직하는 방식으로 교과목, 즉 교과의 학습내용을 중심으로 교육과정을 개발, 편성, 운영한다. 이는 지식을 객관적이고 보편적인 진리로 간주하여 이를 구조적이고 논리적인 체계 속에서 학습하는 것으로, 학생들에게 문화유산을 전수하고 이성적 사고를 기르는 데 목적을 둔다. 따라서 교육의 주된 초점은 학습자가 아니라 교과내용 자체에 맞추어져 있으며, 교사는 지식을 전달하는 전문가로서의 역할을 담당한다.

교과중심의 교육과정은 다음과 같은 장점을 지닌다. 첫째, 교육내용의 체계성을 통해 내용에 대한 이해가 상대적으로 용이할 수 있다는 장점이 있다. 학습자가 학습내용에 대해 체계적으로 잘 이해하려면 교사가 중심이 될 수밖에 없다. 둘째, 교육과정의 편성과 운영 및 평가 과정이 용이하다. 교과를 중심으로 편성이 이루어지기 때문에 다른 교육과정에 비해 개정이 수월하다. 셋째, 교육과정에 대한 중앙집권적 통제가 가능하다.

그러나 단점도 분명히 존재한다. 무엇보다 학생의 흥미나 생활 경험이 충분히 반영되지 못하므로 학습 동기 유발이 어렵고, 교사 중심의 수업 구조는 학습자가 능동적으로 사고하고 탐구할 기회를 제한한다. 또한 실제 생활의 문제해결과 연결성이 부족하여 지식이 현실과 유리될 가능성이 있으며, 지나치게 암기 위주의 학습으로 흐를 경우 창의성과 전인적 발달을 저해할 우려도 있다.

(2) 경험중심 교육과정

경험중심 교육과정(activity based curriculum)은 교과중심 교육과정이 학습자의 흥미나 요구를 무시할 수 있다는 한계를 극복하고 교과의 논리와 체계보다는 학습자의 생활 경험과 흥미, 필요를 중심으로 교육과정을 구성하는 방식이다. 이는 교육을 지식 전달이 아닌 학습자의 전인적 성장과 생활 적응을 위한 과정으로 이해하며, 학습자가 실제 생활 속에서 부딪히는 문제를 해결하고 의미 있는 경험을 만들어 가는 것을 중시한다. 따라서 교육과정의 내용은 고정적이지 않고, 학습자의 발달 단계와 사회적 요구, 생활 맥락에 따라 유연하게 조직된다.

이 교육과정의 특징은 학습을 교사 중심이 아니라 학습자의 능동적 활동과 참여에 두고 있다는 점이다. 지식 자체보다는 지식을 활용하는 능력과 태도를 강조하며, 학생이 스스로 문제를 발견하고 해결하는 경험을 통해 사고력, 창의성, 협동심을 기를 수 있도록 돕는다. 수업에서는 프로젝트 학습, 문제해결 학습, 탐구 활동 등 다양한 활동이 활용되며, 교사는 지식을 일방적으로 전달하기보다 학습자가 풍부한 경험을 쌓도록 안내자이자 촉진자의 역할을 한다.

경험중심 교육과정의 장점은 학습자의 흥미와 요구를 반영하므로 학습 동기가 높고, 실제 생활과 밀접하게 연계된 경험을 제공함으로써 지식을 실질적으로 활용할 수 있는 능력을 기를 수 있다는 데 있다. 또한 학습자가 적극적으로 참여하는 활동을 통해 창의성, 문제해결력, 협동심 등 전인적 역량을 함양할 수 있다.

그러나 단점도 존재한다. 교과의 논리적 체계성이 약화될 수 있어 학문적 지식의 조직적 습득이 미흡할 수 있으며, 경험 위주의 학습만으로는 전문적이고 심화된 지식을 체계적으로 배우는 데 한계가 있다. 또한 교육과정의 운영이 학습자의 흥미나 활동에 과도하게 의존할 경우, 교육의 목표가 모호해지거나 수업이 산만해질 위험이 있다. 교사의 전문성과 지도력이 충분히 확보되지 않으면 경험중심 수업이 단순 활동 중심으로 흐를 수 있다는 점도 문제로 지적된다.

<표 8-3> 교과중심 교육과정과 경험중심 교육과정의 비교

구 분	교과중심 교육과정	경험중심 교육과정
중심 요소	교과, 학문적 지식	학습자의 경험과 생활
교육목적	지식과 문화유산의 전수, 이성적 사고 훈련	생활 적응력 신장, 전인적 성장
내용조직	학문적 논리와 위계에 따라 체계적 배열	학습자의 필요, 흥미, 생활 문제에 따라 유연하게 조직
교사의 역할	지식 전달자, 권위적 지도자	학습 안내자, 촉진자, 협력자

학습자의 역할	수동적 지식 수용자	능동적 탐구자, 문제해결자
수업방법	강의, 설명, 반복 학습 중심	프로젝트 학습, 문제해결 학습, 협동 활동 중심
장 점	지식의 체계적 습득 가능, 문화유산의 효과적 전수, 평가 용이	학습 동기 촉진, 실생활과 연계, 창의성·문제해결력·협동심 발달
단 점	생활과 동떨어질 수 있음, 학습자의 흥미 부족, 수동적 학습 태도	체계성 부족, 지식학문적 심화 학습의 한계, 수업이 산만해질 위험

(3) 학문중심 교육과정

학문중심 교육과정은 단편적인 사실의 전달보다 각 학문이 지닌 지식의 구조를 이해하고 학문적 탐구 방법을 습득하는 데 초점을 두고 있는 교육과정이다. 학문중심 교육과정이 등장하게 된 배경은, 경험중심 교육과정은 학습자들의 흥미와 요구를 반영하여 실생활과 밀접하게 관련 있는 내용을 수업함으로써 학습자들의 전인적 성장에 기여했지만, 기초 학력의 저하를 가져왔다고 비판받았다. 1957년 구소련이 스푸트니크 위성을 발사하며 미국 내 진보주의를 바탕으로 한 경험중심 교육과정에 대한 부정적 여론이 형성되었다. 경험중심 교육과정에 대한 반성과 성찰을 통해 학문중심 교육과정에 대한 관심이 확산되었다.

학문중심 교육과정은 1960년대 브루너(Bruner)를 중심으로 강조된 교육과정으로, 단순히 '무엇을 아는가'에 머무르지 않고, '어떻게 아는가'를 학습하게 함으로써 새로운 상황에서도 지식을 전이하고 적용할 수 있도록 하는 것을 목표로 한다. 브루너는 학문의 본질적 개념과 원리를 중심으로 교육과정을 조직해야 한다고 보았으며, 동일한 개념을 반복하면서 점차 심화하는 나선형 교육과정을 제시하였다. 또한 지식은 행동적, 영상적, 상징적 표상을 거쳐 발달한다는 점을 강조하여, 학습자의 발달 수준에 맞게 개념을 점진적으로 제시할 필요성을 설명하였다.

학문중심 교육과정의 장점은 학생들이 핵심 개념과 탐구 방법을 이해함으로써 단순한 암기를 넘어 심층적 이해를 할 수 있으며, 새로운 문제 상황에서도 개념을 적용할 수 있는 전이 능력을 기를 수 있다는 점이다. 또한 탐구와 발견 학습을 강조하여 학습자의 사고력과 창의성을 촉진하고, 학년 간 학습이 나선형으로 조직되기 때문에 교육과정의 일관성과 체계성을 확보할 수 있다.

이 교육과정의 단점으로는 학문의 구조와 탐구 방법을 강조하다 보면 내용이 지나치게 추상적이 되어 학습자의 생활 경험과 동떨어질 수 있고, 학생의 발달 수준을 충분히 고려하지 않으면 학습내용이 지나치게 어려워질 수 있다. 또한 탐구 기반 수업을 운영하기 위해서는 교사의 높은 수준의 전문성과 교수 능력이 요구되며, 실제 학교 현장의 시간적·제도적 제약 속에서 이상적인 형태로 실천하기 어려운 한계가 있다. 더불어 인지적 목표에 치중함으로써 학습자의 정의적 발달이나 실천적 생활 능력이 상대적으로 소홀해질 위험도 있다.

따라서 학문중심 교육과정은 학문적 사고를 기르는 데 효과적인 접근이지만, 이를 현실에서 구현하기 위해서는 학습자의 발달 수준과 생활 경험을 고려한 맥락화된 학습, 교사의 전문성 강화, 그리고 평가방법의 다양화와 같은 보완적 노력이 필요하다.

(4) 인간중심 교육과정

인간중심 교육과정(human-centered curriculum)은 교육과정에 있어서 인간의 존엄성을 중요한 이념으로 삼는다. 1960년대 말 학문중심 교육과정은 학습자의 지식 함양에 치중하고 전인으로서 교육하는 데 소홀하다는 비판을 받았다. 1970년대 들어서 미국은 전인적 교육이 강조되며, 이에 따라 학습자를 중심으로 하는 인간중심 교육과정이 등장하였다.

인간중심 교육과정은 학습자의 성장과 자아실현을 최우선 가치로 삼는 교육과정으로, 미리 정해진 지식이나 기술을 주입하는 데 초점을 맞추기보다는, 학습자 개개인이 가진 잠재력을 최대한 발휘하고 전인적인 성장을 이루도록 돕는 데 목적을 둔다. 이러한 인간중심 교육과정의 특징으로는 교사가 지식을 전달하는 주체가 아니라, 학습자가 자신의 관심과 흥미를 탐색하며 스스로 학습해 나가는 과정을 돕는 조력자 역할을 수행하는 학습자 중심의 교육과정이다. 또한 교과 간의 경계를 허물고, 실제 삶과 연관된 문제를 해결하는 통합적인 학습 경험을 제공하게 되어, 학습자가 지식을 단편적으로 습득하는 것이 아니라 전체적인 맥락 속에서 이해하고 적용하는 능력을 기르도록 한다. 따라서 학습의 결과물보다는 학습 과정 자체를 중요하게 여겨, 오류와 시행착오를 성장의 자연스러운 과정으로 받아들이고, 학습자가 스스로 생각하고 탐구하는 비판적 사고 능력을 기르도록 장려한다. 이것은 모든 학습자의 학습 속도, 방식, 흥미가 다르다는 점을 인정하고, 각자에게 맞는 맞춤형 교육 경험을 제공하게 된다. 이를 통해 학습자는 자신의 고유한 성장 궤적을 따라 나아갈 수 있게 되는 것이다.

인간중심 교육과정의 장점은 첫째, 전인교육을 통한 조화로운 성장과 발달을 도모함으로써 학습자들에게 긍정적 자아개념을 형성하는 데 유익하다. 둘째, 수업 및 학교의 전체적인 분위기가 자율적이고, 자유로우며, 개방적이기 때문에 하습의 내면화에 기여할 수 있다. 셋째, 전인교육을 통해 개인의 자아실현 및 사회발전에 이바지하는 삶을 지향할 수 있다.

단점으로는 첫째, 수업의 과정에서 자율적이고, 자유로우며, 개방적인 분위기가 형성되지 않는다면 성공적인 수업이라고 보기 어렵다. 둘째, 전통적 교육에 익숙한 교사의 경우에는 교육과정을 인간의 존엄성을 바탕으로 운영한다는 것 자체가 생소하고 어렵다고 느낄 수 있다. 셋째, 직업 세계에서의 경쟁이나 치열함과는 교육내용이나 교수·학습 방법 등에서 괴리감이 있다.

2) 우리나라 교육과정의 변천사

우리나라 교육과정은 해방 이후부터 현재까지 국가적, 사회적 요구와 교육철학의 변화를 반영하며 역동적으로 변모해 왔다. 1945년 광복 직후, 일제 식민지 교육의 잔재를 청산하고 민주주의 교육의 기틀을 마련하기 위한 긴급조치기를 거쳐, 교과별 내용의 목록을 제시하는 교수 요목기를 통해 교육의 최소한의 틀이 잡혔고, 그 이후 지금까지 7차에 걸쳐 교육과정이 개정되어 왔다. 우리나라 교육과정은 정치변화에 따라 개정이 이루어진 경우가 많으며, 특히 미국 교육사조의 영향을 많이 받았다(강영삼 외, 2007; 임일남 외, 2006). 1948년 정부 수립 이후 교육법을 제정하여 실천하려고 했지만, 6·25전쟁으로 중단되었다. 교육과정은 사회의 변화에 따라 학교의 기대도 달라지므로 교육과정은 변화에 맞추어 개정하였다. 개인과 국가의 이상 실현을 조력하는 차원에서의 교육과정은 그 시대의 철학과 사회의 요구를 고려할 수밖에 없다. 국가 수준의 교육과정을 운영하는 우리나라는 정치적·사회적 입장이 교육과정에 반영될 수밖에 없다. 7차 교육과정 개정 이후 교육과정은 부분적 개정으로 전환하여 '~차'라는 명칭 대신 2007 개정 교육과정, 2009 개정 교육과정, 2015 개정 교육과정, 2022 개정 교육과정으로 명명된다. 제1차 교육과정부터 현재의 교육과정을 요약하면 다음과 같다.

교과중심 교육과정을 바탕으로 한 제1차 교육과정(1954)은 교육내용의 체계화가 이루어졌다. 그러나 획일적인 지식 전달에 대한 비판이 제기되자, 제2차 교육과정(1963)에서는 학습자의 경험을 중요시하는 경험중심 교육과정의 요소를 도입하여 학습자의 흥미와 자발성을 강조하기 시작했다.

1970년대에는 과학 기술 발전에 따른 인재 양성 요구에 부응하여, 각 학문의 핵심 원리를 가르치는 학문중심 교육과정의 성격이 강한 제3차 교육과정(1973)이 시행되었다. 그러나 이 교육과정이 지나치게 어렵고 학생들의 인성교육을 소홀히 한다는 비판에 따라, 제4차 교육과정(1981)에서는 다시 전인교육과 인간성 회복을 강조하는 방향으로 전환했다.

1990년대 이후에는 학습자 중심 교육의 중요성이 점차 커졌다. 제5차(1987)와 제6차(1992) 교육과정은 학습자의 개성 존중과 자율성을 확대하는 데 중점을 두었으며, 특히 고등학교에서 계열별 선택 교과를 도입하여 학습자의 적성과 흥미를 고려하기 시작했다. 이러한 흐름은 제7차 교육과정(1997)에서 정점에 달해 '국민 공통 기본 교육과정'과 '심화 선택 과목'을 도입하여 모든 학생에게 공통적인 소양을 가르치면서도, 개인의 진로와 적성에 맞는 심화 학습을 가능하게 했다. 2000년대 이후에는 제7차 교육과정의 틀을 유지하면서도 창의성, 인성, 핵심 역량 등을 강조하는 방향으로 수시 개정이 이루어졌으며, 2007 개정 교육과정은 문·이과 통합을 지향하며 융합적 사고력을 함양하는 데 초점을 맞추고 있고, 2009 개정 교육과정은 학교의 자율성과 창의성을 강화하는 방향의 개정이었다. 2015 개정 교육과정은 공교육 정상화를 위한 교육과정으로서 자유학기제를 도입했으며, 창의융합형 인재양성을 목표로 하였다. 2024년부터 단계적으로 시행되고 있는 2022 개정 교육과정은 포용성과 창의성을 갖춘 주도적인 사람으로의 성장을 추구하며, 미래 사회변화에 대응할 수 있는 힘을 기르도록 학습자 주도성과 창의력 등의 역량을 강하하는 데 초점을 두고 있다.

우리나라 교육과정의 역사적 변천과정을 구체적으로 살펴보면 다음과 같다.

(1) 긴급조치기(1945~1946년)

1945년 해방 직후부터 미군정청은 교육의 정상화를 위해 긴급한 조치를 취했다. 일제 식민지 교육의 잔재를 청산하고, 새로운 민주주의 교육의 기초를 마련하는 것이 목표였다. 따라서 일본어 교과목을 없애고, 우리말과 우리글을 사용하는 국어 교육을 강조하였으며, 식민지 지배를 정당화했던 수신(修身) 과목을 폐지하고, 민주시민 양성을 위한 공민(公民) 과목을 신설하였으며 국사를 개설하였다.

체계적인 교육과정이 부재하여 임시 교과목 편제와 시간 배당표를 만들어 학교 운영의 급한 불을 끄는 데 집중했던 시기였다.

(2) 교수 요목기(1946~1954년)

긴급조치기 이후, 긴급조치기의 임시방편적 교육을 보완하고 국가 교육의 기준을 마련할 필요성이 커지면서 좀 더 체계적인 교육내용의 기준을 제시하기 위해 '교수 요목'을 제정하였다. 이는 각 교과별로 가르쳐야 할 주제와 내용의 목록을 정한 것이다. 각 교과목의 지도 내용을 상세히 명시하여 교사의 체계적인 지도가 가능하도록 했으며, 홍익인간의 교육 이념을 바탕으로 애국애족 교육을 강조하여 민족 정체성 확립에 중점을 두었다. 교과 지식의 습득을 강조하는 분과주의를 채택하여 기초 능력 배양에 주력하기도 했다.

그러나 교육과정의 목표나 교수법에 대한 구체적인 지침이 부족했고, 각 교과의 내용이 학생들의 발달 수준에 비해 너무 어렵다는 비판을 받았다.

이후 6·25전쟁으로 교육과정 개편이 지연되다가, 1954년 대한민국 정부 수립 이후 제1차 교육과정이 공포되면서 교수 요목기는 막을 내리게 된다.

(3) 제1차 교육과정기(1954~1963년)

제1차 교육과정은 1954년 4월 20일 공포된 대한민국 최초의 교육과정으로, 대한민국 교육의 기본 틀을 잡는 데 중요한 역할을 했다. 1945년 광복 이후, 미군정 시기의 긴급조치와 교수 요목기를 거치면서 교육의 방향은 잡았으나, 일관된 교육과정의 부재로 혼란스러움을 수습하고, 6·25전쟁으로 황폐해진 교육현장을 재건하고, 국가의 재건을 위한 교육의 역할을 강조하였다.

특징으로는 첫째, 교과중심 교육과정이다. 각 교과의 지식 습득을 가장 중요하게 여겨, 학문 체계에 따라 교과를 엄격하게 구분하고, 교사의 지식 전달을 중심으로 교육이 이루어졌다. 둘째, 생활중심 교육에 대한 강조이다. 이론적으로는 미국의 생활경험교육 이론을 도입하여 교과 지식을 실생활과 연결하려 했다. 그러나 실제로는 교과서와 교사의 강의에 의존하는 경향이 강했다. 셋째, 반공 교육 강화이다. 6·25전쟁을 겪은 후, 반공 및 민주주의 교육을 핵심 내용으로 포함하여 학생들에게 국가 안보와 이념 교육을 강조했다. 넷째, '홍익인간'의 교육 이념 구체화이다. 대한민국 교육 이념인 '홍익인간'을 바탕으로 민주 시민 양성을 목표로 삼았다.

대한민국 정부 수립 후 최초로 제정된 국가 교육과정으로, 한국 교육의 제도적 틀을 마련했다는 점에서 큰 의의가 있는 교육과정이었다. 그러나 생활중심 교육을 표방했지만, 현실에서는 교과 지식 전달에 치우쳐 학생의 흥미나 경험을 충분히 반영하지 못해 이론과 실제의 괴리가 존재하였고, 전국적으로 동일한 획일적 교육과정을 적용하여 학생들의 개성이나 지역적 특성을 고려하기 어려웠다. 또한 교과서 내용을 암기하는 학습 방식이 주를 이루어 창의적 사고나 문제해결 능력 함양에는 한계가 있었다.

(4) 제2차 교육과정기(1963~1973년)

제2차 교육과정은 1963년 2월 1일 공포되었으며, 제1차 교육과정이 이론적으로는 생활중심 교육을 표방했으나, 실제로는 교과중심 교육에 머물러 있다는 비판이 제기되자 제1차 교육과정의 한계를 보완하고 국가 재건 및 교육의 현대화를 추구며 개정이 이루어졌다.

특징으로는 첫째, 경험중심 교육과정의 도입이다. 학습자의 흥미와 경험을 교육과정의 핵심으로 삼아 교과서의 지식을 전달하는 것을 넘어, 학생들이 직접 문제를 해결하고 탐구하는 과정을 중요시했다. 둘째, '생활 영역' 설정이다. 교과를 '생활'과 연관된 영역으로 묶어 교육과정을 운영했다. 예를 들어, 사회과는 지리, 역사, 공민으로 나누기보다 '사회 생활'이라는 영역으로 통합하여 가르치려 했다. 셋째, 통합 교육과정 시도이다. 교과 간의 벽을 허물고, 학습자의 경험을 중심으로 여러 교과 내용을 통합하여 교육하는 시도가 이루어졌다. 넷째, 민주 시민으로서의 자질 함양 강조이다. 단순한 지식 습득을 넘어, 학생들이 사회의 구성원으로서 올바른 역할을 수행할 수 있도록 민주 시민 의식과 협동 정신을 강조했다.

한국 교육사에서 이론적으로나마 학습자의 경험을 교육과정의 핵심으로 끌어들였다는 점에서 큰 의미가 있으며, 획일적인 주입식 교육에서 벗어나, 학습자의 능동적인 참여를 유도하는 방향으로 전환하는 계기를 마련했다. 그러나 교사들이 경험중심 교육의 본질을 제대로 이해하지 못해 교과내용을 나열하는 수준에 그치는 경우가 많았으며, 교과 간의 통합을 시도했으나 오히려 각 학문의 체계적인 지식 전달에 어려움이 있었다는 비판을 받았다. 또한 지식의 양을 평가하는 기존의 방식으로는 학습자의 경험을 통한 성장과정을 제대로 평가하기 어려웠으며, 당시의 경제적, 사회적 여건이 경험중심 교육과정의 성공적인 운영을 뒷받침하기에는 역부족이었다.

(5) 제3차 교육과정기(1973~1981년)

제3차 교육과정은 1973년 2월 21일 공포되었으며, 1960년대 후반부터 전 세계적으로 확산된 학문중심 교육과정의 영향을 받아 제정되었다. 이는 제2차 교육과정의 경험중심 교육이 각 학문의 체계적인 지식 전달에 소홀하여 기초 학력이 떨어진다는 비판이 제기된 것에 대한 고려이면서, 1970년대 국가 경제 개발이 본격화되면서 과학 기술 발전에 기여할 수 있는 전문적이고 논리적인 사고 능력을 갖춘 과학 기술 인재 양성과 '새로운 수학', '새로운 과학' 운동 등 미국에서 시작된 학문중심 교육과정 도입이 배경이었다.

특징으로는 첫째, 학문중심 교육과정이다. 각 교과의 내용을 지식의 구조(structure of knowledge) 중심으로 재조직했다. 핵심적인 개념과 원리를 먼저 이해시키고, 이를 바탕으로 세부적인 내용을 학습하도록 구성하였다. 둘째, 지식의 체계적 전달이다. 교사가 각 학문의 원리를 학생들에게 논리적으로 설명하고, 학생들이 이를 이해하여 새로운 문제에 적용할 수 있는 능력을 기르는 것을 중요하게 생각했다. 셋째, 탐구 학습과 발견 학습이다. 단순히 지식을 암기하는 것을 넘어, 학생들이 교사의 유도에 따라 지식의 원리를 스스로 탐구하고 발견하는 학습 방법을 강조했다. 넷째, 국민교육헌장 강조이다. 1968년에 공포된 국민교육헌장의 정신을 교육과정 전반에 반영하여, 국가 발전과 민족 중흥에 기여하는 인간을 육성하는 데 중점을 두었다.

각 학문의 원리와 구조를 가르침으로써 학생들의 논리적 사고력과 문제해결 능력을 향상시키는 데 기여하고, 각 교과가 지닌 학문적 특성을 살려 교육내용의 전문성을 높였다는 점에서 교육적 의의가 있다. 그러나 교과내용이 지나치게 전문적이고 어려워, 학생들의 학습 부담이 가중되었으며, 학습자의 경험이나 흥미는 부차적인 것으로 여겨져, 학생들이 학습에 흥미를 잃고 교육과정에서 소외되는 문제가 발생했다. 그리고 '탐구'와 '발견' 학습을 표방했으나, 실제 현장에서는 여전히 교사 중심의 주입식 교육이 주를 이루었다.

(6) 제4차 교육과정기(1981~1987년)

제4차 교육과정은 1981년 12월 31일 공포되었으며, 제3차 교육과정의 학문 중심 교육이 지나치게 전문적이고 어려운 내용을 담고 있어 학생들의 학습 흥미가 떨어지고, 사교육 의존도가 높아지는 문제가 발생하여 학생들에게 과도한 학습 부담을 주었다는 반성에서 출발했다. 이 시기에 급격한 경제 성장이 초래한 물질만능주의와 경쟁 사회의 부작용을 극복하기 위해, 지식 교육뿐만 아니라 인성 및 도덕 교육을 강화해야 한다는 목소리가 커지면서 인간성 회복과 전인교육을 핵심 목표로 삼으며 4차 교육과정이 개정되었다.

특징으로는 지식, 기능, 태도를 균형 있게 함양하여 지(知), 덕(德), 체(體)가 조화된 전인적인 인간을 육성하는 것을 목표로 삼았다. 그리고 교과서 내용 경감 및 간소화를 통해 학생들의 학습 부담을 줄이기 위해 교과서의 내용을 대폭 축소하고, 추상적인 학문적 개념보다는 학생들이 이해하기 쉬운 생활 중심 내용을 강화했다. 초등학교 저학년에 통합교과 '바른 생활', '슬기로운 생활', '즐거운 생활' 과목을 도입하여 일상생활 속에서 학습하고 인성을 기르는 교육을 강조하였으며, 학생들이 다양한 동아리 활동이나 봉사 활동에 참여하도록 장려하여 협동심, 봉사 정신 등 사회성을 기르는 데 중점을 두었다. 국민교육헌장의 이념도 계속해서 교육과정에 반영했다.

제4차 교육과정이 가지는 의의로는 학습 부담 경감을 위해 교육과정의 양적 축소를 통해 과도한 학습 경쟁을 완화하려는 첫 시도였다는 점과 지식 위주 교육에서 벗어나 인성, 도덕, 사회성 등 전인적 성장을 중시하는 교육 방향을 제시했다는 점이다. 그러나 교과서 내용을 지나치게 간소화하여 내용의 비전문성으로 기초 학력이 부실해질 수 있다는 비판을 받았으며, 교육과정의 목표는 달라졌지만, 실제 교육현장에서는 여전히 교사 중심의 강의식 수업이 주를 이루어 목표 달성에 한계가 있었다는 것이다.

(7) 제5차 교육과정기(1987~1992년)

제5차 교육과정은 1987년 5월 18일 공포되었으며, 1980년대 후반 민주화 운동을 통해 사회 전반에 걸쳐 자율성과 개성을 존중하는 분위기가 확산되면서, 교육 또한 획일적인 교육에서 벗어나 다양성을 인정해야 한다는 목소리가 커졌다. 이에, 사회 변화와 개인의 요구를 동시에 반영하고 제4차 교육과정이 지닌 한계점을 보완하고자 제5차 교육과정이 개정되었다. 컴퓨터와 정보통신 기술이 발전하면서 지식 정보화 사회의 도래에 맞춰 미래 사회에 필요한 자율적이고 창의적인 인재를 육성하기 위해 단순한 지식 암기보다는 정보를 활용하고 새로운 가치를 창출하는 능력이 중요해진 점도 크게 작용하였다. 그러한 시대에 학생 개개인의 흥미, 적성과 진로를 고려한 맞춤형 교육의 필요성이 대두되었다.

제5차 교육과정의 특징으로는 교육과정의 기본 방향을 사회가 요구하는 공동체 의식과 개인이 추구하는 자아실현을 동시에 조화롭게 달성하는 것에 두었다. 또한 고등학교에 계열별 선택 교과를 도입해서 인문사회계, 자연과학계, 직업계 등 계열별로 과목을 선택할 수 있도록 했다. 이는 학생의 적성과 진로에 따라 전문적인 교육을 받을 수 있는 기회를 제공하고자 한 것이다.

교수·학습 방법의 다양화를 위해 주입식 교육에서 벗어나 학생 스스로 문제를 해결하고 탐구하는 탐구 학습, 토의 학습, 프로젝트 학습 등을 장려했다. 그리고 교육내용과 교과서의 내용을 교사가 재구성하거나 추가할 수 있는 교사의 자율권을 부분적으로 인정했다.

제5차 교육과정의 교육적 의의로는 학생의 선택권을 실질적으로 보장하기 시작했다는 점에서 학습자 중심 교육으로의 중요한 전환점이 되었으며, 변화하는 사회와 미래의 요구에 발맞춰 교육내용을 유연하게 구성하려 했다는 점을 들 수 있다. 그러나 고등학교 계열 선택이 사실상 대학 진학을 위한 수단으로 변질되어, 학생들의 진정한 흥미와 적성을 반영하지 못해 계열 선택은 획일적이었으며, 교육과정의 변화에도 불구하고 대학 입시라는 거대한 벽 앞에서 교사와 학생 모두 입시 위주의 교육에 매몰되는 한계를 극복하지 못했다.

(8) 제6차 교육과정기(1992~1999년)

제6차 교육과정은 1992년 6월 30일 공포되었으며, 1990년대 초반 사회의 민주화와 자율화 흐름을 교육에 본격적으로 반영한 시기여서, 제5차 교육과정의 기조를 이어받아 학습자 중심 교육과정을 더욱 구체화하고, 지역과 학교의 자율성을 확대하는 데 초점을 맞추었다. 이는 사회 각 부문에서 분권화와 자율성을 요구하는 목소리가 커지면서 교육 분야에서도 국가 주도의 획일적인 교육에서 벗어나 지역과 학교의 특성을 살려야 한다는 필요성이 제기되고, 더불어 급변하는 사회에 필요한 창의적이고 자율적인 인재를 양성하기 위해, 암기 위주의 교육에서 탈피해 지식 정보화 사회를 대비해야 한다는 인식이 확산되었기 때문이었다. 그리고 학생과 학부모의 교육에 대한 기대치가 높아지고, 개별 학생의 적성과 흥미를 고려한 다양한 교육 기회 제공의 필요성이 강조되면서 교육 수요자의 요구가 다양화된 것도 개정의 배경으로 작용되었다.

제6차 교육과정의 특징으로는 첫째, 학습자 중심의 교육과정으로, 학생의 흥미와 적성에 맞는 교육을 제공하기 위해 과목 선택의 폭을 넓혀서 고등학교에서는 계열별로 심화 과목을 다양하게 개설하여 학생들의 선택권을 더욱 강화했다. 둘째, 교육과정 재구성의 자율성 확대이다. 시·도교육청과 학교가 교육과정을 자율적으로 재구성할 수 있도록 권한을 위임하여서 지역 특성이나 학교의 실정에 맞는 교육과정 운영이 가능해졌다. 셋째, 특별활동의 활성화이다. 특별활동을 교과활동과 동등한 비중으로 편성하여 학생들이 다양한 동아리, 봉사, 자치 활동을 통해 사회성을 기르고 잠재력을 계발하도록 유도했다. 넷째, 교과서 발행 체제 개선이다. 국정 교과서와 검인정 교과서를 혼용하여 다양한 교육자료가 활용될 수 있도록 하였다.

제6차 교육과정의 교육적 의의로는 우선, 교육의 분권화와 자율성 확대로 교육과정 결정 권한을 중앙정부에서 지역과 학교로 분산시켜 교육의 다양성과 자율성을 증진시켰다. 그리고 학생들의 선택권을 실질적으로 보장하여 학습자 중심 교육을 한 단계 발전시키는 계기가 되었다. 그러나 교육과정의 자율성 확대에도 불구하고, 대입 제도가 학생과 학교의 교육을 좌우하는 기존의 현실적 한계는 극복하지 못해 여전한 입시 위주의 교육이었다. 나아가 교육과정 편성의 자율성이 확대되면서, 학교의 교육 여건이나 교사의 역량에 따라 교육의 질적 차이가 발생할 수 있다는 문제가 제기되면서 학교 간 격차의 심화를 가져오기도 했다.

(9) 제7차 교육과정기(2000~2006년)

제7차 교육과정은 1997년 12월 30일 고시되었으며, '21세기 세계화 · 정보화 시대를 주도할 자율적이고 창의적인 한국인 육성'을 목표로 수준별 교육과정과 선택중심 교육과정을 본격적으로 도입했다.

21세기 세계화 및 정보화 시대 도래를 앞두고, 다양하고 복잡한 사회에서 필요한 창의성과 문제해결 능력을 갖춘 인재 양성의 필요성이 커지면서 교육과정의 개정 필요성이 대두되었고, 더불어 제6차 교육과정에서 시작된 학습자 중심 교육을 더욱 심화하여, 학생 개개인의 능력과 흥미에 맞는 교육을 제공하려는 노력과 획일적인 주입식 교육에서 벗어나 학생의 특기와 적성을 살릴 수 있는 교육을 실현하고자 개정이 이루어졌다.

제7차 교육과정의 특징으로는 첫째, 국민 공통 기본 교육과정 도입이다. 초등학교 1학년부터 고등학교 1학년까지 10년간 모든 학생이 공통적으로 이수해야 하는 교육과정의 틀을 마련했다. 이를 통해 기본적인 소양과 기초 능력을 보장하려 한 것이다. 둘째, 선택중심 교육과정 도입이다. 고등학교 2, 3학년에서는 학생의 적성, 희망 진로, 능력에 따라 심화 선택 과목과 일반 선택 과목을 스스로 선택하여 이수하도록 하였다. 이는 개별 학생의 진로에 맞는 전문성을 키울 수 있는 기회를 제공해 주었다. 셋째, 수준별 교육과정 도입이다. 국어, 수학, 영어 등 주요 교과에서 학생들의 학습 수준에 따라 상, 중, 하 등의 단계형 수준별 학습을 운영하여, 학습 속도와 능력에 맞는 개별화된 교육을 시도했다. 넷째, 재량 활동 신설이다. 교과 외 활동으로 학생들의 특별활동과 함께 재량 활동을 신설하여, 학교의 특성에 맞는 교육을 자율적으로 운영하고, 학생들이 다양한 경험을 할 수 있도록 했다.

제7차 교육과정의 교육적 의의로는 학생의 자율성과 선택권을 보장하는 교육과정으로, 개인의 특성과 적성을 살리는 교육을 실현하는 데 큰 발전을 이루었다. 그러므로 공통 교육과정으로 기초를 다지고, 선택 교육과정으로 전문성을 심화시키는 이원적 구조를 통해 교육의 다양성을 확보했다는 점이다. 그러나 수준별 교육이 학생들을 서열화하고, 상위반과 하위반 간의 격차를 심화시킬 수 있다는 비판을 받았다. 특히 하위반 학생들은 학습 의욕 저하를 겪는 경우가 많았으며, 교육과정은 선택과 다양성을 추구했지만, 여전히 입시 제도가 학생들의 과목 선택에 큰 영향을 미쳐 본래의 취지를 훼손하는 결과를 낳기도 했다. 그리고 현실적으로 수준별 반 편성과 다양한 선택 과목 운영을 위한 교사 및 시설 확보에 어려움이 많았다.

(10) 2007 개정 교육과정

2007 개정 교육과정은 제7차 교육과정의 큰 틀을 유지하면서, 급변하는 지식정보화 사회에 능동적으로 대처할 수 있는 인재를 양성하기 위해 부분적으로 개정되었다. '창의적이고 자기 주도적인 능력 신장'을 핵심 목표로 삼았으며, 특히 '창의적 재량활동'의 중요성을 강조했다. 21세기 지식 기반 사회에서는 단순 지식 습득을 넘어 새로운 가치를 창출하는 창의성이 중요해졌다. 이에 교육과정에서도 창의성을 기를 수 있는 교육 내용과 방법을 강조할 필요성이 제기되었고, 주 5일 수업제 전면 도입에 따라 학교교육의 내실을 다지고, 학생들에게 다양한 체험 활동 기회를 제공하기 위한 교육과정 개편이 필요했기 때문이었다.

2007 개정 교육과정의 주요 특징으로는 첫째, 제7차 교육과정의 '재량활동'을 '창의적 재량활동'으로 명칭을 바꾸고, 학교가 자율적으로 교과를 선택, 편성하거나 특별한 주제를 정해 운영할 수 있도록 했다. 이는 학생들이 교과와 연계된 심화 학습이나 체험 활동을 통해 흥미와 잠재력을 계발하도록 유도하는 데 목적이 있었다. 둘째, 학생들의 학습 부담을 줄이기 위해 초·중등학교 교과내용의 양을 줄이고, 보다 깊이 있는 탐구 활동을 할 수 있도록 재구성했다. 셋째, 암기 위주의 학습에서 벗어나 학생들이 토론, 발표, 프로젝트 학습

등 다양한 활동을 통해 스스로 학습 문제를 해결하는 능력을 기르도록 교수·학습 방법을 개선했다. 넷째, 단순한 지필평가 외에 수행평가의 비중을 높여 학생들의 인성, 잠재력, 문제해결 능력 등을 종합적으로 평가하려는 노력을 담았다.

2007 개정 교육과정의 교육적 의의로는 창의성 교육의 본격적 강조이다. 교육과정 전반에 걸쳐 '창의성'이라는 키워드를 핵심 가치로 삼아, 미래 사회에 필요한 역량을 교육의 목표로 설정했다. 그리고 학교교육에서 학생이 주체가 되는 활동의 중요성을 더욱 부각시켜, 획일적인 교육에서 벗어나는 계기를 마련했다는 점이다. 그러나 여전한 입시 제도의 영향이 컸다. 교육과정은 창의성을 강조했으나, 현실적으로 대학 입시가 여전히 학생들의 학습 활동을 좌우하여 교육과정의 본래 취지를 온전히 실현하기 어려웠다. 그리고 창의적 재량활동 운영을 위한 교사의 전문성 부족과 예산 및 시설 확보의 어려움으로 학교 현장의 운영이 문제로 제기되기도 했다.

(11) 2009 개정 교육과정

2009 개정 교육과정은 2007 개정 교육과정의 부분 개정 성격을 띠면서, 교육과정의 유연성과 효율성을 더욱 강화하기 위해 추진되었다. 제7차 교육과정의 틀을 유지하되, 급변하는 시대적 요구에 맞게 교육내용을 재조정하고 교과군(群)을 도입하여 운영의 묘를 살리고자 했다.

즉, 시대를 넘어 글로벌 경쟁 사회로 진입하면서, 문제해결 능력, 의사소통 능력, 정보 활용 능력 등 미래 사회에 필요한 핵심 역량을 키우는 교육의 중요성이 강조되었다. 그리고 제7차 교육과정 이후에도 여전히 과도한 학습량과 경쟁 위주의 교육에 대한 비판이 끊이지 않았다. 이에 교육과정의 내용을 적정화하여 학생들의 학습 부담을 줄이고자 한 시도였다. 또 교과 수가 많아 교육과정 운영이 비효율적이라는 지적에 따라, 교과를 유사한 성격끼리 묶어 효율성을 꾀하였다.

2009 개정 교육과정의 특징으로는 첫째, 교과군(群)의 도입이다. 기존의 수많은 교과목을 유사한 성격의 교과군으로 묶어 학교가 교과별 시수를 유연하게 운영할 수 있도록 했다. 예를 들어, 국어, 사회, 도덕 과목을 묶어 '인문사회 교과군'으로 편성하는 방식이다. 이는 학교의 자율성을 높이고 학생의 학습 부담을 줄이는 데 기여하였다. 둘째, 창의적 체험활동 도입이다. 제7차 교육과정의 '재량 활동'과 '특별 활동'을 통합하여 창의적 체험활동으로 재편했다. 자율 활동, 동아리 활동, 봉사 활동, 진로 활동의 4개 영역으로 구성하여 학생들이 다양한 비형식적 교육 경험을 통해 인성 및 사회성을 함양하도록 유도하였다. 셋째, 학습내용 적정화이다. 초등학교부터 고등학교까지 교과내용의 양을 줄이고, 중복되거나 난도가 높은 내용을 조정하여 학습의 효율성을 높였다. 넷째, 수준별 수업의 자율화이다. 제7차 교육과정에서 의무화되었던 수준별 수업을 학교와 교사의 자율적인 선택사항으로 변경하여, 학교 현장의 부담을 완화했다.

2009 개정 교육과정의 교육적 의의로는 교과군 제도를 통해 학교가 교육과정을 유연하게 운영할 수 있는 교육과정 운영의 효율성 증대 토대를 마련했다는 점과, 창의적 체험활동을 교과와 동등하게 중요시함으로써, 교실 밖 활동의 중요성을 강조하고 교육적 가치를 공식화했다는 것이다. 그러나 교육과정의 목표는 핵심 역량 함양이었지만, 교과군을 묶는 것만으로는 실제 교육현장에서 이 목표를 달성하기에는 한계가 있었으며, 교육과정의 유연성 확대에도 불구하고, 여전히 대학 입시 위주의 교육이 주를 이루어 본래의 취지가 퇴색되는 경향이 있었다.

(12) 2015 개정 교육과정

2015 개정 교육과정은 '미래 사회가 요구하는 창의융합형 인재 양성'을 목표

로, 2015년 9월 23일 고시되었다. 지식과 정보가 폭발적으로 증가하는 시대에 단순한 지식 습득을 넘어, 다양한 분야의 지식을 연결하고 융합하여 새로운 가치를 창출하는 창의융합형 인재의 필요성이 대두되어 미래 사회 변화에 대비하고자 함이었다. 그리고 사회와 과학의 경계가 모호해지는 현대 사회에서 문과와 이과로 분리된 교육과정은 학생들의 융합적 사고를 저해한다는 비판을 받게 되어 문·이과 통합 교육으로 융합적 사고 능력을 갖춘 인재를 길러내는 데 중점을 두었다. 더불어 2009 개정 교육과정에서 제시된 '핵심 역량'을 더욱 구체화하여, 학생들이 교과 학습을 통해 실질적으로 갖추어야 할 역량을 명확히 제시하고자 하였다.

2015 개정 교육과정의 특징으로는 첫째, 문·이과 통합 교육과정이다. 고등학교에서 문과와 이과를 나누지 않고, 모든 학생이 공통 과목을 함께 배우도록 했다. 이는 학생들이 인문·사회·과학·기술에 대한 기초 소양을 고루 갖출 수 있도록 하고자 함이었다. 둘째, 교과 영역의 재편이다. 고등학교 교과를 '공통 과목', '일반 선택', '진로 선택'으로 재편했다. 공통 과목은 모든 학생이 필수적으로 이수하는 과목(통합사회, 통합과학 등)으로 융합적 사고력을 기른다. 일반 선택은 학생의 흥미와 적성에 따라 심화 학습을 하는 과목(수학 I, 영어 II 등)이다. 진로 선택은 학생의 진로에 맞춰 실생활과 연관된 심화 학습을 하는 과목(기하, 경제수학, 과학사 등)이다. 셋째, 핵심 역량 제시이다. 교육과정이 목표로 하는 6대 핵심 역량(자기관리, 지식정보처리, 창의적 사고, 심미적 감성, 의사소통, 공동체)을 명시하고, 교과 학습과 창의적 체험활동을 통해 이 역량을 기르도록 했다. 넷째, 교과서 개발 자율화 확대이다. '자유학기제' 도입과 연계하여 학교가 학생들의 흥미와 적성에 맞는 다양한 수업을 운영할 수 있도록 교과서 개발의 자율성을 더욱 확대하였다.

2015 개정 교육과정의 교육적 의의는 융합적 사고와 창의성을 강조함으로써 미래 사회에 필요한 인재상을 명확히 제시했다는 점과 학생의 진로에 따라 교

육내용을 선택할 수 있는 기회를 더욱 넓혀, 학습자 중심의 맞춤형 교육 강화로 개별 학생의 잠재력을 키우는 데 기여했다는 점이다. 그러나 교육과정은 문·이과 통합을 지향했으나, 여전히 대학 입시에서는 문과와 이과 계열이 사실상 분리되어 있어 교육과정의 본래 취지를 온전히 실현하기 어렵다는 비판을 받았으며, 통합 교육과정을 수능 시험이 제대로 반영하지 못해, 학생들이 내신과 수능 준비 사이에서 혼란을 겪는 문제가 발생했다.

(13) 2022 개정 교육과정

2022 개정 교육과정은 '포용성과 창의성을 갖춘 주도적인 사람' 양성을 목표로, 2022년 12월 22일 고시되었다. 인공지능(AI)과 디지털 기술이 사회 전반에 급속도로 확산되면서, 단순히 지식을 습득하는 것을 넘어 디지털 소양과 융합적 사고 능력을 갖춘 인재의 필요성이 커지면서 디지털 전환과 인공지능 시대에 대비하고자 하였다. 코로나19 팬데믹을 겪으며 교육의 비대면화와 개별 맞춤형 교육의 중요성이 부각된 점도 반영하고, 2015 개정 교육과정의 핵심 역량을 보완하고, 미래 사회에 필요한 새로운 역량들을 추가하여 교육목표를 더욱 구체화했다.

2022 개정 교육과정의 특징은 첫째, 생태전환 교육의 강화이다. 기후 변화, 환경 오염 등 지구적 위기 상황에 대응하기 위해 모든 교과에 생태전환 교육을 반영하고, 학생들이 지속가능한 삶을 위한 실천 역량을 기를 수 있도록 했다. 둘째, 디지털 소양 교육의 확대이다. 인공지능, 빅데이터 등 디지털 시대의 핵심 기술을 이해하고 활용하는 디지털 소양을 함양하기 위해 관련 내용을 교과에 반영했다. 특히 정보 교과를 초등학교부터 고등학교까지 필수적으로 배우도록 하였다. 셋째, 고교학점제 시행의 기반을 마련했다. 고등학교에서 학생들이 자신의 진로와 적성에 따라 원하는 과목을 선택하고, 이수 학점을 채우면 졸업하는 고교학점제의 원활한 운영을 위해 교육과정의 유연성을 극대화하였

다. 넷째, 융합교육 강화이다. 교과 간 경계를 허물고, 여러 교과의 내용을 통합하여 학습하는 융합교육을 강조했다. 이를 통해 학생들이 실생활의 문제를 다양한 관점에서 바라보고 해결하는 능력을 기를 수 있도록 했다. 다섯째, 학생 맞춤형 교육 강화이다. 공통 과목의 이수 기준을 유연하게 조정하고, 교사가 교육과정을 재구성할 수 있는 권한을 확대하여 학생들의 특성과 필요에 맞는 교육을 제공할 수 있도록 했다.

2022 개정 교육과정의 교육적 의의는 급변하는 디지털 사회와 환경 위기에 대비하는 교육내용을 담아, 미래 시대에 필요한 교육의 방향을 제시하였다는 점과 고교학점제 도입의 기반을 마련함으로써, 획일적인 교육에서 벗어나 학생 개개인의 성장을 지원하는 교육 시스템을 구축하려는 노력을 담고 있다는 점이다. 그러나 교육과정은 고교학점제를 전제로 하지만, 실제 고교학점제가 학교 현장에 안정적으로 정착하기까지는 많은 시간과 노력이 필요할 수 있다는 점이다. 더불어 학생 맞춤형 교육과정 운영을 위해 교사의 전문성과 역할이 더욱 중요해지면서, 교사의 업무 부담이 커질 수 있다는 우려도 생기고 있다.

3. 교육과정 개발 모형

교육과정 개발이란 학생들에게 무엇을 가르칠 것인가를 결정하는 것을 의미한다. 즉, 교육과정 개발은 교육목적을 달성하기 위해 학습경험을 조직하고, 교수·학습 활동과 평가 방안을 체계적으로 설계하는 과정을 말한다. 이는 단순히 교재를 선택하거나 수업계획안을 작성하는 차원을 넘어, 교육목표 설정, 내용 선정, 경험 조직, 평가 계획까지 포괄하는 종합적인 활동이다.

1) 교육과정 개발의 필요성

교육과정 개발은 단순히 수업 내용을 정하는 일이 아니라, 학교교육의 방향과 질을 결정짓는 핵심적 활동이다. 교육과정 개발의 필요성은 다음과 같다.

첫째, 사회적 요구의 반영이라는 측면에서, 현대 사회는 급속한 과학기술 발전과 가치관의 다원화를 겪고 있으며, 이에 따라 학교교육도 새로운 지식과 기술, 시민적 자질을 반영해야 한다. 교육과정은 이러한 사회적 변화를 수용하여 학생들이 미래 사회의 주체로 살아갈 수 있는 역량을 길러야 한다.

둘째, 학습자 중심 교육의 실현이라는 측면에서, 오늘날의 교육은 단순한 지식 전달을 넘어 학습자의 개별적 특성과 흥미, 발달 수준을 존중하는 방향으로 나아가고 있다. 교육과정 개발은 학생들에게 적합한 학습 경험을 제공하고, 자기 주도적 학습 역량을 기를 수 있도록 체계적으로 설계되어야 한다.

셋째, 학교교육의 질 보장이라는 측면에서, 교육과정은 학교 현장에서의 교수·학습을 이끄는 기준점이 된다. 잘 설계된 교육과정은 수업의 일관성과 체계성을 확보하여 교육의 효과성을 높이고, 국가 수준 교육과정과 학교 현장의 실제를 연결하는 매개체 역할을 한다.

넷째, 교사의 전문성 신장 측면에서도 교육과정 개발은 필요하다. 교사는 교육과정의 단순한 집행자가 아니라 설계자이자 조정자로서, 교육과정 개발 과정을 통해 전문적 사고와 실천 능력을 함양할 수 있다. 이는 나아가 학교교육의 질적 향상으로 이어진다.

2) 교육과정 개발의 기본 원리

교육과정을 효과적으로 운영하기 위해서는 몇 가지 기본 원리를 충실히 반영해야 한다.

첫째, 목표의 일관성 원리이다. 교육과정의 목표는 국가 교육과정, 지역사회 요구, 학교교육 목표, 교사 개인의 수업 목표가 서로 정합성을 이루어야 한다.

목표 간의 일관성이 확보되어야 교수・학습 활동과 평가가 체계적으로 이루어질 수 있다.

둘째, 내용의 적합성 원리이다. 교육과정의 내용은 학문적 타당성을 지녀야 하며 동시에 학습자의 발달 수준, 흥미와 필요, 사회적 요구에 적절히 부합해야 한다. 즉, 교육내용은 너무 어렵지도, 지나치게 단순하지도 않아야 하며, 학습자가 실제로 의미 있게 경험할 수 있어야 한다.

셋째, 학습경험의 연계성과 계열성 원리이다. 교육과정은 단편적이고 고립된 지식의 나열이 아니라, 학습자 발달 단계에 따라 점진적으로 심화되고 확장될 수 있도록 조직되어야 한다. 연계성은 교과와 교과 간, 학년과 학년 간의 학습경험을 서로 연결하는 것이고, 계열성은 학습자의 이해 수준이 점차 발전하도록 경험을 배열하는 것을 의미한다.

넷째, 평가의 타당성과 신뢰성 원리이다. 교육과정의 효과를 검증하기 위한 평가는 반드시 교육목표와 일치해야 한다. 평가방법 또한 지필고사와 같은 전통적 평가를 넘어, 수행평가・포트폴리오・자기평가 등 다양한 방식으로 학생의 성취를 다면적으로 파악해야 한다. 이를 통해 교육의 실제 효과를 객관적으로 확인하고, 향후 교육과정 개신에 반영할 수 있다.

다섯째, 사회성과 미래지향성 원리이다. 교육과정은 단순히 현재 사회의 요구만 반영하는 것이 아니라, 미래 사회의 변화 가능성을 고려해야 한다. 교육과정은 학생들이 미래 사회에서 필요로 하는 핵심 역량, 즉 창의성, 협력 능력, 문제해결력 등을 기를 수 있도록 설계되어야 한다.

3) 교육과정 개발모형

(1) 타일러의 합리적 모형

타일러(Tyler) 모형은 1949년 「교육과정과 수업의 기본 원리(Principles of Curri-culum and Instruction)」에서 제시된 것으로, 목표 달성을 중심에 둔 합리적・체계적 모형이다. 그는 "교육과정 개발은 명확한 목표를 설정하고, 그 목표를 달성할 수 있는 경험을 선정 · 조직하며, 궁극적으로 목표 달성 여부를 평가하는 과정"이라고 보았다. 타일러 모형은 이후의 수많은 교육과정 개발 모형의 기초가 되었고, 지금도 교육현장에서 광범위하게 활용되고 있다.

타일러가 제시한 교육과정 개발 절차는 다음 네 가지이다.

① **목표 설정**(definition of objectives)

교육과정 개발의 출발점은 명확한 교육목표의 설정이다. 목표는 학습자가 교육을 통해 도달해야 할 바람직한 행동 변화를 의미한다. 타일러는 교육목표를 설정할 때, 학습자 요구, 사회적 요구, 교과의 논리적 구조를 근거로 삼아야 하며, 이를 통해 '학습 가능한 행동 목표'로 진술할 것을 강조하였다.

② **학습경험 선정**(selection of learning experiences)

설정된 목표를 성취하기 위해서는 적절한 학습경험을 제공해야 한다. 학습경험이란 학생이 실제로 교육활동에 참여하여 얻게 되는 구체적 활동과 경험을 의미한다. 이때 학습경험은 학습자의 흥미와 수준에 적합하고, 목표 달성에 실제적으로 기여할 수 있어야 한다.

③ **학습경험 조직**(organization of learning experiences)

학습경험을 선정한 뒤에는 이를 효과적으로 조직하는 과정이 필요하다. 타일러는 학습경험이 단순히 나열되는 것이 아니라, 계속성(continuity), 계열성(sequence), 통합성(integration)의 원리에 따라 배열되어야 한다고 보았다. 즉, 동일한 경험이 반복되며 심화되도록 하고, 이전 학습과 새로운 학습이 논리적으로 연결되며, 여러 경험이 통합되어 전체적 의미를 형성해야 한다.

④ **평가**(evaluation)

마지막 단계는 교육목표 달성 여부를 확인하는 평가이다. 평가는 단순히 학생의 성취도를 측정하는 데 그치지 않고, 교육과정 전체의 효과성을 검증하고 수정·보완하는 과정으로 이해되어야 한다. 따라서 목표와 일관성 있게 평가 도구를 개발하고, 이를 통해 얻은 정보를 교육과정 개선에 환류(feedback)해야 한다.

타일러 모형은 목표 중심적이고 합리적인 교육과정 개발의 기본 틀을 제시했다는 점에서 큰 의의가 있다. 명확한 목표 설정과 일관성 있는 수업·평가 설계를 가능하게 했으며, '교육과정 개발은 체계적 절차를 따른다'는 인식을 정립하였다. 그러나 지나치게 목표지향적이어서 교육과정을 도구적·기계적 과정으로 축소할 우려가 있으며, 학습자의 자발성과 창의성을 충분히 반영하지 못한다는 비판도 있다.

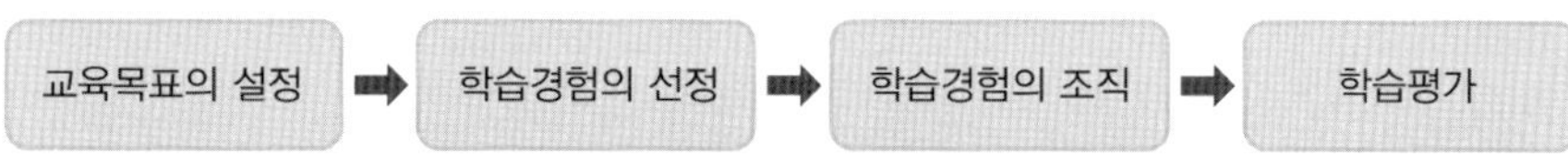

|그림 8-1| 타일러의 교육과정 개발 모형

(2) 스킬벡의 학교중심 교육과정 개발 모형

스킬벡(Skilbeck) 모형은 1984년 발표된 「학교중심 교육과정 개발(SBCD : School-Based Curriculum Development)」에서 제시된 것으로, 학교와 교사의 자율성과 실제 상황을 중시하는 교육과정 개발 절차를 강조한다. 이 모형은 교육과정이 국가 수준에서 일방적으로 내려오는 것이 아니라, 학교 현장에서 교사와 학생, 지역사회의 요구를 반영하여 유연하게 개발되어야 함을 전제한다. 따라서 이 모형은 실천적·순환적 모형으로 불리며, 상황과 필요에 따라 단계가 반복되거나 생략될 수 있는 특징을 가진다.

스킬벡의 교육과정 개발 절차는 다음과 같다.

① 상황분석(situation analysis)

교육과정 개발의 출발점은 상황분석이다. 이는 학교와 지역사회가 처한 교육적 맥락을 다각도로 분석하는 과정이다. 학습자의 필요와 특성, 교사의 전문성, 지역사회의 기대, 사회적 변화, 가용 자원(시간 · 인력 · 시설) 등을 고려한다. 상황분석을 통해 교육과정의 방향성과 중점을 설정할 수 있다.

② **목표 설정**(setting objectives)

상황분석 결과를 바탕으로 학교와 교사가 달성하고자 하는 교육목표를 설정한다. 이때 목표는 국가 수준의 교육과정 성취기준과 조화를 이루되, 학교의 특수성과 학생 집단의 요구를 반영하여 구체적으로 수립한다.

③ **프로그램 구성**(program building)

목표 달성을 위한 구체적 프로그램을 개발하는 단계이다. 교과목 편성, 수업 내용과 방법, 학습자료, 교육활동의 조직과 운영 방안이 포함된다. 이 단계에서는 교사들이 협력하여 학교 차원의 교육과정 문서를 작성하거나, 학년별 · 교과별 세부 계획을 마련한다.

④ **해석과 실행**(interpretation and implementation)

개발된 프로그램을 실제 교육현장에 적용하는 과정이다. 여기서 중요한 것은 교사의 전문적 판단과 융통성이다. 동일한 프로그램이라도 학생의 수준이나 수업 맥락에 따라 다르게 해석 · 운영될 수 있다. 즉, 스킬벡 모형은 교육과정을 고정된 문서가 아니라 실천적 과정으로 본다.

⑤ **모니터링과 피드백**(monitoring and feedback)

실행된 교육과정을 지속적으로 점검하고 개선하는 단계이다. 수업 후 학생의 반응, 학습 성취, 교사의 수업 성찰, 학부모와 지역사회의 의견 등을 수집 · 분석하여 교육과정을 수정 · 보완한다. 이 과정은 다음 주기의 상황분석으로 환류되며, 교육과정 개발은 순환적 과정을 형성한다.

스킬벡 모형의 교육적 의의로는 학교와 교사가 교육과정 개발의 주체가 되어 현장의 특수성과 실제성을 반영할 수 있는 학교 중심성이다. 그러므로 교육과정 개발의 절차가 고정적이지 않고, 필요에 따라 단계를 생략·반복할 수 있어 실제 교육 상황에 적용하기 용이한 유연성과 개방성을 들 수 있으며, 순환적 개선을 강조하여 실행과 평가를 반복하며 교육과정을 지속적으로 발전시킬 수 있다. 또한 교사가 단순 집행자가 아니라 능동적 설계자·실천가로서의 전문성을 발휘하게 된다는 점이다. 그러나 학교와 교사에게 높은 자율성을 요구하므로 교사의 전문성 수준 차이에 따라 교육과정의 질이 달라질 수 있으며, 국가 수준 교육과정과 학교 중심 개발 사이에 갈등이나 불일치가 발생할 가능성이 있다. 그리고 이상적으로는 순환적 피드백이 강조되지만, 실제 학교 현장에서는 시간·인력·자원 부족으로 충분히 이루어지기 어렵다는 점이 한계점이다.

요약

1. 교육과정이라는 의미의 'curiculum'은 라틴어의 'curere'에서 유래한 용어이다. curere는 '경주로(course of race)'라는 의미로, 정해진 출발점에서 종착점까지 달려가는 과정을 의미한다.
2. 교육과정은 학교를 비롯한 교육기관에서 사전에 계획된 교육 일정에 따라 정해진 교과목을 학생들에게 교육하는 활동과 학습내용, 생활경험, 인간관계 등을 통칭한다. 즉, 교육과정의 개념은 조직화된 지식으로서의 교육과정, 학습경험으로서의 교육과정, 교육계획으로서의 교육과정, 교육결과로서의 교육과정으로 나누어 볼 수 있다.
3. 교육과정의 구성 요소로는 교육목표 설정, 학습경험의 선정과 조직, 학습평가가 있다.

4. 표면적 교육과정은 국가 교육과정처럼 계획, 교육내용, 평가 등의 요인들이 명시적이고 설명 가능한 수준의 것이다. 교육부장관 명으로 고시되는 '초·중등 교육과정'이 대표적인 표면적 교육과정이라 할 수 있다.

5. 잠재적 교육과정은 학교의 물리적 조건, 제도 및 행정조직, 사회적·심리적 상황을 통하여 학교에서는 계획한 바 없으나, 학교생활을 하는 동안에 학생들이 은연중에 가지게 되는 경험을 말한다.

6. 영 교육과정은 학교에서 의도적으로 가르치지 않거나 무시되는 지식, 가치, 태도를 말한다.

7. 현대 교육과정은 교과중심 교육과정, 경험중심 교육과정, 학문중심 교육과정, 인간중심 교육과정으로 구성된다. 네 가지 교육과정은 각각의 교육과정의 장단점을 고려하여 발전해 왔고 현대 교육과정 구성의 기초적 토대로 작용하고 있다.

8. 현대 우리나라의 교육과정은 1953년 제정 이후 총 7차의 전면 개정이 있었다. 우리나라의 교육과정 개정은 고교 이하 모든 학교급의 모든 교과의 교육과정을 모두 바꾸는 식의 전면개정, 5~6년마다의 단주기 개정, 교육과정 총론과 교과교육과정을 2~3년 안에 바꾸는 일시 개정의 특징을 지니고 있다.

시 기	주요 내용
광복 이후부터 제1차 개정 이전	일제 강점기의 일본 색채를 지우고, 민족성 회복에 초점
제1차 교육과정	우리나라의 공식적 교육과정
제2차 교육과정	경험중심 교육과정의 성격
제3차 교육과정	학문중심 교육과정의 성격
제4차 교육과정	인간중심 교육과정을 강조
제5차 교육과정	부분 개정을 원칙으로 삼고, 교육과정의 지역화를 시도
제6차 교육과정	세계화가 강조되고 교육부 주도로 교육과정 개정 진행
제7차 교육과정	한국교육과정평가원의 연구개발을 통해 이루어지고 학교 교육과정 편성과 운영이 권장

2015 개정 교육과정	창의융합형 인재양성을 위해 핵심역량이 제시되고 자유학기제 전면 도입
2022 개정 교육과정	디지털 소양과 융합적 사고 능력을 갖춘 미래 사회에 필요한 역량 추가

9. 교육과정 개발이란 학생들에게 무엇을 가르칠 것인가를 결정하는 것을 의미한다. 대표적인 교육과정 개발 모형으로 타일러의 합리적 목표 모형, 스킬벡의 학교중심 교육과정 모형이 있다.

제 9 장

교육평가

1. 교육평가의 기초
2. 교육평가의 유형
3. 교육평가 도구의 조건
4. 교육평가의 최근 동향

제9장 교육평가

학습내용

- 교육평가의 개념에 대해 알고, 교육평가의 기능, 절차에 대해 이해한다.
- 규준참조평가와 준거참조평가, 능력참조평가, 성장참조평가를 비교 설명할 수 있다.
- 진단평가, 형성평가, 총합평가에 대해 설명할 수 있다.
- 교육평가 도구의 조건에는 무엇이 있는지 설명할 수 있다.

1. 교육평가의 기초

교육평가란 교육목표의 달성 정도를 확인하고, 학습자의 학업 성취 및 교육 활동의 효과를 체계적으로 판단하는 과정이다. 이는 단순히 점수를 매기거나 서열을 정하는 데 그치지 않고, 교육과정 전반의 질을 개선하고 학습자의 성장과 발달을 돕는 중요한 도구라 할 수 있다.

1) 교육평가의 개념

교육의 주요 목적이 인간의 행동을 가치지향적으로 변화시키는 데 있다면 교육평가란 교육의 목적이 의도한 바에 도달하였는지 판단하는 행위라고 할 수 있다. 타일러(Tyler, 1942)는 교육목표의 달성 여부를 판단하는 행위로 교육평가(educational evaluation)라는 용어를 1930년부터 사용했다. 그에 따르면 교육평가란 인간 행동의 변화를 위한 교육목표를 설정하고 조직된 교육내용을 교수·학습한 이후에 앞서 설정한 교육목표가 어느 정도 달성되었는지를 판단하는 일련의 과정이다. 스터플빔(Stufflebeam, 1967)은 교육평가를 "교육과 관련된 의사결정에 있어 필요한 평가 대상자의 정보를 제공하는 활동이나 과정"으로 정의하였다. 한편 크론바흐(Cronbach, 1960)는 "교육과정을 평가하고 검증하는 과정을 통해 교육과정을 개선하는 것"으로 교육평가를 정의하고 있다. 또한 스크리븐(Scriven, 2000)은 교육평가를 "교육과 관련한 평가 대상의 가치를 판단하는 과정"으로 정의하였다.

여러 학자들의 견해를 종합하면, 교육평가는 교육목적의 달성도를 평가하는 과정으로 학생의 교육목적 달성도뿐 아니라 교사의 학습지도 방법 등을 평가하고 나아가 교육과정 자체, 사회공헌도까지 평가하는 것으로 교육목적에 대한 가치를 판단하는 행위라고 볼 수 있다. 그리하여 성태제(2018)는 "교육평가란 교육과 관련된 정보를 체계적으로 수집하여 이를 바탕으로 가치판단을 하는 행위"로 정의하였다.

교육평가를 위한 기본 전제는 다음과 같다.

첫째, 인간을 무한한 잠재력을 가지고 있는 존재로 인식해야 한다. 인간은 다양한 능력을 개발할 수 있는 존재라는 기본 전제를 바탕으로 평가가 진행되어야 한다.

둘째, 교육평가의 대상과 평가에 활용되는 정보나 자료는 무한하다는 전제이다. 즉, 어떤 행위나 대상, 자료도 교육평가의 대상이 될 수 있다.

셋째, 평가는 단편적, 일시적으로 진행하는 것이 아니라 지속적으로 이루어져야 한다. 학습자는 지속적으로 성장하고 발달하는 과정에 놓여 있으므로 연속적인 평가가 필요하다.

넷째, 교육평가는 종합적이어야 한다. 평가 대상이 가지고 있는 다양한 자료의 단면만을 통해 판단하는 것보다 다양한 평가방법을 동원하여 종합적으로 이루어져야 한다.

2) 교육평가의 기능

교육평가의 기능은 다음과 같다.

첫째, 진단적 기능이다. 학습자의 출발점 행동, 기초 능력, 흥미와 적성을 파악하여 학습에 필요한 정보를 제공한다. 예를 들어, 수업 시작 전 기초학력 진단평가는 학생의 준비 정도를 확인하고 개별화 지도의 근거가 된다.

둘째, 형성적 기능이다. 수업 진행 과정에서 학습자의 이해 정도와 학습 과정을 점검한다. 교사는 평가 결과를 바탕으로 수업 방법을 조정하거나 학습자가 부족한 부분을 보완할 수 있다. 이는 교수·학습 개선을 위한 피드백 기능이라 할 수 있다.

셋째, 총괄적 기능이다. 일정 단원이나 학기, 학년이 끝난 시점에서 교육목표 달성 정도를 확인한다. 학습 성취의 정도를 종합적으로 판정하여 성적 산출, 자격 부여, 진급 및 졸업 여부 결정에 활용한다.

넷째, 선발 및 분류 기능이다. 학습자의 능력이나 성취 수준에 따라 적절한 교육적 배치, 상급 학교 진학, 장학금 수여 등 다양한 의사결정에 활용된다. 이를 통해 학습자 개개인에게 적합한 교육적 기회를 제공할 수 있다.

다섯째, 동기 유발 기능이다. 학습자는 평가를 통해 자신의 학습 성취를 확인하고 더 나은 성취를 위해 노력하게 된다. 긍정적인 강화와 성취감은 학습 의욕을 높이고 자기 주도적 학습 태도를 촉진한다.

여섯째, 교육과정 및 교수·학습 개선 기능이다. 평가 결과는 교수방법의 효과성과 교육과정의 적합성을 검증하는 자료로 활용된다. 교사는 평가를 통해 수업의 강점과 한계를 파악하고, 교육과정 운영 전반을 개선할 수 있다.

일곱째, 교육정책을 구안하거나 의사결정을 위한 기초 자료로 활용할 수 있다. 예를 들면, 전국단위의 평가를 통해 기초학력이 부진한 학교나 지역은 이를 높이기 위한 교육정책 수립을 수행할 수 있을 것이다.

여덟째, 평가를 교육의 전반적인 질을 관리하며, 이를 통해 국가, 교육청, 단위 학교, 교사의 교육활동에 대한 책무성을 부여하는 기능을 한다.

3) 교육평가의 절차

교육평가는 교육활동 과정과 밀접한 관련성을 가지고 이루어지므로 타당하고 신뢰할 만한 평가의 결과를 얻어야 한다. 그러기 위해서는 합리적이고 체계적인 절차를 따라야 한다. 교육평가는 ① 목표 설정 → ② 내용 결정 → ③ 도구 제작 · 선정 → ④ 실시 → ⑤ 분석 및 해석 → ⑥ 활용 및 피드백의 순환적 절차를 따른다. 이 과정은 일회성으로 끝나는 것이 아니라, 평가 결과가 다시 교육목표와 교수 · 학습 개선으로 환류되며 교육의 질적 향상을 도모한다. 교육평가의 절차는 다음과 같다.

① 평가 목표의 설정

무엇을 위해 평가하는가를 분명히 하는 단계이다. 학습자의 학업 성취 확인, 학습 지도 방안 모색, 교육과정 개선, 행정적 결정(진급 · 선발 등)과 같은 다양한 목표가 있을 수 있다. 목표가 명확해야 평가의 방향이 일관성을 가진다.

② 평가 내용의 결정

교육목표와 관련된 내용을 선정하는 단계이다. 교육과정에 제시된 목표와 학습 경험을 바탕으로, 인지적 · 정의적 · 심동적 영역에 걸쳐 평가 대상을 규정한다. '무엇을 평가할 것인가'를 구체화하는 과정이다.

③ 평가 도구의 제작 및 선정

평가 내용을 측정할 수 있는 방법과 도구를 마련한다. 시험지(지필검사), 관찰 기록, 포트폴리오, 수행 과제, 면담 등 다양한 도구가 활용된다. 이때 신뢰도와 타당도, 객관도, 실용도를 확보하는 것이 중요하다.

④ 평가의 실시

실제 교육현장에서 평가 도구를 활용하여 자료를 수집한다. 공정한 환경, 적절한 조건, 학습자의 특성을 고려한 방식으로 평가가 이루어져야 한다.

⑤ 평가 결과의 분석 및 해석

수집된 자료를 통계적·질적 방법을 통해 분석하고, 그 의미를 해석한다. 학습자의 성취 정도를 파악하고, 교육활동의 효과성을 검증한다.

⑥ 평가 결과의 활용 및 피드백

분석된 결과를 학습자 지도, 교수·학습 방법 개선, 교육과정 개편, 행정적 결정 등 다양한 영역에 활용한다. 또한 학습자에게 피드백을 제공하여 자기 이해와 학습 동기를 높인다.

2. 교육평가의 유형

교육평가의 유형은 크게 평가의 기준과 교수·학습 과정에 따른 평가 시기를 기준으로 구분할 수 있다.

1) 참조준거에 따른 평가

교육평가의 목적은 평가 대상의 특성에 대한 가치를 판단하는 것으로, 임의의 기준으로 가치판단을 하는 것이 아닌 적절한 판단의 기준이 필요하다. 평가를 할 때 무엇을 준거로 참조할 것인지에 따라 교육평가는 규준참조평가, 준거참조평가, 능력참조평가, 성장참조평가로 구분된다.

(1) 규준참조평가

규준참조평가(norm-referenced evaluation)는 개인의 성취 수준을 그 개인이 속한 집단의 성취 수준(규준, norm)과 상대적으로 비교하여 그 사람의 상대적 위치나 서열을 파악하는 평가 방식이다. 흔히 상대평가라고 불린다. 규준(norm)이란 개인이 어떤 집단에서 얻은 원점수의 상대적 위치를 알기 위한 척도로서, 그 집단의 평균과 표준편차를 기초로 결정되며, 집단의 점수 분포는 정상분포를 가정하고 있다. 규준참조평가에 의해 상대적 서열에 대한 변환점수의 예로 백분위(percentile), T점수, 9등급점수(stanine) 등이 있다.

규준참조평가의 특징은 다음과 같다. 첫째, 개인의 점수를 집단 내 다른 사람들과의 상대적 위치로 해석하므로 개인 간 서열화가 가능하다. 둘째, 개인이 학습목표를 어느 정도 달성했는지보다는 집단 내에서 얼마나 잘했는지에 초점을 둔다. 셋째, 점수 분포가 정규분포를 따를 때 그 타당성이 높으며, 대규모 집단에서 학습자의 상대적 위치를 파악하는 데 유용하다.

규준참조평가의 장점은 학생의 능력을 상대적 위치로 표현할 수 있어 선발이나 분류에 효과적이라는 점이다. 따라서 대학 입학시험, 자격시험 등 경쟁적 상황에서 활용도가 높다. 또한 학급 내에서 학생들의 성취 수준을 비교함으로써 교사가 집단 내 학업성취의 전반적 분포를 파악할 수 있다. 그러나 단점으로는 학습목표 달성 여부에 대한 정보를 제공하지 못한다는 점, 그리고 경쟁과 서열화에 치중함으로써 학습자에게 불필요한 심리적 부담을 줄 수 있다는 점이 지적된다.

교육적으로 시사하는 바는, 규준참조평가가 학습자의 목표 달성 정도를 파악하는 데는 한계가 있으나, 학생들의 상대적 성취 수준을 객관적으로 비교하고 선발할 필요가 있는 상황에서는 여전히 중요한 역할을 한다는 것이다.

(2) 준거참조평가

준거참조평가(criterion-referenced evaluation)란 학습자의 성취를 집단 내 다른 사람들과의 상대적 위치로 해석하는 것이 아니라, 사전에 설정된 학습목표나 성취기준에 비추어 개별 학습자가 얼마나 도달하였는지를 판정하는 평가를 말한다. 따라서 준거참조평가는 특정 학생의 성취를 다른 학생들과 비교하지 않고, 그 학생이 주어진 학습목표를 달성했는지를 절대적 기준에 따라 해석한다. 예를 들어, '분수의 덧셈을 정확히 수행한다'라는 목표가 있을 때, 학생의 수행이 그 목표를 충족했는가를 확인하는 것이 준거참조평가이다.

특징으로는 첫째, 평가의 준거가 규준집단이 아니라 학습목표·성취기준이라는 점이다. 둘째, 학생 개개인의 성취 정도를 독립적으로 판정하기 때문에 집단 내 서열화와는 무관하다. 셋째, 교수·학습의 개선을 위한 진단적, 형성적 평가에 특히 유용하다. 넷째, 성취기준이 명확히 제시될 때 평가의 타당성이 높아진다.

장점은 학습자의 목표 달성 정도를 직접적으로 확인할 수 있어 학습진단과 개별 지도에 효과적이라는 점이다. 또한 교사와 학습자가 학습목표 달성의 진전을 구체적으로 파악할 수 있어 교수·학습 개선에 실질적 도움을 준다. 따라서 진단평가나 형성평가의 맥락에서 활용도가 높다. 반면 단점으로는 학습목표나 성취기준을 명확하게 설정하기가 쉽지 않다는 점, 그리고 학생들 간의 상대적 위치나 서열을 알 수 없다는 점이 있다. 또한 평가 결과가 일정 수준 이상으로 치우칠 경우, 변별력이 낮아질 수 있다는 한계가 있다.

결국 준거참조평가는 학습목표 달성 여부와 학습 과정의 개선에 중점을 두는 평가 방식으로, 규준참조평가와는 다른 목적과 의의를 지닌다. 교육현장에서는 두 평가를 상황에 따라 적절히 병행하여 활용할 필요가 있다.

<표 9-1> 규준참조평가와 준거참조평가의 비교

구 분	규준참조평가	준거참조평가
평가 준거	규준집단의 평균, 표준편차 등 통계적 규준	사전에 설정된 학습목표·성취기준
해석 방법	집단 내 상대적 위치 확인	목표 달성 여부 확인
주요 목적	선발, 분류, 경쟁 상황에서의 변별	학습 성취 진단, 교수·학습 개선
장 점	상대적 능력 비교 가능, 대규모 집단에 적합	학습목표 달성 정도 파악, 교수·학습 피드백 용이
단 점	목표 달성 여부 확인 불가, 서열화·경쟁 조장	집단 내 서열 확인 불가, 기준 설정의 어려움
활용 예	대학입학시험, 상대평가 성적 산출	국가수준 학업성취도 평가, 교사의 형성평가

(3) 능력참조평가

능력참조평가(ability–referenced evaluation)란 학습자의 성취 수준을 집단 내 상대적 위치나 사전에 설정된 학습목표가 아니라, 개별 학습자가 지닌 잠재적 능력이나 개인적 가능성에 비추어 해석하는 평가 방식을 말한다. 즉, 학생이 가진 능력 수준에 비추어 학습 성취를 얼마나 발휘했는가에 초점을 둔다. 예를 들어, 동일한 점수(70점)를 받더라도 어떤 학생은 자신의 능력 대비 충분히 성취했다고 볼 수 있고, 다른 학생은 능력에 비해 성취가 낮다고 판단될 수 있다.

특징으로는 첫째, 평가의 준거가 학습목표나 집단 규준이 아니라 개별 학습자의 능력·잠재력이다. 둘째, 학습자의 현재 성취를 그 개인의 능력 수준에 따라 상대적으로 해석한다. 셋째, 동일한 점수라도 학생마다 다른 의미를 지닐 수 있으며, 결과보다는 개인적 성장과 발휘된 가능성에 주목한다.

장점은 학습자 개인의 능력 차이를 고려하여 평가하므로, 학습자에 대한 보다 공정하고 인성적인 평가가 가능하다는 점이다. 또한 학습자 스스로 자신의 능력 발휘 정도를 확인할 수 있어 자기 이해와 자기 수용을 촉진한다. 교사에게는 학습자의 능력 대비 성취를 파악할 수 있어 개별화 지도에 유익하다. 반면 단점으로는 학습자의 능력을 정확히 측정하기 어렵다는 점이 있다. 능력 수준의 사정이 주관적일 수 있어 평가의 객관성과 신뢰도가 낮아질 수 있다. 또한 동일한 성취 결과를 두고 능력 수준에 따라 다르게 해석하기 때문에 학습자 간 공정한 비교가 어렵고, 선발이나 분류의 목적에는 적합하지 않다.

결국 능력참조평가는 학습자의 잠재능력 발휘 정도를 파악하는 데 의의가 있으며, 개인의 성장과 발달을 중시하는 교육적 맥락에서 활용될 수 있다. 그러나 집단 내 비교나 객관적 선발 목적보다는 개별 지도와 상담, 발달적 평가에 적합한 평가 방식이라 할 수 있다.

(4) 성장참조평가

성장참조평가(growth-referenced evaluation)란 학습자의 성취를 현재의 성과와 과거의 성과를 비교하여 얼마나 성장·향상되었는가를 기준으로 해석하는 평가 방식이다. 즉, 절대적인 성취 수준이나 집단 내 상대적 위치가 아니라, 학습자가 일정 기간 동안 얼마나 발전했는가에 초점을 둔다. 예를 들어, 한 학생의 수학 점수가 40점에서 70점으로 향상되었다면, 절대 점수만으로는 여전히 중간 수준일 수 있으나 성장참조평가에서는 큰 성장을 이룬 것으로 긍정적으로 평가한다.

특징으로는 첫째, 평가의 준거가 학습자의 현재 성취 수준이 아니라 과거 대비 변화와 발전 정도라는 점이다. 둘째, 학습자의 출발점 행동과 개인적 배경을 고려하여 성장을 측정한다. 셋째, 동일한 점수라도 학습자마다 성장이 다르게 평가될 수 있다. 넷째, 결과보다는 변화 과정에 초점을 두며, 학습자의 개별적 진보를 강조한다.

장점은 학습자의 노력과 발전을 긍정적으로 평가할 수 있어 학습 동기를 촉진한다는 점이다. 또한 출발점이 낮은 학생도 자신의 성장을 인정받을 수 있어 자존감을 높이고, 교사에게는 학습 지도 과정에서 학습자의 변화 양상을 파악할 수 있는 정보를 제공한다. 반면 단점으로는 성장을 측정하기 위해 동일 학습자의 과거·현재 성취를 장기간 추적해야 하므로 평가의 신뢰성과 객관성이 낮을 수 있다. 또 출발점이 높은 학생은 성취가 유지되더라도 '성장이 적다'고 평가될 위험이 있으며, 선발이나 분류와 같은 목적에는 적합하지 않다.

결국 성장참조평가는 학습자의 개인적 발전과 학습 과정을 중시하는 평가 방식으로, 학생들의 자기 주도적 학습 동기 부여와 개별화 교육에 적합하다. 그러나 선발, 분류, 표준화된 비교에는 한계가 있으므로 보완적으로 활용될 필요가 있다.

규준참조평가와 준거참조평가, 능력참조평가, 성장참조평가를 비교 및 정리하면 <표 9-2>와 같다.

<표 9-2> 네 가지 교육평가의 비교

구분	규준참조평가	준거참조평가	능력참조평가	성장참조평가
평가 준거	규준집단의 평균, 분포(상대적 위치)	사전에 설정된 학습목표·성취 기준	개인의 잠재능력, 능력 수준	개인의 과거 성취와 현재 성취의 변화
해석 기준	집단 내에서 상대적으로 얼마나 잘했는가	학습목표 달성 여부	능력 대비 성취 정도	과거에 비해 얼마나 발전했는가
주요 목적	선발, 분류, 서열화	학습 진단, 교수·학습 개선	개별 능력 발휘 정도 파악	학습자의 성장·발달 정도 확인
특징	상대평가, 정규분포 가정	절대평가, 성취기준 필요	동일 점수라도 능력에 따라 의미 다름	동일 점수라도 성장 폭에 따라 의미 다름
장점	변별력 높음, 선발·경쟁에 유용	목표 달성 정도 명확, 피드백 제공	개별화 지도에 유익, 자기 이해 촉진	학습 동기 강화, 낮은 출발점 학생도 인정

단점	목표 달성 정보 부족, 경쟁 조장	기준 설정 어려움, 변별력 낮을 수 있음	능력 측정의 어려움, 객관성 부족	장기간 추적 필요, 출발점 높은 학생 불리
활용 예	대학입시, 상대평가 성적 산출	국가수준 학업성취도 평가, 형성평가	상담, 개별 학습 지도	과정중심 평가, 포트폴리오 평가

2) 교수·학습 과정에 따른 평가

교육평가에서 교육이 진행되는 과정에 따라 평가 방식을 분류할 수 있으며, 교수·학습이 진행되는 과정에 따라 진단평가, 형성평가, 총합평가로 구분된다.

(1) 진단평가

진단평가(diagnostic evaluation)는 학습이 시작되기 전에 학습자의 현재 상태를 파악하기 위해 실시하는 평가로, 학습자의 기초 능력, 선행학습 정도, 학습 결손, 흥미와 태도 등을 확인하는 것을 목적으로 한다. 이를 통해 학습자가 어떤 상태에서 출발하는지를 이해하고, 개별 학습자의 필요에 맞는 학습 환경과 전략을 설계할 수 있도록 기초 자료를 제공한다.

진단평가의 기능으로는 첫째, 학습목표를 달성하는 데 필요한 학습자의 선수지식, 출발행동, 기능 등의 소유 여부를 확인한다. 둘째, 학습자가 학습단위 목표나 교과목 목표를 이미 달성하였는지를 확인한다. 셋째, 수업과 관련된 학습자의 흥미, 동기, 적성 등의 학습자 특성을 파악하여 학습의 효과를 높일 수 있는 적절한 교수전략을 수립한다. 넷째, 학습의 내·외적 요인을 파악하여 학습 결손을 확인할 수 있다. 다섯째, 경우에 따라 학습자를 분류, 배치하여 적절한 교수법을 투입함으로써 학습의 극대화를 추구한다(이정훈 외, 2023).

진단평가는 학습 시작 이전에 이루어진다는 시점적 특징을 가지며, 학습자의 인지적 능력뿐만 아니라 정의적·심리적 특성까지 폭넓게 평가할 수 있다는 점이 특징이다. 또한 개별화 수업이나 수준별 학습 집단 편성, 학습 상담 등 교육적 의사결정에 활용될 수 있는 실질적인 자료를 제공한다. 진단평가의 절차는 교육내용에 따라 상이하게 실시할 수 있다. 형식적인 평가가 어려울 경우 전 학년도 성적표나 학생생활기록부를 참고할 수 있고, 본격적인 수업에 앞서 간단한 질문이나 시험을 이용할 수도 있다. 그러나 평가 도구의 개발과 활용에 많은 시간과 노력이 필요하며, 정의적 특성은 객관적으로 측정하기 어려운 한계가 있다.

(2) 형성평가

형성평가(formative evaluation)는 학습이 진행되는 과정에서 학습자의 이해 수준과 학습 진행 상황을 지속적으로 확인하고 개선하기 위해 실시하는 평가이다. 형성평가는 학습자에게는 수업 진행과정에서 학습의 진도와 수행 정도를 확인하게 하여 스스로 학습 정도를 확인할 수 있게 하며, 교수자에게는 학습자 개개인의 학습 수준에 대한 정보와 성공적인 수업 운영을 위해 필요한 방안을 제시한다. 학습자가 학습 목표를 효과적으로 달성할 수 있도록 수업 중에 필요한 피드백을 제공하고, 교수·학습 활동을 조정하는 데 목적이 있다. 즉, 학습의 질을 향상시키고 학습자가 능동적으로 참여할 수 있는 환경을 조성하기 위한 평가라고 할 수 있다.

형성평가의 기능으로는 첫째, 형성평가를 통해 학습자 개개인의 학습 정도에 대한 결과를 얻을 수 있으므로 개인별 학습능력에 맞는 개별화 학습을 할 수 있다. 둘째, 교수자는 학습자에게 평가 결과에 따른 피드백(feedback)을 제공함으로써 학습자의 학습행동을 강화하거나 동기를 유발할 수 있다. 셋째, 학습 시 학습자가 겪는 학습곤란이나 학습결손에 대한 상황을 파악하고, 이를 개선할 수 있다. 넷째, 보충학습이 필요한 경우나 각 단원에서 부족한 부분을 적절한 때에 추가로 학습하게 함으로써 학습속도를 조절할 수 있으며, 수업을 조절하는 데 필요한 정보를 제공할 수 있다(이정훈 외, 2023).

형성평가는 수업 과정 중에 이루어진다는 점에서 진단평가나 총괄평가와 구별되며, 학습자의 학습 상태를 실시간으로 파악할 수 있다. 또한 학습자의 오류나 오개념을 발견하고 즉각적으로 교정할 수 있도록 설계되어 있으며, 평가 결과가 학습 개선과 피드백으로 바로 연결되는 것이 특징이다. 형성평가는 일반적으로 점수보다는 질적 정보나 피드백 중심으로 활용되며, 학습자의 자기평가와 동료평가도 포함될 수 있다.

(3) 종합평가

종합평가(summative evaluation)는 학습이 일정한 단계나 전체 과정이 끝난 후, 학습자가 학습 목표를 얼마나 달성했는지를 종합적으로 판단하기 위해 실시하는 평가이다. 학습 결과를 평가하여 학습 성취도를 확인하고, 학습자의 성적을 결정하거나 교육과정의 효과성을 검증하는 데 주로 활용된다. 즉, 학습 과정의 결과를 종합적으로 측정하는 평가라고 할 수 있다.

종합평가의 기능으로는 첫째, 교육목표에 비견하여 학습자가 성취수준에 도달하였는지를 최종 판정할 수 있다. 둘째, 교육의 목적에 따라 서열화나 자격증 부여, 졸업, 상급학교 진학과 같은 행정적 절차를 수행할 수 있다. 셋째, 총합평가도 형성평가와 마찬가지로 평가 결과를 학습자에게 알려주어 학습결과에 대한 피드백을 제공한다. 넷째, 집단의 학습 성과를 비교할 수 있으며, 이를 통해 교육과정, 교육정책 등의 효과성을 검증할 수 있는 자료로 활용된다. 다섯째, 교수방법 및 교육과정 등 교수·학습과 관련한 모든 부분에 책무성을 부여한다(이정훈 외, 2023).

총합평가는 학습 종료 시점에 이루어지며, 학습자의 최종 성취도를 평가하는 데 초점이 맞추어져 있다. 일반적으로 점수, 등급, 합격 여부 등으로 결과를 명확히 나타낼 수 있으며, 형성평가와 달리 학습 과정 개선보다는 결과 확인과 의사결정에 중점을 둔다. 또한 표준화된 시험, 기말고사, 프로젝트 평가 등 객관적이고 체계적인 방법으로 실시되는 경우가 많아 신뢰성과 타당성이 강조된다.

교수·학습 과정에 따른 진단평가, 형성평가, 총합평가를 비교하여 정리하면 <표 9-3>과 같다.

<표 9-3> 진단평가, 형성평가, 총합평가의 비교

구 분	진단평가	형성평가	총합평가
평가 시기	교수·학습 전	교수·학습 중	교수·학습 종료 후
평가 목적	학습자의 출발점행동 파악, 효과적 교수전략 모색	학습활동 강화 및 피드백, 교수방법 개선	교육목표 달성 확인, 성적, 평점, 자격 등 부여
평가 주체	교수자, 교육내용 전문가	교수자	교육내용 전문가, 평가전문가
평가 방법	비형식적, 형식적 평가	비형식적, 형식적 평가 수시평가	형식적 평가
평가 기준	준거참조	준거참조	준거참조, 규준참조
평가 문항	준거에 부합하는 문항	준거에 부합하는 문항	• 준거참조 : 준거에 부합하는 문항 • 규준참조 : 다양한 난이도

3. 교육평가 도구의 조건

학생의 학업성취 및 교육목표 달성도를 평가하기 위해서는 다양한 평가도구를 사용한다. 평가도구는 평가목적과 평가내용에 부합하는 것을 사용하여야 한다. 평가도구의 선정 및 제작하기 위해서는 평가도구의 양호도를 살펴보아야 한다. 일반적으로 평가도구의 양호도를 결정하는 기준으로 타당도와 신뢰도, 객관도, 실용도를 설명하고자 한다(성태제, 1995).

1) 타당도

타당도(validity)는 검사도구가 본래 측정하고자 하는 것을 얼마나 충실히 측정하였는지를 말해주는 개념이다. 따라서 타당도는 평가도구를 통해 제시된 점수가 평가목적에 얼마나 부합하는가에 대한 문제이며, 타당도의 유무로 해석하기보다는 타당도의 정도로 나타낸다. 따라서 타당도는 '있다', '없다'고 표현하는 것이 아니라 '낮다', '적절하다', '높다' 등으로 표현할 수 있다. 타당도는 단일한 개념이지만 다양한 종류의 근거에 기초하여 해석하고 있다. 학자와 학회에 따라서 타당도의 분류 기준이 다양하나 여기에서는 내용타당도, 준거타당도, 구인타당도로 분류하여 설명한다(이정훈, 2023).

(1) 내용타당도

내용타당도(content validity)는 검사내용에 기초한 근거에 의한 타당도로, 평가도구의 내용이 본래 재고자 하는 속성을 제대로 재고 있는지 내용 전문가가 주관적으로 판단한다. 따라서 내용타당도가 높고 낮은 것은 평가도구와 관련한 내용에 전문성을 지닌 전문가가 결정하며, 검사도구의 타당성 입증에는 논란이 생길 수 있다. 교수・학습 과정에서 설정한 교육목표의 성취 여부를 평가하는 학업성취도검사의 경우 평가도구의 타당성을 검증하기 위해 내용타당도를 필수적으로 확인한다. 이를 위해 내용 전문가들은 평가도구의 문항, 질문, 목적이 교과의 내용과 측정하고자 하는 바를 어느 정도 대표하였는지에 대한 확인이 필요하다. 구체적으로 학업성취도검사의 내용타당도 검증은 문항을 제작하기 전에 작성한 이원분류표에 의해서 제작되었는지를 확인하는 방법 등이 있다(이정훈, 2023).

(2) 준거타당도

준거타당도(criterion-related validity)는 타당도를 확인하고자 하는 평가도구의 점수와 또 다른 평가도구나 준거의 점수 간의 관계가 타당한지를 말해주는 개념이다. 대표적인 준거타당도로 예측타당도와 공인타당도가 있다.

① 예측타당도(predictive validity)

제작된 평가도구를 통해 제시된 점수와 준거로서 미래에 어떤 행위와의 관계로 추정되는 타당도이며, 예언타당도라고도 한다. 예측타당도는 평가도구에 의해 제시된 점수가 피험자의 미래 행위를 얼마나 예측할 수 있는지의 문제이다. 따라서 평가도구의 예측에 대한 근거가 높으면 채용, 배치 등의 목적을 위해서 용이하게 활용할 수 있다. 예를 들면, 수학능력시험 점수와 대학 졸업시험 점수와의 관계가 높게 산출되었다면 수학능력시험의 예측타당도는 높다고 할 수 있다.

② 공인타당도(concurrent validity)

제작된 평가도구를 통해 제시된 점수와 기존에 타당성을 입증받은 평가도구에 의한 점수와의 관련성을 타당도의 준거 기준으로 본다. 예를 들면, 어떤 영어교사가 자신이 개발한 실생활 영어 평가도구와 토익(TOEIC) 시험을 피험자들에게 동시에 참여하도록 한 후 얻은 피험자의 두 가지 점수가 서로 관계가 크다면, 영어교사가 개발한 평가도구의 공인타당도는 높다고 할 수 있다. 공인타당도가 높은 평가도구는 측정하고자 하는 능력을 측정하는 도구로 그 타당성을 인정받을 수 있다(이정훈, 2023).

(3) 구인타당도

구인타당도(construct validity)는 한 검사도구가 측정하고자 하는 심리적·교육적 구인(construct)을 실제로 얼마나 충실하게 측정하고 있는지를 의미한다. 여기서 '구인'이란 학업성취, 문제해결 능력, 창의성, 태도와 같은 직접적으로 관찰할 수 없으나 이론적으로 가정된 특성을 가리킨다(예 지능의 구인은 어휘력, 추리력, 수리력, 공간력, 지각력, 기억력, 언어 유창성 등). 따라서 구인타당도는 단순히 문항의 표면적 적절성을 검토하는 것을 넘어, 평가가 이론적 구인과 일관되게 작동하는지를 종합적으로 검증하는 과정이라 할 수 있다.

구인타당도의 특징은 첫째, 이론적 근거에 의존한다는 점이다. 즉, 측정하고자 하는 구인이 어떤 속성을 지니는지, 그것이 어떤 행동이나 반응으로 드러나는지를 명확히 정의하고 이에 따라 검사를 제작해야 한다. 둘째, 다양한 증거를 필요로 한다는 점이다. 예를 들어, 문항 간 내적 일관성, 다른 검사와의 상관, 요인분석 결과, 집단 간 차이 검증 등 여러 통계적·논리적 방법을 통해 구인타당도를 확보할 수 있다. 셋째, 구인타당도는 지속적이고 누적적인 검증 과정이라는 점에서 다른 타당도 개념보다 폭넓고 심층적인 성격을 지닌다.

구인타당도의 기능은 평가가 단순히 점수를 산출하는 수준을 넘어, 그 점수가 실제로 이론적 구인에 대응하고 있는지를 보장해 준다는 데 있다. 이를 통해 교육자는 학생의 능력이나 특성을 보다 정확히 해석할 수 있으며, 교육과정 개발과 교수·학습 개선에 신뢰할 수 있는 정보를 제공할 수 있다. 따라서 구인타당도는 교육평가의 학문적 타당성을 뒷받침하는 핵심 개념으로, 평가도구의 신뢰성과 공정성을 확보하기 위해 반드시 고려되어야 한다.

2) 신뢰도

신뢰도(reliability)는 측정 결과의 일관성과 안정성을 의미한다. 피험자에게 동일한 검사를 반복해서 측정했을 때 결과가 얼마나 일관되게 나타나는지를 나타내는 개념으로, 평가도구가 측정하고자 하는 특성을 우연적인 요인이나 상황적 변인에 영향을 받지 않고 얼마나 정확하게 반영하는지를 보여준다. 신뢰도가 높다는 것은 측정이 안정적이며 오류가 적다는 것을 뜻한다. 신뢰도가 확보되지 않으면 동일한 학생에게서 다른 결과가 도출되어 교육적 의사결정이 왜곡될 수 있다. 신뢰도는 평가 결과의 해석과 활용 가능성을 보장하는 기초가 된다. 예를 들면, 몸무게를 측정하는 저울이 기온에 따라 무게가 다르게 나타난다면 더 이상 그 저울은 신뢰할 수 없다. 따라서 신뢰도는 검사도구가 정확하게 오차 없이 측정한 정도라고 할 수 있으며 측정 시, 즉 평가를 진행할 때 점수의 오차가 크다면 신뢰도는 낮다고 볼 수 있다. 따라서 신뢰도는 타당도와 함께 평가도구의 질을 결정하는 핵심 기준이며, 특히 교육현장에서는 공정성과 객관성을 확보하기 위한 필수적 요건으로 간주된다.

신뢰도에 영향을 미치는 요인은 첫째, 문항 수이다. 문항이 많을수록 일반적으로 신뢰도가 높아진다. 둘째, 피험자의 동질성이다. 응시 집단이 지나치게 동질적이면 신뢰도가 낮아질 수 있다. 셋째, 문항 난이도와 변별도이다. 적절한 난이도와 변별도를 가진 문항이 포함되어야 한다. 넷째, 채점 기준이다. 채점자의 일관성, 채점 지침의 명확성에 따라 신뢰도가 달라진다. 다섯째, 검사 환경이다. 응시자의 심리적·물리적 상황도 신뢰도에 영향을 준다.

신뢰도는 추정 방법에 따라 재검사 신뢰도, 동형검사 신뢰도, 반분 신뢰도, 내적 일관성 신뢰도, 평가자 간 신뢰도 등으로 구분된다.

(1) 재검사 신뢰도(test-retest reliability)

동일한 검사를 일정한 시간 간격을 두고 반복 실시했을 때 결과가 일관되게 나타나는 정도를 말한다. 두 검사의 실시 간격은 대개 피험자의 기억 정도를 고려하여 2~4주로 설정하나 평가도구의 특징이나 평가내용 등에 따라 달라질 수 있다. 측정의 안정성을 검증할 수 있으나, 시간 간격에 따라 기억 효과나 학습 효과가 개입될 수 있다는 한계가 있다. 재검사 신뢰도의 예로는, 한 학교에서 실시한 학업적 자기효능감 검사를 들 수 있다. 학생들에게 학기 초에 검사를 실시한 뒤 한 달 후 동일한 검사를 다시 실시했을 때, 점수가 안정적으로 유지된다면 해당 검사는 신뢰롭다고 볼 수 있다. 이는 학생들의 학업적 신념이 단기간에 크게 변하지 않는 특성을 반영한다.

(2) 동형검사 신뢰도(parallel/alternate-forms reliability)

동일한 구인을 측정하는 두 개의 동등한 검사를 제작하여 각각 실시했을 때 결과가 일관되게 나타나는 정도를 말한다. 제작할 때 두 검사가 동일한 내용을 측정할 수 있어야 하며, 문항 형태, 문항 수, 난이도와 변별도가 동일해야 하므로 제작이 어렵다. 그러나 학습효과를 최소화할 수 있다는 장점이 있다. 동형검사 신뢰도의 예로는 대학수학능력시험 모의평가와 본시험의 관계에서 잘 드러난다. 두 시험이 동일한 구인을 측정하도록 구성되었다면, 모의평가에서 높은 성취를 보인 학생이 실제 본시험에서도 유사한 성취를 나타낼 가능성이 크다. 이를 통해 시험의 공정성과 신뢰성을 확보할 수 있다.

(3) 반분 신뢰도(split-half reliability)

한 검사를 두 부분으로 나누어 각각의 점수 간 상관을 확인하는 방법이다. 내적 일관성을 확인할 수 있으나, 문항 분할 방식에 따라 결과가 달라질 수 있다. 반분 신뢰도의 사례로는, 학교 내 수학 성취도 검사를 들 수 있다. 만약 시험 문항을 홀수·짝수로 나누어 채점했을 때 두 부분 점수 간 높은 상관이 나타난다면, 해당 시험은 학생의 수학 능력을 일관되게 측정하고 있다고 할 수 있다.

(4) 내적 일관성 신뢰도(internal consistency reliability)

검사 문항들이 동일한 구인을 얼마나 일관되게 측정하는지를 나타내는 방법이다. 각 문항을 하나의 검사로 간주하여 전체 점수와 각 문항 점수와의 관계에 의해서 신뢰도를 추정하는 방법이다. 대표적으로 Cronbach's α 계수가 활용된다. 내적 일관성 신뢰도는 반분검사 신뢰도와 문항내적 일관성 신뢰도로 구분된다. 내적 일관성 신뢰도는 주로 태도나 흥미 검사에서 확인된다. 예컨대 학생들의 독서 태도를 측정하는 리커트 척도 검사에서 Cronbach's α 계수가 0.85로 나타난다면, 문항들이 동일한 구인을 충실히 반영하고 있음을 의미한다.

(5) 평가자 간 신뢰도(inter-rater reliability)

주관식 평가, 수행평가와 같이 채점자의 판단이 개입되는 상황에서, 서로 다른 평가자들이 동일한 대상을 평가했을 때 점수가 일관되는 정도를 말한다. 상관계수, 일치율 등이 활용된다. 평가자 간 신뢰도의 좋은 사례는 수행평가에서 볼 수 있다. 예를 들어, 교사가 두 명 이상 배정되어 학생들의 발표나 토론을 채점할 때, 평가 기준이 명확히 마련되고 일관되게 적용된다면 평가자 간 점수가 유사하게 나타날 것이다. 이는 학생들이 평가자에 따라 다른 점수를 받지 않도록 보장해 주며, 수행평가의 공정성을 높인다.

신뢰도 계수는 보통 0과 1 사이의 값으로 표현된다(0.90 이상 : 매우 우수한 신뢰도/0.80~0.89 : 양호한 신뢰도/0.70~0.79 : 수용 가능한 신뢰도/0.60~0.69 : 다소 낮은 신뢰도(주의 필요)/0.59 이하 : 불충분한 신뢰도). 단, 교육현장에서는 평가 목적과 상황에 따라 다소 완화하여 해석하기도 한다.

3) 객관도

객관도(objectivity)는 평가 결과가 채점자나 평가자에 따라 달라지지 않는 정도를 의미한다. 즉, 동일한 피험자가 동일한 응답을 했을 때 누가 채점하더라도 같은 점수가 부여되는 일관성의 정도를 말한다. 객관도가 높다는 것은 평가자의 주관적 판단이 최소화되어, 평가 결과가 평가자의 특성이나 태도에 영향을 받지 않는 상태를 의미한다.

객관도는 평가의 공정성과 신뢰성의 전제 조건으로서, 교육평가의 타당한 해석을 위해 필수적이다. 평가 결과가 평가자 개인의 주관에 의해 흔들린다면, 학생의 실제 학업성취를 정확히 반영하기 어렵다. 따라서 평가도구가 아무리 타당하고 신뢰롭더라도, 채점 과정에서 객관성이 확보되지 않으면 그 결과의 의미가 약화된다.

객관도에 영향을 미치는 요인은 첫째, 평가 문항의 유형이다. 선택형(객관식) 문항은 정답이 명확하므로 채점자의 주관 개입 여지가 적어 객관도가 높다. 반면 서술형, 논술형, 수행평가 등은 채점자의 판단이 개입되기 쉬워 객관도가 낮아질 수 있다. 둘째, 채점 기준의 명확성이다. 구체적이고 세분화된 채점기준(rubric)을 마련하면, 동일한 답안이라도 채점자 간 점수 차이를 줄일 수 있다. 셋째, 채점자 훈련과 검증이다. 채점자 간의 사전 협의나 채점 연습을 통해 기준 해석의 일관성을 높이면 객관도가 향상된다. 넷째, 채점 절차의 관리이다. 익명 채점, 이중 채점(double scoring), 채점 결과의 상호 검증 등의 절차를 통해 채점의 공정성을 확보할 수 있다.

그러므로 객관도를 정확하고 신뢰롭게 하기 위해서는 우선, 명확한 채점기준 설정하여 답안의 다양한 형태를 예측하고 기준 예시를 사전에 제공해 주는 것이 좋다. 그리고 채점 전에 기준 해석을 통일하고, 채점 후에는 채점자 간 일치도를 점검하거나, 두 명 이상의 채점자가 독립적으로 채점하여 평균을 내거나 불일치 시 재논의하는 것도 좋은 방법이다.

4) 실용도

실용도(practicality)는 평가도구가 현실적인 여건 속에서 얼마나 효율적으로 사용될 수 있는가를 나타내는 정도를 의미한다. 다시 말해, 평가도구가 시간, 비용, 인력, 시설 등 실제 운영상의 제약을 고려할 때 적용 가능하고 실행 가능한가를 평가하는 기준이다. 아무리 타당하고 신뢰로운 평가도구라도 지나치게 복잡하거나 비용이 많이 들면 실제 교육현장에서 활용하기 어렵기 때문에, 평가의 실용성 역시 양호도의 중요한 요소로 간주된다.

교육평가는 학교 현장, 행정 기관, 연구 현장 등 다양한 상황에서 이루어지는데 평가도구가 실용적이지 않으면 평가의 지속성과 공정성이 확보되지 못한다. 실용도가 높은 평가도구는 제한된 자원 안에서도 효율적으로 운영할 수 있어, 교육현장의 실제 문제를 반영하는 평가를 가능하게 한다.

실용도에 영향을 미치는 요인으로는 첫째, 평가 준비 및 실시 시간이다. 평가 문항 제작, 시행, 채점, 결과 해석까지 걸리는 시간이 과도하면 실용도가 낮아진다. 둘째, 비용과 자원이다. 평가에 필요한 인적·물적 자원이 과도하게 요구될 경우 현실적으로 실시하기 어렵다. 셋째, 평가 절차의 간명성이다. 평가 실시 과정이 복잡하거나 관리가 어려우면 실용도가 떨어진다. 넷째, 채점과 해석의 용이성이다. 채점이 단순하고 점수 해석이 명확할수록 실용도가 높다. 다섯째, 평가 결과의 활용 가능성이다. 결과를 신속히 피드백하여 교수·학습 개선에 활용할 수 있어야 한다.

따라서 실용도를 높이기 위해서는 평가의 목적을 충실히 반영하되, 불필요하게 복잡한 문항이나 절차는 피하고, 평가 시행, 채점, 결과 처리를 표준화하고 전산화하여 시간과 인력을 절감하도록 한다. 그리고 평가를 설계할 때 필요한 비용과 인력을 사전에 분석하여, 현장 여건에 맞게 조정하고, 평가 결과를 빠르게 환류할 수 있는 시스템을 구축한다.

4. 교육평가의 최근 동향

오늘날 우리의 교육은 2019년 COVID-19와 4차 산업혁명으로의 전환, 2020년을 넘어서면서 AI 시대로의 전환에 따라 세계적으로 학교 대면수업이 원격수업으로 전환되는 등 수업 현장뿐만 아니라 다양한 측면에서 학교교육에 변화를 겪고 있다. 교육평가도 단순히 학습자의 성취 수준을 판별하는 기능을 넘어, 학습을 촉진하고 미래 사회에서 요구되는 역량을 길러내는 데 기여하는 방향으로 변화하고 있다. 과거의 교육평가가 주로 지필시험과 같은 전통적 방식에 의존하였다면, 최근에는 교육철학의 변화, 학습관의 변화, 그리고 기술 발전에 힘입어 다양한 새로운 평가 관점이 부각되고 있다.

첫째, 역량 기반 평가의 확산이다. 현대 사회가 요구하는 창의성, 문제해결력, 협업 능력과 같은 핵심 역량을 강조함에 따라, 교육평가 또한 단순한 지식의 양적 측정보다는 실제적 수행과 적용 능력을 측정하는 데 초점을 두고 있다. 이에 따라 수행평가, 프로젝트 평가, 포트폴리오 평가 등이 널리 활용되고 있다.

둘째, 형성적·과정 중심 평가의 강화이다. 학습자의 최종 결과만을 평가하기보다 학습 과정에서의 이해 정도, 참여도, 성장 가능성에 주목하는 경향이 두드러진다. 이는 평가가 학습을 위한 과정이자 피드백 도구로 작용하도록 하며, 교사와 학습자 간의 상호작용을 촉진하는 효과가 있다.

셋째, 개인화 및 맞춤형 평가의 부각이다. 학습자의 배경, 능력, 학습 양식을 고려한 평가가 강조되면서, 동일한 기준을 일률적으로 적용하기보다는 개별 학습자의 성장과 변화를 반영하는 방식이 확산되고 있다. 이는 공정성과 정의의 관점에서도 중요한 의미를 지닌다.

넷째, 디지털 기반 평가의 확대이다. 온라인 학습 환경과 인공지능 기술의 발달은 컴퓨터 기반 시험, 온라인 학습 분석, 적응형 평가(adaptive testing)와 같은 새로운 형태의 평가를 가능하게 하고 있다. 이러한 평가는 학습자의 반응에 따라 문항 난이도를 조절하거나 학습 경향을 분석하여 맞춤형 피드백을 제공하는 장점을 가진다.

다섯째, 평가의 공정성과 책무성 강화이다. 교육평가는 사회적으로 중요한 결과를 수반하기 때문에 평가 도구와 절차의 공정성, 객관성, 신뢰성이 강조되고 있다. 최근에는 빅데이터와 학습 분석을 통한 평가 결과의 타당성 검토, 평가 과정의 투명성 확보 등 질 관리가 중요한 화두가 되고 있다.

이와 같이 교육평가의 최근 동향은 단순한 성취 판별을 넘어 학습자 중심, 역량 중심, 과정 중심으로 변화하고 있으며, 첨단 기술과 결합하여 새로운 가능성을 열어가고 있다. 이는 교육이 지향하는 학습자 성장과 미래 사회의 요구에 부응하려는 필연적 흐름이라 할 수 있다.

우리나라에서 특히 주목되는 변화로는 정부 차원에서 디지털 기반 교육 혁신 계획(Digital-Based Education Innovation Plan), AI 기반 교과서/코스웨어(courseware) 확대 등이 추진되고 있거나 계획 중이라는 점이다. 또한 고등학교 학점제 보완, 수업 혁신(토의·프로젝트 중심), 평가 다양화가 교육과정 개정 또는 보완 계획에서 중요 요소로 제시되고 있으며, 학교 내 인터넷 접속 환경 확대, 데이터 공유 플랫폼, 온라인 학습관리시스템(LMS) 도입 등이 이루어지고 있다.

따라서 교육평가의 최근 동향을 교재나 실무에 반영할 때 고려해야 할 과제들에 대해서도 고민해야 할 것이다.

첫째, 평가 설계자(교사, 평가기관)의 역량 강화이다. AI 도구 사용, 디지털 평가 설계, 형성평가/수행평가/프로젝트 평가 등의 평가방식을 다양화하는 역량이 필요하다. 그러므로 정책적으로 다면적 평가자 간 기준 조율 등 연수 체제 강화와 피드백 제공하는 방식 등에 대해 고려하여야 할 것이다. 그리고 평가제도의 승인을 위한 지침(예 AI 평가 윤리, 보안, 형평성 기준)을 마련하여야 할 것이며 기술 인프라(인터넷, 기기, LMS 등)의 안정적 확보와 더불어 학교 간, 지역 간 자원 격차 해소에도 힘써야 할 것이다.

둘째, 다양한 평가의 신뢰도와 타당성 확보를 위한 노력 강화이다. 새로운 평가 방식(AI 자동 채점, VR/AR 기반 평가, 원격 평가 등)은 전통적 평가 방식과의 비교 실증 연구가 필요하다. 이를 통해 평가자 간 신뢰도, 기술 오류, 부정행위 가능성, 평가 환경의 다양성 등에 대해 심사숙고가 필요할 것이다.

셋째, 접근성 및 형평성(fairness, equity)에 대한 지속적 고려이다. 학생의 배경(지역, 가정, 언어, 장애 등)에 따른 디지털 격차를 적절하게 지원하여야 할 것이며, 평가 과정의 투명성 확보와 학생과 학부모의 이해도 제고해야 할 것이다.

넷째, 피드백 중심 평가 문화 조성이다. 형성평가 및 일상적 평가를 통해 학생에게 즉각적이고 의미 있는 피드백을 제공하고, 평가가 단순히 점수 산출 수단이 아니라 학습 증진 도구로 기능하도록 수업 설계와 자료의 활용에 연계시켜야 할 것이다.

요약

1. 교육평가는 교육과 관련된 정보를 체계적으로 수집하여 이를 바탕으로 가치판단을 하는 행위로 정의할 수 있다. 교육평가는 교육목적의 달성도를 평가하는 과정으로 학생의 교육목적 달성도뿐 아니라 교사의 학습지도 방법 등을 평가하고 나아가 교육과정 자체, 사회공헌도까지 평가하는 것이다.
2. 교육평가의 기능은 진단적 기능, 형성적 기능, 총괄적 기능, 선발 및 분류 기능, 동기유발 기능, 교육과정 및 교수·학습 개선 기능, 교육정책을 구안하거나 의사결정의 기초자료로 활용하는 기능, 책무성의 기능 등이 있다.
3. 교육평가의 유형은 참조기준에 따라 규준참조평가와 준거참조평가, 능력참조평가와 성장참조평가로 구분할 수 있다. 규준참조평가는 학습자의 평가 결과를 그가 속해 있는 집단의 규준에 비추어 상대적인 위치를 파악하는 평가이며, 준거참조평가는 다른 학습자와 상대적인 비교를 하는 것이 아니라 '준거'에

비추어 학습자가 무엇을 얼마나 알고 있느냐에 초점을 두는 평가이다. 능력참조평가는 학생이 지닌 능력에 비추어 얼마나 최선을 다하였는가에 초점을 두는 평가이며, 성장참조평가는 교육과정을 거치면서 학습자가 얼마나 성장하였느냐에 초점을 두는 평가이다.

4. 교육평가의 유형은 교수·학습 진행 과정에서의 그 시점에 따라 진단평가, 형성평가, 총합평가로 구분할 수 있다. 진단평가는 교수·학습이 시작되기 전에 학습자들의 특성을 파악하기 위하여 실시되는 평가로 효과적인 교수·학습 전략을 모색하고 이와 관련된 계획을 수립하는 것을 목적으로 하며, 형성평가는 교수·학습이 진행되는 동안에 학습 진행 정도를 알려주고 교육과정 및 수업방법을 개선하기 위해 실시하는 평가이다. 그리고 총합평가는 교수·학습이 완료된 시점에 교육목표의 달성 여부를 종합적으로 판단하기 위해 실시하는 평가로 학교 현장에서는 총괄평가라고도 한다.

5. 평가도구의 대표적인 조건으로는 타당도와 신뢰도, 객관도, 실용도가 있다. 타당도는 검사도구가 본래 측정하고자 하는 것을 얼마나 충실히 측정하였는지를 말해주는 개념으로 내용타당도, 공인타당도, 구인타당도 등이 있다. 신뢰도는 검사의 결과가 일관성이 있는지를 말해주는 개념이며, 재검사 신뢰도, 동형검사 신뢰도, 반분 신뢰도, 내적 일관성 신뢰도, 평가자 간 신뢰도 등이 있다. 객관도는 채점자나 평가자에 따라 결과가 달라지지 않는 정도를 말하고, 실용도는 평가도구가 시간, 비용, 인력 등 실제 여건 속에서 효율적으로 활용될 수 있는가를 말해주는 개념이다.

제 10 장

교육방법 및 교육공학

제10장 교육방법 및 교육공학

학습내용

- 교육방법의 개념에 유형을 이해한다.
- 교수·학습에 대해 이해한다.
- 교육공학의 개념 및 영역을 이해한다.
- 교수설계의 개념을 이해하고 과정을 설명할 수 있다.
- 미래 사회에 대응하는 교육의 변화를 이해하고 교육공학의 역할에 대해 설명할 수 있다.

1. 교육방법의 이해

1) 교육방법의 개념

교육이 이루어지기 위해서는 어떤 인간을 만들 것인가인 교육의 목적 설정에서부터 시작해서 무엇을 가르칠 것인가의 교육내용과, 어떻게 가르칠 것인가의 교육방법이 함께 조화롭게 제시되어야 한다. 교육방법은 바로 교육을 하는 방법을 말하며, 학습자에게 어떤 내용을 선정·조직하여 어떻게 효과적으로 가르칠 것인가에 관한 영역이다. 교육활동을 효과적, 능률적으로 수행하기 위한 방법을 교수방법이라고 하며 이는 어떻게 가르칠 것인가를 포괄하는 것으로, 교수방법과 교육과정을 통하여 교육의 내용을 학습자에게 전달하기 위한 수단으로 볼 수 있다. 여기에는 수업방법, 교수방법, 교수전략, 수업설계, 교육목표, 교육과정, 학습지도, 평가, 생활지도의 영역까지 포함된다.

교육방법이란 결국 어떻게 가르칠 것인가를 탐구하는 것이며, 학습자에게 공부할 내용을 어떻게 하면 효과적으로 전달할 것인가에 대한 방법을 찾는 것이다. '아는 것과 가르치는 것은 별개'라는 말처럼, 가르친다는 것은 지식을 아는 것으로만 이루어질 수 있는 것은 아니다. 우리가 알고 있는 지식을 어떻게 하면 보다 효과적으로 학습자들에게 전달할 수 있는가라는 물음과 어떻게 안내하면 학습자가 스스로 탐구할 수 있게 될 것인가에 대한 물음에 해답을 찾으려는 것이 교육방법에 관한 연구라고 할 수 있다(양용칠, 1995).

2) 교수 · 학습의 이해

교육과정이 교육에서 무엇을 가르칠 것인가의 내용과 체계라면 교수, 학습, 수업은 교육과정의 내용을 어떻게 가르치고 배울 것인가를 탐색하는 방법론에 해당한다. 교수, 학습, 수업의 개념을 통해 교육방법의 정의를 살펴보면 다음과 같다.

(1) 교수의 개념

교수(teaching)란 교사가 교육적 의도를 가지고 하는 일체의 활동을 말한다. 이것은 단순히 가르치는 행위뿐만 아니라 교사의 의도성이 전제된 상태에서 피교육자의 학습을 촉진하고 이끌어 가는 행위로 규정하기 때문에 교사의 교과지도 계획에서부터 실천과정인 지도와 결과를 포함하는 의미이다.

교수에 대한 정의는 학자들마다 다양하다. 라이겔루스(Reigeluth, 1983)는 '수업에 비해 포괄적인 것으로서 구체적으로는 설계, 개발, 적용, 관리, 평가를 포함하는 것'으로 교수를 정의한다. 가네(Gagnė, 1985)는 '학습자의 내적 학습과정을 지원하기 위해 의도적으로 정리되고 배열된 외적인 학습조건들의 집합'으로 정의하고 있다(송성순 외, 2022).

종합하면 교수란 지식을 전달하고 학습자의 특정 태도와 행동을 형성하기 위해 의도적이고 조직적으로 피교육자의 학습을 유도하는 활동이며, 이 활동에 필요한 지식, 정보, 적절한 상황이나 조건을 준비하는 일과 학습을 촉진하도록 계획된 모든 활동으로 정의할 수 있다. 다시 말해 교수란 교육목적에 적합한 교육내용을 설계하고 개발하는 등의 일련의 활동, 또는 학습내용을 효과적으로 가르치는 일련의 과정으로 학습자의 학습증진을 목적으로 하는 것을 의미한다.

(2) 학습의 개념

학습(learning)은 인간이 환경과의 상호작용 속에서 경험을 통해 비교적 지속적인 행동 변화를 이루는 과정으로 정의할 수 있다. 이는 단순히 지식의 축적이나 일시적인 반응의 변화에 그치지 않고, 개인의 인지적·정의적·심동적 영역 전반에 걸쳐 새로운 능력과 태도를 형성하는 것을 포함한다. 교육방법의 관점에서 학습은 교사의 수업 활동과 학습자의 능동적 참여를 통해 이루어지는 상호작용적 과정이며, 따라서 학습은 교사의 '가르침'과 학습자의 '배움'이 상보적으로 연결될 때 가장 효과적으로 일어난다.

또한 학습은 의도적·계획적 경험을 통해 이루어지기도 하지만, 학교 밖의 일상적 경험이나 사회적 상호작용을 통해 비의도적으로 발생하기도 한다. 즉, 학습은 공식적 교육과정 안에서의 수업뿐 아니라 잠재적 교육과정, 생활 경험을 통해서도 지속적으로 이루어지는 전인적 성장 과정이다.

결국 학습은 인간 발달의 핵심 메커니즘으로서, 지식과 기술의 습득을 넘어 태도, 가치, 문제해결력, 협력적 관계 형성 능력까지 포괄하는 광의의 개념이다. 따라서 교육방법에서 학습을 이해하는 것은 단순한 교수 기술 습득을 넘어서, 학습자가 어떻게 배우고 변화하는가를 탐구하는 과정이라 할 수 있다.

(3) 수업의 개념

수업(instruction)은 교사와 학습자 간의 의도적이고 계획된 상호작용 과정으로, 학습자의 행동 변화와 성장을 목표로 한다. 즉, 교사가 단순히 지식을 전달하는 행위에 그치지 않고, 학습자가 학습 목표에 도달할 수 있도록 학습 경험을 체계적으로 제공하고 안내하는 활동이 곧 수업이다. 수업은 교육목표를 달성하기 위한 실제적 장면으로서 교육활동의 핵심적인 장치이며, 교육과정이 구체적으로 실현되는 장이다.

수업은 크게 두 가지 차원에서 이해할 수 있다. 첫째, 교수활동의 차원에서 수업은 교사가 교육과정에 근거하여 학습목표를 설정하고, 교수 자료와 방법을 조직하며, 학습자의 이해를 촉진하기 위해 다양한 전략을 사용하는 행위를 포함한다. 둘째, 학습활동의 차원에서 수업은 학습자가 주체적으로 지식과 기능을 습득하고, 문제를 해결하며, 태도와 가치를 내면화하는 경험 과정이다. 따라서 수업은 교사와 학습자의 상호작용이 핵심적이며, 일방적인 지식 전달이 아니라 공동의 의미구성과 참여적 학습 과정을 지향한다.

현대 교육에서 수업은 단순한 강의식 전달을 넘어, 학습자의 능동적 참여, 협력적 활동, 탐구와 문제해결을 강조한다. 즉, 수업은 교사가 가르치는 행위(teaching)와 학습자가 배우는 행위(learning)가 유기적으로 결합된 장으로, 학습자의 전인적 발달을 위한 조직적이고 계획적인 교육 행위라 할 수 있다.

(4) 교수, 학습, 수업의 관계

교육현장에서 교수(教授, teaching), 학습(學習, learning), 수업(授業, instruction)은 서로 분리된 개념이 아니라 긴밀하게 연결된 상호보완적 과정이다. 먼저 학습은 학습자가 경험을 통해 비교적 지속적인 행동 변화를 이루는 내적 과정으로, 교육활동의 궁극적 목적이라 할 수 있다. 즉, 교육의 중심에는 학습자가 있으며, 학습은 교육활동이 지향하는 최종적인 성과이다.

이에 반해 교수는 학습을 촉진하기 위해 교사가 의도적으로 계획하고 실행하는 활동을 의미한다. 교수가 없다면 학습이 전적으로 개인의 자발성과 우연에 의존하게 되지만, 학교교육에서는 교사가 교육과정에 기초하여 학습목표를 설정하고, 학습자료를 조직하며, 교수 전략을 선택·적용함으로써 학습이 보다 체계적이고 효과적으로 일어나도록 지원한다.

이러한 교수와 학습이 실제로 만나는 장이 곧 수업이다. 수업은 교사가 교수 활동을 실천하고, 학습자가 학습 활동에 참여하는 구체적 장면이자 상호작용 과정이다. 따라서 수업은 교육과정이 실현되는 실제적 장이며, 교수와 학습의 상호작용 속에서 교육목표가 구체적으로 달성된다.

요약하면, 학습은 교육의 결과, 교수는 학습을 촉진하기 위한 교사의 활동, 수업은 교수와 학습이 실제로 이루어지는 장면으로 정의할 수 있다. 이 세 개념은 분리될 수 없는 긴밀한 관계 속에서 서로를 규정하며, 교육의 효과성과 질은 결국 이들의 조화로운 통합에 의해 결정된다.

3) 교육방법의 유형

교육방법의 유형은 다양한 기준에 따라 다양하게 유형화될 수 있다. 교사 중심이냐 학습자 중심이냐에 따라, 상호작용적이냐 개별적이냐에 따라 강의식 교육방법, 토의식 교육방법, 협동학습, 발견학습, 문제기반 학습, 개별화 교수법 등이 있다. 앞으로 여러 유형의 교육방법에 대해 알아보기로 한다.

(1) 교사 중심(교수자 중심) 교육방법

이 유형은 교사가 수업의 주도권을 가지고 지식과 정보를 학습자에게 체계적으로 전달하는 방법이다. 주로 효율적 지식 전달과 학습자의 수용적 태도를 강조한다.

① 강의법

강의법(lecture method)은 교사가 일정한 교육목표에 따라 학습내용을 체계적으로 조직하여 학습자에게 언어적 설명을 중심으로 일방적으로 전달하는 수업방법이다. 고등교육기관을 비롯한 여러 교육현장에서 가장 오래되고 보편적으로 사용되는 교수방법으로, 특히 많은 학습자를 대상으로 제한된 시간 안에 방대한 지식이나 정보를 효율적으로 전달할 수 있다는 특징을 지닌다.

강의법의 특징으로는 첫째, 교사 중심성이다. 교사가 수업을 주도하며, 학습자는 주로 경청과 필기를 통해 수동적으로 참여한다. 둘째, 내용의 조직성이다. 교사가 학습내용을 논리적·체계적으로 정리하여 학습자에게 일관된 흐름으로 제시한다. 셋째, 대규모 적용 가능성이다. 다수의 학습자를 대상으로 동시에 수업이 가능하며, 시간과 비용 면에서 효율적이다. 넷째, 언어 의존성이다. 주로 언어적 설명과 교재 활용에 의존하기 때문에 학습자의 이해는 교사의 언어적 전달력에 크게 좌우된다.

강의법의 장점은 다음과 같다.

- 효율적 지식 전달이다. 단시간에 많은 내용을 학습자에게 일괄적으로 제공할 수 있어, 학문적 지식이나 개념 정리에 효과적이다.
- 체계적인 지도의 가능성이다. 교사가 학습내용을 논리적으로 조직하여 제공하므로, 학습자가 전체 맥락을 한눈에 파악할 수 있다.
- 대규모 학습에 적합하다. 많은 학습자를 동시에 지도할 수 있어 학교교육, 대학 강의, 대규모 연수 등에서 효과적이다.
- 교사의 전문성 발휘이다. 교사의 풍부한 지식과 경험을 직접적으로 전달할 수 있어 학습자에게 동기와 흥미를 줄 수 있다.

강의법의 단점은 다음과 같다.

- 학습자의 수동성이다. 학습자가 지식을 수용하는 데 머무를 수 있으며, 탐구·토론·문제해결 같은 고차적 사고를 촉진하기 어렵다.
- 개별화 학습의 한계이다. 학습자의 수준, 흥미, 속도 차이를 반영하기 어려워 학습 효과의 개인차가 크게 나타날 수 있다.
- 즉각적 피드백의 부족이다. 학습자가 이해하지 못한 부분을 교사가 즉시 파악하기 어렵고, 쌍방향 소통이 제한된다.
- 학습 지속성의 어려움이다. 수동적 수용은 학습자의 적극적 참여를 동반하지 않기 때문에 장기적인 학습 효과가 제한될 수 있다.

이와 같은 강의법은 교육 역사상 가장 오래되고 널리 활용된 방법으로, 여전히 지식 전달과 개념 정리에 있어 중요한 교수방법이다. 그러나 현대 교육에서는 강의법의 한계를 극복하기 위해 질문법, 토의법, 시청각 자료, ICT 활용 등을 보완적으로 결합하는 것이 필요하다. 즉, 강의법은 효율성과 체계성이라는 장점을 살리면서도, 학습자의 참여와 상호작용을 증진할 수 있는 방식으로 개선·활용될 때 그 교육적 효과가 극대화된다.

② **문답법**(발문법)

문답법(question and answer method)은 교사가 질문(問)을 제시하고 학습자가 응답(答)을 하면서 사고를 자극하고 지식을 습득하도록 이끄는 교수방법이다. 고대 그리스의 소크라테스(Socrates)가 사용한 대화식 질문법에서 기원을 찾을 수 있으며, 학습자의 사고과정을 단계적으로 이끌어 가며 개념을 발견하거나 이해를 심화시키는 데 효과적이다.

문답법의 특징으로는 첫째, 사고의 촉진이다. 질문을 통해 학습자의 인지적 활동을 유도하며, 단순한 지식 재생이 아닌 사고력 향상에 기여한다. 둘째, 즉각적 피드백 가능이다. 학습자의 반응을 통해 이해 정도를 확인하고, 교사가 즉시 보충 설명이나 추가 질문을 할 수 있다. 셋째, 유연성이다. 학습자의 수준과 반응에 따라 교사가 질문의 난이도와 방향을 조절할 수 있다.

문답법의 장점은 다음과 같다.

- 질문을 통해 학습자의 주의와 흥미를 집중시키고, 비판적 · 논리적 사고를 촉진한다.
- 학습자가 수업 과정에 능동적으로 참여하게 되어 학습 동기와 집중력이 높아진다.
- 학습자의 이해도와 오개념을 파악할 수 있어, 수업 중 바로 보완할 수 있다.
- 학습자가 자신의 생각을 언어로 표현하면서 의사소통 능력을 기를 수 있다.

문답법의 단점은 다음과 같다.

- 많은 학습자와 상호작용하려면 시간이 많이 소요되며, 진도 진행에 부담이 될 수 있다.
- 소수의 적극적인 학생만 참여하고, 다수의 학생은 소극적으로 남을 가능성이 있다.
- 교사의 질문 기술, 상황 통제력, 응답 처리 능력이 부족할 경우 수업의 질이 떨어질 수 있다.
- 학습자가 깊이 있는 사고보다는 짧고 단편적인 답변에 머물 수 있다.

이러한 문답법은 학습자의 적극적 참여와 사고력 향상을 촉진하는 효과적인 교수 방법이지만, 교사의 질문 능력과 학습자 참여 환경이 뒷받침되지 않으면 효과가 제한될 수 있다. 따라서 문답법을 활용할 때에는 질문 수준의 적절성, 참여 기회의 균등성, 학습 분위기 조성을 고려하는 것이 중요하다.

(2) 학습자 중심 교육방법

교육방법의 이 유형은 학습자가 수업의 주체로서 능동적 · 탐구적 참여를 통해 학습이 이루어지도록 강조한다. 교사는 안내자 · 조력자의 역할을 수행한다.

① 탐구학습법

탐구학습법(inquiry learning method)은 학습자가 스스로 문제를 발견하고, 가설을 설정하며, 자료를 수집 · 분석하여 결론에 도달하는 과정을 통해 지식과 원리를 습득하는 학습 방법이다. 이는 과학적 탐구 과정과 유사하며, 단순히 교사가 제공하는 정답을 암기하는 것이 아니라 학습자가 문제해결 과정에 능동적으로 참여하여 지식을 구성한다는 점에서 의의가 크다.

탐구학습법은 '어떻게 알게 되는가'의 과정을 중시하며, 학습자의 호기심과 문제해결 능력을 기르는 데 목적을 둔다. 브루너(Bruner)가 강조한 발견학습(discovery learning)과 밀접한 관련이 있으며, 현대 교육에서 창의력 · 비판적 사고 · 문제해결력 신장에 중요한 방법으로 주목받고 있다.

탐구학습법의 특징으로는 첫째, 학습자 중심성이다. 학습자가 주도적으로 문제를 설정하고 해결 과정을 이끈다. 둘째, 과정 중심의 학습이다. 지식 자체보다 탐구 과정(문제 발견 → 가설 설정 → 자료 탐색 → 검증 → 결론)에 비중을 둔다. 셋째, 문제해결 지향성이다. 실제적이고 의미 있는 문제 상황을 중심으로 학습이 이루어진다. 넷째, 고차원적인 사고를 촉진한다. 단순한 기억 · 이해 수준을 넘어 분석, 종합, 평가와 같은 상위 사고 기능을 개발한다.

탐구학습법의 장점은 다음과 같다.

- 가설 검증 과정에서 비판적 사고와 논리적 사고를 기를 수 있다.
- 학습자가 주체적으로 문제 해결에 참여하기 때문에 학습 동기가 높아진다.
- 다양한 가설 설정과 해결 과정에서 창의적 사고가 촉진된다.
- 실제적 문제 상황을 다룸으로써 학습자가 새로운 상황에 대처할 수 있는 응용력과 문제해결력을 갖추게 된다.
- 스스로 학습을 계획 · 실행하는 경험을 통해 자기주도적 학습태도를 기른다.

탐구학습법의 단점은 다음과 같다.

- 문제 탐색, 자료 수집, 가설 검증 과정이 길어 수업 진도에 제약이 생길 수 있다. 즉, 시간과 노력이 많이 소요된다.
- 학습자가 탐구 과정을 효과적으로 수행하려면 교사의 세심한 안내와 지원이 요구된다.
- 탐구 과정은 높은 사고 능력과 자기조절 능력을 필요로 하므로, 학습 능력이 낮은 학생은 어려움을 겪을 수 있다.
- 결과보다 과정을 중시하기 때문에 학습 성과를 객관적으로 측정·평가하기가 쉽지 않다.
- 때로는 불필요하게 많은 시간을 들여 기존의 잘 알려진 지식을 다시 발견하게 되는 비효율성이 나타날 수 있다.

이처럼 탐구학습법은 학습자가 주도적으로 문제해결 과정을 경험하면서 비판적 사고, 창의성, 문제해결력을 기르는 데 탁월한 방법이다. 그러나 수업 준비와 운영에 많은 시간과 노력이 필요하고, 학습자의 능력 차이에 따라 효과가 다르게 나타날 수 있다는 한계가 있다. 따라서 교사는 학습자의 수준과 수업 상황을 고려하여, 탐구학습법을 강의법·토의법·실험학습법 등 다른 방법과 적절히 병행할 때 교육적 효과가 극대화된다.

② 발견학습법

발견학습법(discovery method)은 학습자가 주어진 자료·상황 속에서 스스로 규칙·원리·해결방법을 발견(discover)하도록 유도하는 교수법이다. 브루너(J. Bruner)의 인지주의적 교육관에서 기원하며, 학습은 수동적 수용이 아니라 학습자의 능동적 탐구·구성 활동을 통해 일어난다는 전제에 바탕을 둔다. 또한 비고츠키의 근접 발달 영역(ZPD) 관점과 결합될 때는 교사의 적절한 발문·비계(scaffolding)가 강조된다.

발견학습법의 특징으로는 첫째, 학습자 중심(능동성)이다. 학습자가 문제를 제기하고 자료를 조작·해석하면서 의미를 구성한다. 둘째, 귀납적·과정 지향성이다. 개념·원리는 학습자의 탐색과 귀납 과정을 통해 도출된다. 셋째, 문제·상황 중심이다. 실제적이거나 인위적 문제 상황을 통해 학습이 촉발된다. 넷째, 탐구·가설 검증을 강조한다. 관찰 → 가설 → 검증 → 일반화의 과학적 탐구 흐름을 따르는 경우가 많다. 다섯째, 내적 동기의 촉진이다. 스스로 알아내는 경험은 호기심과 내재적 동기를 높인다.

발견학습법의 장점은 다음과 같다.

- 문제 발견·가설 설정 과정에서 비판적·창의적 사고를 촉진시켜 고차원적인 사고능력을 증진시킨다.
- 스스로 찾는 경험은 관심과 몰입을 높여 내재적 동기를 강화한다.
- 실제 문제 상황에서 적용 가능한 능력을 발달시켜 문제해결력과 전이성을 향상시킨다.
- 학습계획, 자료수집, 자기평가 역량을 강화해서 자기주도학습 태도를 기른다.
- 면적 암기보다 원리 중심의 학습을 촉진시켜 개념에 대한 깊은 이해를 키운다.

발견학습의 단점은 다음과 같다.

- 탐구 과정 자체가 길어 시간의 소요가 길어 수업 진도 관리가 어렵다.
- 초보자에게는 인지 부하가 크고 실패 경험 유발 가능성이 높아, 학습자 수준에 따른 의존성이 높다.
- 적절한 발문·비계와 수업 통제가 필요하여 운영 난도가 높아 교사의 역량이 요구된다.
- 이미 잘 정리된 지식의 경우 '다시 발견'하는 것은 비효율적일 수 있다는

효율성의 문제가 제기된다.

- 과정 중심 평가가 필요하므로 객관적 · 표준화된 평가가 힘들다.

발견학습법은 학습자의 능동적 탐구를 통해 개념과 원리를 스스로 구성하게 하는 교수법으로, 비판적 사고 · 창의성 · 문제해결 능력의 신장에 유리하나 시간 · 학습자 준비도 · 교사의 안내 능력에 따른 제약이 있으므로 유도된 발견과 다른 교수방법의 전략적 결합이 권장된다.

③ 협동학습법

협동학습법은 학습자가 소집단을 이루어 공동의 학습목표 달성을 위해 상호작용하며 함께 배우는 교수 · 학습 방법이다. 단순한 집단 활동이 아니라, 긍정적 상호의존성, 개별적 책무성, 대면적 상호작용, 사회적 기술, 집단 과정의 성찰이라는 핵심 요소를 충족해야 진정한 협동학습이라고 할 수 있다.

협동학습법의 특징은 첫째, 소집단 중심이 적절하다. 3~6명 정도의 이질적 집단 구성으로 다양한 배경 · 능력을 가진 학습자가 참여한다. 둘째, 긍정적 상호의존성이다. 집단의 성공이 개인의 성공과 연결되도록 구조화되어야 한다(예 공동 보상, 역할 분담). 셋째, 개별적 책무성이다. 집단 내 각 구성원은 자신의 과업을 책임져야 하며, 다른 구성원이 대신할 수 없다. 넷째, 상호작용을 통한 학습이다. 토론 · 설명 · 질문 · 피드백 과정에서 지식이 구성되고 사회적 기술이 향상된다. 다섯째, 사회적 기술 습득이다. 의사소통, 협상, 리더십, 갈등 해결 등 사회적 능력이 학습의 중요한 산출물이 된다. 여섯째, 집단 과정의 성찰이다. 협동 경험을 되돌아보고 개선점을 모색하는 반성 단계가 필수적이다.

협동학습법의 장점은 다음과 같다.

- 학습자 간 설명 · 피드백은 이해를 심화시키며 학업성취에 긍정적 효과를 준다.
- 토론 · 협력 과정에서 비판적 사고와 창의적 문제해결력이 촉진된다.

- 협동 과정에서 배려·책임감·의사소통 기술 등을 학습하면서 사회성과 인성이 발달된다.
- 공동 목표와 상호의존적 구조는 내적·외적 학습동기를 높인다.
- 상호교수(peer tutoring) 과정에서 성취 수준이 낮은 학생도 도움을 받고 성장하면서 학습 격차가 완화될 수 있다.

협동학습법의 단점은 다음과 같다.

- 일부 학생이 집단 성과에 기여하지 않고 성과만 공유하는 무임승차(free-rider) 위험이 있다
- 능력 높은 학생이 집단을 주도하며 다른 학생의 참여를 억제할 수 있다.
- 집단 형성, 역할 분담, 과정 점검 등에 많은 시간과 교사의 관리가 요구된다.
- 집단 성과와 개인 성과를 균형 있게 평가하기가 쉽지 않다.
- 의사소통·협력 기술이 부족한 학습자들 사이에서 집단의 갈등이 일어날 가능성이 있다.

(3) 상호작용 중심 교육방법

상호작용 중심의 교수법은 교사와 학습자, 학습자 상호 간의 의사소통과 공동 참여를 통해 학습이 이루어지는 방법이다.

① 토의법

토의법(discussion method)은 특정 주제나 문제에 대하여 학습자들이 서로의 생각을 교환하고, 논리적 근거를 제시하며, 의견을 조정해 가는 과정에서 지식의 심화와 가치의 공유, 문제해결 능력을 기르는 교수·학습 방법이다. 단순한 자유 대화가 아니라, 교사가 설정한 주제와 목표에 따라 구조화된 상호작용 활동이다.

토의법의 종류는 다음과 같다.

가. 원탁 토의(round table discussion)

가장 기본적인 토의의 형태로 참가자들이 동등한 위치에서 자유롭게 의견을 교환하는 방식으로 10명 내외로 이루어지며 민주적 분위기 조성에 유리하다. 원활한 토의를 위해 참가자들 간의 충분한 협조, 개방적 자세, 그리고 공동체 의식이 필요하다.

나. 패널 토의(panel discussion)

소수의 전문가나 학생이 패널이 되어 토론하고, 청중이 질의·응답을 통해 참여하는 방식이다. 집단의 구성원이 많아 각자 발언이 어려울 때 토의참가 대표가 패널이 되어 단상에서 토의에 참여하여 다른 구성원들에게 공개하는 방식으로 다양한 시각을 제시할 수 있다.

다. 심포지엄(symposium)

동일 주제에 대해 여러 발표자가 차례로 발표하고, 종합토론으로 이어지는 방식이다. 학술적인 면에서 활용되는 방법으로 2~5명의 전문가가 각기 다른 입장에서 자신의 의견을 발표한 후 청중과 발표자 간이 질의 및 토론이 전개되는 방법이다. 동일한 주제이므로 주제를 다각도로 분석할 수 있다.

라. 대담토의(공개토의, forum)

패널이나 발표자가 발표 후, 청중 전체가 자유롭게 질의·응답하는 공개 토론의 형태이다. 1~3명의 전문가가 토의를 위한 간략한 주제발표 후, 청중들의 참여로 이루어지므로 참여의 폭이 넓다. 주제에 관하여 새로운 생각, 정보 등을 제공하는 방법으로 공개토론회라고 한다.

마. 배심토의(debate)

제시된 논제에 대해 찬성과 반대 진영으로 나누어 논리적 근거를 들어 토론하는 형식이다. 찬성 측과 반대 측은 입론, 반대 신문, 반박의 순서에 따라 발언 기회를 가진다. 비판적 사고와 논리적 설득력 향상에 효과적이다.

바. 버즈토의(buzz session)

'벌이나 벌레 따위가 윙윙거린다'는 것처럼 한 장소에서 여러 개의 소집단이 분과토의를 한 후 최종적으로 전체집단이 다 함께 토의 결과를 수합하여 결론을 맺는 방식이다. 대집단을 소집단으로 나누어 짧은 시간 집중 토론 후 전체와 공유하는 것이기에 참여도와 아이디어 다양성을 높일 수 있다.

사. 세미나(seminar)

세미나는 모든 참여자가 주제에 대하여 전문가, 연구자들로 구성된 소수 집단의 토론으로 주제 발표자의 공식적 발표, 세미나 참가자들의 의견, 질의응답 등으로 구성된다. 세미나의 주된 목적은 참가자들에게 특정 주제에 대한 연수나 훈련의 기회를 제공하는 방법으로 활용된다.

위와 같은 다양한 토의법의 장점은 다음과 같다.

- 다양한 시각과 논리적 근거 제시 과정을 통해 비판적·창의적 사고력을 향상한다.
- 경청·표현·설득·타협 등의 언어적, 사회적 기술을 학습하면서 의사소통 능력을 발달시킨다.
- 다원적 가치 존중, 합리적 의사결정 과정을 경험하면서 민주적 태도를 함양한다.
- 학습자가 능동적으로 수업에 참여하게 한다.
- 공동의 합의 도출 과정에서 사회적 문제해결 능력을 기른다.

토의법의 단점은 다음과 같다.

- 주제 토의에 충분한 시간이 필요하여 시간소모가 많아 수업 운영이 어려울 수 있다.

- 적극적인 학습자 중심으로 토의가 흘러가고 소극적인 학생은 소외될 수 있는 참여 불균형이 생길 수 있다.
- 토론이 산만해지거나 본래 목표와 멀어져 주제 이탈 가능성이 있다.
- 참가자들의 지식 수준이 낮으면 생산적 토론이 어렵다.
- 과정 중심 학습이라 객관적 · 정량적 평가가 쉽지 않다.

이와 같이 토의법은 학습자들이 서로의 의견을 나누고 논리적으로 정리하는 과정을 통해 사고력 · 의사소통 능력 · 민주적 태도를 함양하는 교수법이다. 그러나 참여 불균형과 시간 관리 문제, 평가의 어려움이 뒤따르므로 교사는 주제를 명확히 하고 토의 과정을 적절히 구조화하는 노력이 필요하다.

② 프로젝트 학습법

프로젝트 학습법(project-based learning)은 학습자가 현실 세계의 문제나 과제를 중심으로 주제를 설정하고, 계획을 세우며, 탐구 · 실행 · 산출물 제작 과정을 통해 학습하는 방법이다. 단순히 지식을 습득하는 데 그치지 않고, 실제적인 결과물이나 해결안을 도출하면서 지식, 기능, 태도를 종합적으로 학습하는 데 목적이 있다. 킬패트릭(W. H. Kilpatrick)이 듀이의 경험중심 교육사상을 계승하여 제안한 방법이다.

프로젝트 학습법의 특징은 첫째, 현실성 · 실천성이다. 학습과제가 실제 생활이나 사회 문제와 연결되어 있다. 둘째, 학습자 중심성이다. 학습자가 주제를 선택하거나 방법을 설계하는 데 주도적으로 참여한다. 셋째, 통합적 학습이다. 교과 간 경계를 넘나들며 지식, 기능, 태도를 융합적으로 학습한다. 넷째, 과정과 결과 모두 중요하다. 프로젝트 진행 과정에서의 탐구 활동과 최종 산출물 모두 중요하다. 다섯째, 협동적 활동이다. 팀 단위로 수행되는 경우가 많아 협동 · 의사소통 능력이 요구된다. 여섯째, 문제해결력 강조이다. 탐구 · 설계 · 실행 · 평가를 통해 실제적 문제해결 능력이 길러진다.

프로젝트 학습법의 장점은 다음과 같다.

- 학습자 스스로 문제를 정의하고 해결안을 도출해 가면서 실제적으로 문제 해결 능력을 기른다.
- 지식, 기능, 태도를 융합하여 종합적인 사고력과 창의성을 발휘할 수 있다.
- 실제적 주제와 산출물은 학습자의 흥미와 몰입을 촉진하여 학습동기를 강화한다.
- 주제를 탐구하고 과정을 관리하는 경험을 통해 자기조절 능력이 발달하면서 자기주도 학습태도가 형성된다.
- 집단 프로젝트를 통해 의사소통 · 리더십 · 갈등해결 능력이 강화되어 협동적인 역량이 개발된다.
- 다양한 교과 지식과 기능을 활용하여 통합적 사고를 촉진하므로 교과 간의 통합이 이루어진다.

프로젝트 학습법의 단점은 다음과 같다.

- 탐구 · 실행 · 산출 과정이 길어 시간과 자원 소요가 크다.
- 자기주도적 탐구 능력이 부족한 학생은 참여와 성취가 제한될 수 있다.
- 주제 선정, 과정 관리, 평가 등에서 교사의 전문성과 노력이 많이 요구된다.
- 결과물뿐 아니라 과정까지 공정하게 평가하는 것이 쉽지 않다.
- 일부 학생이 주도하고 다른 학생은 소극적으로 참여하는 문제가 발생할 수 있다.
- 산출물 제작에만 치중하면 학습의 본질적 의미가 약화 · 형식화될 수 있다.

이처럼 프로젝트 학습법은 현실적 문제를 중심으로 학습자가 주도적으로 탐구와 협동 활동을 수행하여 실제적 산출물을 만들어 가는 교수법이다. 이는 문제해결력, 자기 주도성, 협동성을 길러주는 장점이 있으나, 시간 · 자원 · 평가의 어려움과 학습자 간 참여 불균형의 한계를 가진다. 따라서 교사의 체계적 지도와 균형 잡힌 평가 설계가 필수적이다.

③ 문제해결학습

문제해결학습(PBL : Problem-Based Learning)은 학습자가 현실적이고 비구조화된 문제를 접하고, 이를 해결하는 과정을 통해 필요한 지식을 습득하고 문제해결 능력 · 자기주도 학습능력을 기르는 교수 · 학습 방법이다. 1960년대 캐나다 맥마스터 의과대학에서 처음 개발되어, 이후 의학 · 간호학 · 공학 · 교육학 등 다양한 분야로 확산되었다. 즉, PBL은 교사가 지식을 전달하기보다 문제를 제시하고 학습자가 스스로 탐구하며 학습을 구성하는 교수법이다.

문제해결학습법의 특징으로는 첫째, 문제 중심성이다. 학습의 출발점이 실제적이고 복잡한 문제이며, 문제해결 과정에서 학습이 이루어진다. 둘째, 비구조화된 문제 활용이다. 정답이 하나가 아닌 개방적 문제를 제시하여 고차원적인 사고를 유발한다. 셋째, 자기 주도적 학습의 형태이다. 학습자가 스스로 학습 목표를 설정하고 필요한 지식을 탐색 · 습득한다. 넷째, 협동학습적 성격이 크다. 소집단 토의를 통해 다양한 아이디어와 전략을 공유한다. 다섯째, 통합적 학습이다. 지식 · 기능 · 태도를 복합적으로 활용하고 적용한다. 여섯째, 학습자 중심이다. 교사는 지식 제공자가 아니라 촉진자(facilitator) 역할을 한다. 일곱째, 메타인지와 반성을 강조한다. 학습자 스스로 자신의 학습과정을 성찰하고 개선한다.

문제해결학습법의 장점은 다음과 같다.

- 실제적 문제를 해결하면서 분석 · 추론 · 의사결정 능력을 기른다.
- 정답이 정해져 있지 않은 문제 상황에서 비판적, 창의적 사고의 폭을 넓힌다.
- 스스로 학습과정을 설계하고 관리하는 능력이 발달하면서 자기주도 학습 능력을 함양한다.
- 실제 맥락에서 학습하므로 새로운 상황에 지식을 적용하는 지식의 전이가 강화된다.

- 문제의 실생활 연계성이 학습자의 몰입과 흥미를 높인다.
- 팀 기반 학습을 통해 협동심과 사회적 기술이 향상되어 협력적 태도와 의사소통 능력이 발달된다.

문제해결학습법의 단점은 다음과 같다.

- 문제 탐구와 협동 과정에 많은 시간이 필요하다.
- 학습자 준비도 차이가 존재해서 자기 주도적 탐구 경험이 부족한 학생은 어려움을 겪을 수 있다.
- 문제 설계, 과정 촉진, 평가 등에서 교사의 전문적 역량이 필수적이다.
- 과정 중심 학습이므로 전통적 지필평가로는 학습 성취를 정확히 측정하기 어렵다.
- 기초 지식이 부족한 학습자에게는 오히려 학습 진도가 늦어질 수 있다.

문제해결학습법은 실제적이고 복잡한 문제를 제시하여 학습자가 스스로 탐구하고 협력적으로 해결하는 과정에서 지식과 문제해결력을 습득하는 교수법이다. 이는 자기주도 학습능력, 비판적 사고, 지식의 전이성에 강점이 있으나, 교사의 전문적 설계와 충분한 학습 시간이 뒷받침되지 않으면 효과적인 운영이 어렵다.

(4) 현대적 · 융합적 교육방법

최근에는 정보통신기술(ICT)의 발달과 학습자 요구의 다양화에 따라 새로운 형태의 교수 · 학습 방법이 확대되고 있다.

① 블렌디드 학습

블렌디드 학습(blended learning)은 전통적인 대면 수업과 온라인 학습을 결합한 수업 방식으로, 양자의 장점을 조화롭게 활용하여 학습 효과를 극대화하려는 교육방법이다. 즉, 교실에서 이루어지는 직접적인 상호작용과 온라인 환경에서 제공되는 개별화된 학습을 병행함으로써 학습자 중심의 학습 경험을 제공한다.

블렌디드 학습의 특징은 첫째, 온라인 학습(E-learning, MOOC, 학습관리시스템 등)과 오프라인 수업(강의, 토론, 실습 등)이 유기적으로 결합된 혼합적 학습 환경이다. 둘째, 학습자 중심이다. 온라인 학습을 통해 학습자는 학습 시간, 속도, 공간을 스스로 조절할 수 있으며, 오프라인 수업에서는 교사와의 상호작용 및 심화 학습을 경험할 수 있다. 셋째, 개별화와 협동학습의 조화이다. 온라인에서 개별 학습이 가능하고, 오프라인에서는 토의·협동 활동을 통해 사회적 상호작용이 강화된다. 넷째, 플립 러닝(flipped learning)과의 연계 가능성이다. 사전에 온라인 학습 후, 대면수업 시간의 토론·탐구 활동이라는 플립 러닝의 형태와 결합되기도 한다.

블렌디드 학습의 장점은 다음과 같다.

- 온라인 학습을 통해 기초 지식을 습득하고, 오프라인에서 심화 학습과 응용 활동을 할 수 있어 학습 효과가 높아진다.
- 학습자가 자신의 수준과 속도에 맞추어 온라인 학습을 진행하면서 개별화 학습이 가능하다.
- 단순한 지식 전달은 온라인으로 대체하고, 교실에서는 교사-학생 간, 학생-학생 간 상호작용 중심 수업이 이루어져서 교수·학습 상호작용이 강화된다.
- 학습자가 스스로 학습 계획을 세우고 관리하는 경험을 통해 자기 주도성이 강화된다.
- 인터넷 기반의 다양한 자료(영상, 시뮬레이션, 가상실험 등)를 활용할 수 있어서 학습 자원의 확장성이 크다.

블렌디드 학습의 단점은 다음과 같다.

- 온라인 학습에서 학습자의 참여도와 학습 진도를 교사가 직접적으로 통제하기 어려워 학습자 관리가 어렵다.
- 자기주도 학습능력이 부족하거나 학습 습관이 약한 학생은 효과적인 학습이 어려워 학습격차 발생 가능성이 높다.
- 온라인 자료 제작, 학습관리시스템 운영, 오프라인 수업 설계 등 교사의 업무 부담이 커질 수 있다.
- 인터넷 환경, 디바이스 보급 수준, 학습관리시스템의 안정성 등이 학습 효과에 영향을 미칠 수 있다.
- 온라인과 오프라인 학습 활동을 통합적으로 평가하는 데 한계가 있다.

② 플립 러닝(거꾸로 수업)

플립 러닝(flipped learning)은 전통적인 수업의 순서를 '뒤집은(flipped)' 학습 방법으로, 학습자는 교실 수업 이전에 온라인 자료(영상, 강의 콘텐츠 등)를 활용하여 기초 지식을 습득하고, 수업 시간에는 토론, 문제 해결, 프로젝트 활동 등 고차원적 학습을 수행하는 방식이다. 즉, 지식의 단순 전달은 사전에 온라인으로 이루어지고, 교실은 탐구·토론·협동의 장으로 변화하는 교수·학습 방법이다.

플립 러닝의 특징은 첫째, 사전 학습 중심이다. 학습자는 온라인 강의, 동영상, 학습 자료를 통해 수업 전 기초 개념을 학습한다. 둘째, 수업 시간의 재구조화이다. 교실에서는 강의식 설명이 아니라, 토의, 문제 해결, 협동 학습, 프로젝트 중심 활동이 강조된다. 셋째, 학습자 중심의 수업이다. 수업의 주체가 교사에서 학습자로 이동하며, 학생들이 능동적으로 참여하는 학습 분위기를 형성한다. 넷째, 교사의 역할 변화이다. 교사는 지식 전달자가 아닌 학습 촉진자, 안내자, 피드백 제공자의 역할을 수행한다. 다섯째, ICT 활용의 강조이다. 학습관리시스템(LMS), 동영상 콘텐츠, 온라인 퀴즈 등 다양한 교육기술 활용이 필수적이다.

플립 러닝의 장점은 다음과 같다.

- 수업 시간에 심화 학습과 응용 활동을 통해 학습효과를 극대화함으로써 고차원적인 사고력을 기를 수 있다.
- 사전 학습을 통해 학습자가 스스로 학습을 계획하고 실행하는 능력이 향상되어 자기 주도적 학습능력이 신장된다.
- 교실에서 교사와 학생, 학생과 학생 간의 상호작용을 통해 교수·학습 상호작용이 강화된다.
- 온라인 학습을 통해 학습자가 자신의 수준과 속도에 맞추어 반복 학습을 할 수 있어 학습속도의 조절이 가능하다.
- 토론과 활동 중심의 수업은 학습자의 적극적인 참여를 유도한다.

플립 러닝의 단점은 다음과 같다.

- 학습자가 온라인 사전 학습을 제대로 수행하지 않을 경우 교실 활동이 원활히 진행되기 어렵다.
- 자기주도 학습능력이 부족한 학생은 수업 효과가 낮아질 수 있다.
- 양질의 온라인 콘텐츠 제작, 활동 설계, 피드백 제공 등 교사의 준비와 노력이 많이 필요하다.
- 온라인 자료 접근성, 기기 보급 수준, 네트워크 환경에 따라 학습 효과가 달라질 수 있다.
- 사전 학습과 수업 활동의 성과를 종합적으로 평가하는 데 어려움이 따른다.

③ 에듀테크 기반 학습

인공지능, 가상현실(VR), 학습관리시스템(LMS) 등을 활용해 학습자의 참여를 증진하고 맞춤형 학습을 제공한다.

2. 교육공학의 이해

1) 교육공학의 의미

(1) 교육공학의 의미

교육공학(educational technology)은 교육의 효과와 효율성을 극대화하기 위해 과학적 지식과 기술을 체계적으로 적용하는 학문 분야다. 교육공학의 의미를 명확히 이해하기 위해 먼저 '공학(technology)'이라는 용어의 어원을 살펴보면, 그리스어의 두 단어, 즉 techne와 logos의 합성어에서 유래했다. Techne는 '기술', '예술', '솜씨'를 의미하며, 어떤 것을 만드는 실제적인 능력이나 방법을 뜻하고, logos는 '학문', '이론', '체계적인 지식'을 의미한다. 따라서 '공학'은 단순히 도구나 기계를 지칭하는 것이 아니라, 과학적 또는 조직화된 지식을 인간의 실제적인 목적을 달성하기 위해 조직적이고 체계적으로 적용하는 활동 전반을 포괄하는 개념이다. 교육공학은 바로 이러한 체계적인 지식과 방법을 교육현장의 문제 해결과 학습 촉진에 적용하는 학문인 것이다. 즉, 교육공학에서의 공학의 의미는 "현실적인 교육현장에서의 문제에 과학적이고 조직화된 지식을 체계적으로 적용하는 것"을 의미한다(Galbraith, 1967).

(2) 교육공학의 개념 및 특징

교육공학의 개념은 시대의 변화와 기술의 발전에 따라 그 초점이 변화하며 발전해 왔다. 이 분야의 핵심적인 개념을 이해하기 위해 미국교육공학회(AECT)를 비롯한 주요 학자들의 정의를 통해 살펴보면 다음과 같다.

초기에는 주로 과정 관리와 학습 촉진에 대해 강조하였다. 1970년대 교수공학위원회(CIT : Commission on Instructional Technology)는 교육공학을 "포괄적인 학습자료를 체계적으로 확인, 개발, 조직, 활용하고 이 과정들을 관리함으로써, 인간 학습을 촉진시키는 데 관련된 분야"로 정의했다. 이는 교육공학이 단순히 매체 활용을 넘어 체계적인 과정(systematic process)을 통해 학습 효과를 높이는 데 주력해야 함을 강조한 것이다.

그러다가 현재 교육공학 분야에서 가장 널리 인용되는 정의는 실즈와 리치(Seels & Richey)가 주도한 1994년 AECT(Association for Educational Communications and Technology)의 "교육공학이란 학습을 위한 과정과 자원의 설계, 개발, 활용, 관리 및 평가에 관한 이론과 실제"라는 정의이다.

이 정의는 교육공학의 영역을 설계(Design), 개발(Development), 활용(Utilization), 관리(Management), 평가(Evaluation)라는 5대 영역으로 명확히 구분하고, 교육공학이 단순히 하나의 기술이나 도구를 다루는 것이 아니라 이론(Theory)과 실제(Practice)를 모두 포함하는 통합적인 학문임을 강조한다.

최근 들어 2008년 AECT 정의 및 용어 위원회는 교육공학의 역할을 '학습 촉진'을 넘어 '수행 향상(Performance Improvement)'의 영역까지 확장했다. 교육공학은 적절한 과학기술적인 과정과 자원을 창출, 활용, 관리함으로써 학습을 촉진하고 수행을 향상하기 위해 연구하고 윤리적으로 실천하는 학문이다. 이 정의는 교육공학이 학습자나 조직의 바람직한 결과를 위해 체계적인 지식을 윤리적으로 적용하는 실천 학문이며, 그 목적은 단순한 지식 습득을 넘어 실제적인 성과(수행)를 개선하는 데 있음을 명시하고 있다.

결론적으로, 교육공학은 과거 시청각 교육에서 시작하여 현재는 체제적 사고(systemic thinking)를 기반으로 학습에 영향을 미치는 모든 요소(사람, 과정, 자원)를 다루며, 학습의 효율성과 효과성 증진을 위해 지속적인 연구와 실천을 수행하는 응용 학문으로 이해할 수 있다.

교육공학의 주요 특징으로는 크게 접근방식, 목적, 영역의 포괄성이라는 세 가지 측면에서 설명할 수 있다.

첫째, 접근방식에서 체제적(systemic)인 특징을 띠고 있다. 교육공학은 교수·학습 환경을 구성하는 모든 요소(학습자, 교사, 교과내용, 매체, 물리적 환경, 제도 등)

를 개별적으로 보지 않고, 서로 유기적으로 상호작용하는 하나의 전체(체제)로 인식하는 총체적 접근이며, 더불어 교육 문제를 인식하고 해결책을 고안하며, 실행, 평가, 수정하는 전 과정이 논리적이고 단계적인 절차에 따라 이루어진다. 이는 특정 도구(예 컴퓨터)의 사용에 국한되지 않고, 문제해결을 위한 과정 자체를 중시한다는 것이다.

둘째, 접근방식에서 처방적(prescriptive)인 특징을 띠고 있다. 교육공학은 단순히 교육 현상을 기술(descriptive)하는 데 그치지 않고, 바람직한 결과를 얻기 위한 최적의 조건과 방법을 제시하는 처방적인(prescriptive) 학문이다. 그러므로 "학습을 촉진하기 위해 무엇을 어떻게 해야 하는가?"라는 질문에 답하며, 목표 달성을 위한 가장 효과적이고 효율적인 교수·학습 전략을 설계하고 적용하도록 해결책을 제시한다. 이러한 처방은 단순히 경험에 의존하는 것이 아니라, 학습이론, 인지 과학, 커뮤니케이션 이론 등 과학적 연구와 이론에 근거하여 이루어진다.

셋째, 접근방식에서 기술적(technological)인 특징을 띤다. '공학'이라는 용어에 내포된 의미대로, 교육공학은 광범위한 의미의 기술(technology)을 활용한다. 이 기술은 과정으로서의 기술과 자원으로서의 기술이다. 과정으로서의 기술이란 교육공학에서 기술은 단순히 하드웨어(기계, 장치)나 소프트웨어(프로그램)만을 의미하지 않는다. 문제 해결을 위한 지식과 절차를 체계화하고 조직화하는 방법이나 기법 자체를 의미한다. 자원으로서의 기술이란 컴퓨터, 모바일 기기, 인공지능(AI), 인터넷 등의 하드웨어 및 소프트웨어 자원을 학습을 촉진하고 전달하는 수단으로 적극적으로 활용하는 것도 중요한 특징이다.

넷째, 목적적인 측면에서 목표지향적(goal-oriented)인 특징을 띤다. 교육공학 활동은 항상 명확하게 정의된 목표(goal)를 지향하며, 그 목표 달성 여부를 평가한다. 교육목표를 효과적으로(effectiveness) 달성하는 것(올바른 목표 달성)과, 이를 효율적으로(efficiency) 달성하는 것(최소 자원으로 최대 성과)을 모두 추구하며, 최근에는 단순한 지식 습득을 넘어, 학습자가 실제 환경에서 목표로 하는 성과(수행)를 달성하고 향상시키는 것에 초점을 맞추고 있다.

다섯째, 영역의 측면에서는 포괄적(comprehensive)인 특징을 띤다. 교육공학의 영역은 교육현장 전반을 아우르는 포괄성을 지닌다. 교육학, 심리학(특히 학습 및 인지 심리학), 커뮤니케이션 이론, 시스템 이론, 컴퓨터 과학 등 여러 학문 분야의 이론과 지식을 통합적으로 수용하여 문제해결에 적용하는 다학문적인 성격을 띤다. 그리고 학교교육(초, 중, 고등교육)은 물론, 군사 훈련, 기업 교육 및 인적자원개발(HRD), 평생교육, 원격교육 등 모든 형태의 학습 및 수행 환경으로 그 적용 범위를 확장하고 있다.

2) 교육공학의 영역

교육공학은 크게 다음과 같이 다섯 가지 영역으로 이루어져 있다(Seels & Richey, 1994).

- 설계(design) : 학습에 관한 조건을 구체화하는 과정
- 개발(development) : 설계에서 구체화된 내용을 물리적으로 완성하는 것
- 활용(utilization) : 학습을 위한 과정(process)과 자원을 사용하는 것
- 관리(management) : 계획, 조직, 조정, 감독 등을 통해 교육 관련 요소를 통제하는 것
- 평가(evaluation) : 교수와 학습이 적절하게 이루어졌는지 결정하는 과정

(1) 설계 영역

설계(design)는 교수 목적을 달성하기 위한 구체적인 전략과 계획을 수립하는 영역이다. 효과적이고 효율적인 교수·학습 활동을 위해 청사진을 만드는 단계로, 문제를 분석하고 목표를 설정하며, 최적의 학습 환경을 만들기 위한 이론적 토대를 마련한다.

교수설계의 하위영역으로는 교수 체제 설계(ISD : Instructional System Design), 메시지 설계(Message Design), 학습자 특성 분석(Learner Characteristics), 학습이론(Learning Theory)이 있다.

교수 체제 설계는 교수·학습의 문제를 체계적으로 분석하고 해결 방안을 설계하는 과정으로 ADDIE 모형 등 다양한 모형이 활용된다. 메시지 설계는 정보를 전달하는 방식, 즉 학습 내용이 언어적, 시각적, 청각적 형태로 어떻게 구조화되어 학습자에게 제시될지 계획한다. 학습자 특성 분석은 학습자의 인지적, 정의적, 생리적 특성을 분석하고, 이 특성을 고려하여 교수 전략을 설계하는 데 중점을 둔다. 학습이론은 행동주의, 인지주의, 구성주의 등 다양한 학습이론을 바탕으로 교수 전략을 처방한다.

(2) 개발 영역

개발(development)은 설계 영역에서 도출된 명세서(specifications)를 바탕으로 실제적인 교수 자원과 매체를 제작하거나 구축하는 영역이다. 이 영역은 교육공학의 초창기인 시청각 교육 분야에 뿌리를 두고 있다.

개발 하위 영역으로는 인쇄 및 비주얼 매체 개발, 시청각 매체 개발, 컴퓨터 기반 기술 개발, 통합 기술 개발이 있다. 인쇄 및 비주얼 매체 개발에서는 교재, 워크북, 차트, 사진 등 전통적인 인쇄물 및 시각 자료를 제작한다. 시청각 매체 개발은 오디오, 비디오, 슬라이드 등 영상 및 음성 매체를 제작하며, 컴퓨터 기반 기술 개발은 컴퓨터 기반 훈련(CBT), 웹 기반 학습(WBL), 모바일 학습 콘텐츠, 시뮬레이션 및 가상현실(VR) 콘텐츠 등을 제작하고 시스템을 구축한다. 통합 기술 개발은 여러 형태의 기술을 결합하여 상호작용적이고 복합적인 학습환경(예 멀티미디어 패키지)을 만든다.

(3) 활용 영역

활용(utilization)은 개발된 과정 및 자원이 실제 교수·학습 환경에 투입되어 적절하게 사용되도록 하는 영역이다. 아무리 잘 설계하고 개발된 자원이라도 현장에서 효과적으로 쓰이지 못하면 의미가 없으므로, 이 영역은 실천적 측면을 강조하는 영역이다.

활용 하위영역으로는 매체 활용(media utilization), 혁신 보급(diffusion of innovation), 수행과 제도화(implementation and institutionalization), 정책과 규제(policies and regulations)가 있다.

매체 활용은 교사나 학습자가 교수매체를 사용하는 방법, 절차 및 환경을 체계적으로 다룬다. 혁신의 보급이란 새로운 교육적 아이디어나 기술(혁신)이 교육현장에 전파되고 채택되는 과정을 연구하고 촉진하는 것이다. 수행과 제도화란 개발된 프로그램이나 혁신이 일시적으로 사용되는 것을 넘어, 조직의 영구적인 정책이나 관행으로 정착되도록 관리하는 것이다. 정책과 규제는 교육기술의 활용과 관련된 제도적, 법적, 윤리적 문제를 다루며, 기술 활용의 방향성을 제시한다.

(4) 관리 영역

관리(management)는 교육공학적 활동 전반에 걸쳐 프로세스, 자원, 전달 시스템 및 정보를 체계적으로 조직하고 통제하는 영역이다. 교육공학 프로젝트의 효율성을 확보하고 전반적인 과정을 최적화하는 역할을 한다.

관리의 하위영역으로는 프로젝트 관리(project management), 자원 관리(resource management), 전달 체제 관리(delivery system management), 정보 관리(information management)가 있다. 프로젝트 관리란 교수 설계 및 개발 프로젝트를 기획, 조직, 실행, 감독하며, 시간, 예산, 인력 등의 자원을 효율적으로 배분하는 것이다. 자원 관리는 교수・학습에 사용되는 인적(교사, 전문가), 물적(매체, 장비), 재정적 자원을 획득, 유지, 통제하는 활동이며, 전달 체제 관리란 교육 프로그램이 학습자에게 전달되는 방식(예 면대면, 원격교육, 블렌디드 러닝)과 그 시스템을 관리하는 것이다. 정보 관리는 교수·학습 과정에서 발생하는 데이터와 정보를 수집, 저장, 처리, 검색하여 의사결정에 활용하는 활동이다.

(5) 평가 영역

평가(evaluation)는 학습 및 수행의 적절성과 가치를 판단하는 영역이다. 교육공학 활동의 모든 단계에서 이루어지며, 의도한 결과를 달성했는지, 그 과정이 효율적이었는지를 검증하고 개선의 기초를 제공해 준다.

평가의 하위 영역으로는 문제 분석(problem analysis), 준거지향평가(criterion-referenced measurement), 형성평가(formative evaluation), 총괄평가(summative evaluation)가 있다. 문제 분석은 교수·학습의 문제를 해결하기 위해, 문제가 발생하는 원인과 맥락을 진단하고 분석하는 것이며, 준거지향평가는 절대적인 학습목표 달성 여부를 판단하기 위해 설계된 평가도구를 활용한다. 형성평가는 프로그램이나 자원이 개발되는 과정 중에 이루어지는 평가로, 즉각적인 개선 및 수정 정보를 제공하는 데 목적이 있다. 총괄평가는 프로그램이나 자원의 완료 후에 이루어지는 최종적인 평가로, 그 가치나 효과성을 판단하고 채택 여부를 결정하는 데 사용된다.

<표 10-1> 교육공학의 영역

구 분	내 용	핵심역할
1. 설계 (design)	학습목표 달성을 위한 전략과 환경의 청사진을 수립하는 영역. 문제 분석, 목표 설정, 교수 전략 및 메시지 설계 등이 포함됨	계획, 전략, 이론적 기초
2. 개발 (development)	설계된 명세서에 따라 실제적인 교수 자원과 매체를 제작하거나 구축하는 영역. 인쇄, 시청각, 컴퓨터 기반 콘텐츠 제작 등을 포괄함	제작, 구축, 콘텐츠 개발
3. 활용 (utilization)	개발된 과정 및 자원이 실제 현장에 효과적으로 투입/적용되도록 하는 영역. 매체 활용, 혁신 보급, 정책 및 제도화 등을 다룸	실행, 적용, 혁신 확산

4. 관리 (management)	교육공학적 활동의 전반적인 과정과 자원을 통제하고 조직하는 영역. 프로젝트 관리, 자원 관리, 전달 체제 관리 등을 통해 효율성을 확보함	조직, 통제, 최적화
5. 평가 (evaluation)	학습 및 수행의 적절성과 가치를 판단하는 영역. 형성평가, 총괄평가, 문제 분석 등을 통해 개선을 위한 피드백을 제공함	판단, 가치 검증, 피드백

교육공학의 각 영역은 독립적으로 존재하는 것이 아니라, 교수·학습의 전 과정에서 상호 보완적이고 순환적인 관계를 맺으며 교육공학이라는 학문을 구성한다.

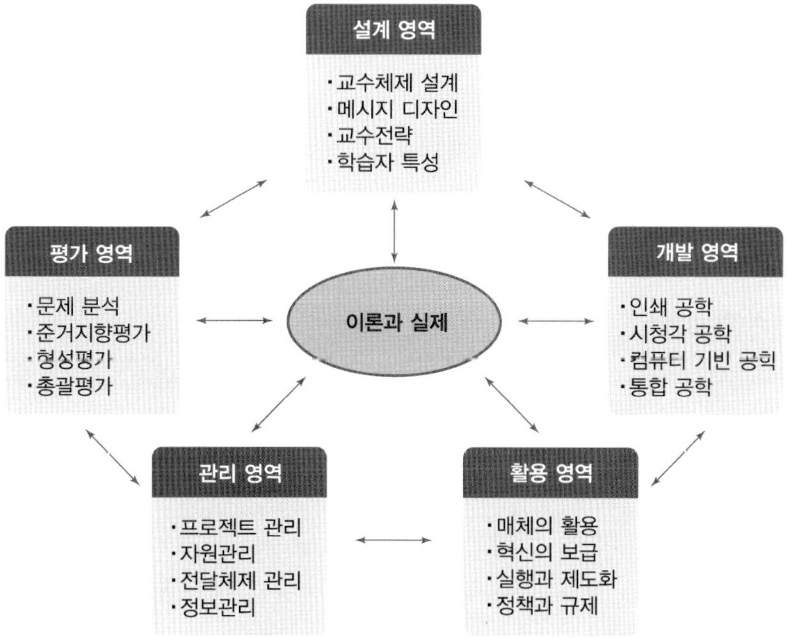

|그림 10-1| 교육공학의 영역

출처 : Seels, B., & Richey, R. C.(1995). 교수공학 : 정의와 영역(김영수 외 공역).

3) 교수설계

(1) 교수설계의 개념

교수설계란 교육목표를 효과적이고 효율적으로 달성하기 위하여 교수·학습 과정을 체계적으로 계획하고 실행하며 평가하는 과정을 의미한다. 이는 단순히 수업안을 작성하는 활동을 넘어 학습자의 특성과 요구, 학습내용의 구조, 교수매체와 환경, 그리고 평가방법 등을 종합적으로 고려하여 최적의 학습 경험을 제공하기 위한 설계 활동을 포함한다. 따라서 교수설계는 학습자 중심의 교육을 구현하기 위한 과학적이고 체계적인 접근이라 할 수 있다.

교수설계가 필요한 이유는 무엇보다 수업을 계획적이고 조직적으로 운영할 수 있게 해준다는 점에 있다. 교사의 경험이나 직관에만 의존하는 것이 아니라, 학습이론과 교육공학적 원리에 근거하여 수업을 설계함으로써 교육의 효과성과 효율성을 높일 수 있다. 또한 학습자의 수준과 요구를 반영한 맞춤형 학습을 가능하게 하여 학습자의 성취와 만족을 동시에 높인다. 나아가 교수설계 과정은 문서화와 체계화를 통해 반복 활용과 개선이 가능하므로 교육과정 운영의 질적 향상에도 기여한다.

교수설계의 주요 영역은 여러 측면에서 구분할 수 있다. 먼저, 교수체제 설계는 교육목표 설정에서부터 교수전략 결정, 교수자료 개발, 실행과 평가에 이르는 전체 과정을 포괄하는 거시적 설계를 말한다. 대표적인 예로 ADDIE 모형이 있으며, 이는 분석, 설계, 개발, 실행, 평가의 단계를 거쳐 수업을 체계적으로 준비하도록 돕는다. 둘째, 교수 전략 및 방법 설계는 특정 학습목표 달성을 위한 교수기법과 수업 활동을 계획하는 영역으로, 문제중심학습, 협동학습, 플립러닝 등 다양한 수업 전략이 이에 포함된다. 셋째, 교수매체와 학습환경 설계는 효과적인 학습을 지원할 수 있는 매체와 환경을 선정하고 활용하는 영역이다. 이는 전통적인 교재와 교구뿐 아니라, e-러닝, 블렌디드 러닝, 가상현실

기반 학습 환경 등 최신 디지털 매체까지 폭넓게 포함한다. 넷째, 교수평가 설계는 학습성과를 점검하고 교수과정을 개선하기 위한 평가 절차와 도구를 마련하는 활동으로, 형성평가와 총괄평가, 수행평가 등이 활용된다. 마지막으로, 학습자 지원 및 동기 설계는 학습자의 개별차와 흥미, 학습 동기를 고려하여 학습 참여와 몰입을 촉진하는 요소를 설계하는 것을 의미한다. 대표적으로 ARCS 모형이 이러한 접근을 뒷받침한다.

교수설계는 제2차 세계대전 당시 군사훈련 프로그램 개발을 통해 본격적으로 발전하기 시작하였으며, 이후 체제적 접근을 기반으로 교육 전반에 확산되었다. 최근에는 인공지능, 빅데이터, 학습분석과 같은 새로운 기술의 발달로 인해 교수설계가 데이터 기반 맞춤형 학습 설계로 확장되고 있으며, 온라인 학습과 혼합학습 환경에 최적화된 형태로 발전하고 있다. 따라서 교수설계는 과거와 현재, 그리고 미래의 교육을 연결하는 중요한 영역으로서 교육공학의 핵심을 이루고 있다고 할 수 있다.

(2) ADDIE 모형

교수설계의 대표적인 체제적 접근 모형으로 ADDIE 모형이 널리 활용되고 있다. ADDIE는 분석(Analysis), 설계(Design), 개발(Development), 실행(Implementation), 평가(Evaluation)의 다섯 단계를 의미한다. 이 모형은 교수·학습 과정을 체계적으로 조직하여 교육목표 달성을 극대화하는 데 목적이 있으며, 각 단계는 순환적으로 연결되어 지속적인 개선이 가능하도록 구성되어 있다.

첫째, 분석(Analysis) 단계는 학습자의 특성, 학습 요구, 학습 환경, 그리고 교육목표를 명확히 파악하는 과정이다. 이 단계에서 학습자가 무엇을 필요로 하고, 어떤 조건에서 학습이 이루어지는지를 구체적으로 규명함으로써 이후 설계의 기초를 마련한다.

둘째, 설계(Design) 단계는 분석 결과를 토대로 학습목표를 구체화하고, 교수

전략과 학습활동, 평가방법을 계획하는 과정이다. 수업이 어떻게 진행될 것인지에 대한 청사진을 마련하는 단계라 할 수 있다.

셋째, 개발(Development) 단계는 설계된 계획에 따라 실제 교수자료와 학습자료, 교수매체를 제작하는 과정이다. 교재, 멀티미디어 자료, 온라인 콘텐츠 등이 이 단계에서 완성된다.

넷째, 실행(Implementation) 단계는 실제 수업 현장에서 교수설계안을 적용하는 과정이다. 이 과정에서는 교수자와 학습자가 상호작용하며, 교수자료와 매체가 실제로 활용된다. 동시에 학습자의 반응을 관찰하고, 교수자의 교수행동을 조정하는 활동이 포함된다.

마지막으로, 평가(Evaluation) 단계는 교수설계 전체 과정과 그 결과를 점검하는 과정이다. 형성평가를 통해 수업 중간에 나타나는 문제를 개선하고, 총괄평가를 통해 교육목표 달성 정도를 확인한다. 또한 평가 결과는 다시 분석 단계로 환류되어 교수설계의 질적 향상에 기여한다.

이처럼 ADDIE 모형은 교수설계를 위한 가장 기본적이고 보편적인 틀로서, 다양한 교육 상황에서 유연하게 적용될 수 있다. 특히 단계적이고 순환적인 구조를 지니고 있어 교육현장에서의 실천 가능성과 개선 가능성이 높다는 점에서 교육공학 분야의 핵심적 모형으로 자리 잡고 있다.

(3) ARCS 모형

수업의 성공은 단순히 학습내용을 잘 전달하는 것만으로 이루어지지 않는다. 학습자가 얼마나 몰입하고 동기를 유지하느냐가 학습의 성과에 결정적 영향을 미친다. 이러한 점에서 켈러(Keller)가 제안한 ARCS 모형은 학습자의 학습동기를 체계적으로 설계하고 유지하기 위한 대표적인 모형으로 널리 활용되고 있다. ARCS는 주의(Attention), 관련성(Relevance), 자신감(Confidence), 만족감(Satisfaction)의 네 가지 요소를 의미하며, 각각은 학습자의 동기를 자극하고 지속시키는 중요한 조건들로 구성된다.

첫째, 주의(Attention)는 학습자의 흥미를 끌고 집중하게 만드는 요소이다. 학습 초기에 흥미를 유발할 만한 질문이나 사례, 새로운 교수매체의 활용 등은 학습자가 주의를 집중하도록 돕는다. 이는 학습의 출발점을 마련하는 중요한 단계라 할 수 있다.

둘째, 관련성(Relevance)은 학습내용이 학습자의 필요와 가치, 실제 생활과 연결되어 있다는 인식을 심어주는 것이다. 학습자가 '왜 이 내용을 배워야 하는가'를 이해할 때, 학습동기는 더욱 강화된다. 교사는 학습자의 경험과 목표에 수업 내용을 연계하여 학습의 의미를 부여할 수 있다.

셋째, 자신감(Confidence)은 학습자가 학습과제를 수행할 수 있다는 기대와 신념을 가지도록 돕는 요소이다. 교사는 학습목표를 명확히 제시하고, 학습자가 성취 가능한 단계를 거치며 점차적으로 난도를 높일 수 있도록 수업을 설계해야 한다. 학습자가 자기효능감을 느낄 때 학습 지속력이 강화된다.

넷째, 만족감(Satisfaction)은 학습자가 학습의 결과로 긍정적인 보상과 성취감을 경험하는 것을 의미한다. 성취한 결과를 인정받거나 실제 생활에 적용할 수 있을 때 학습자는 학습에 대한 만족을 느끼게 된다. 이는 향후 학습 동기를 지속시키는 데 중요한 역할을 한다.

이처럼 ARCS 모형은 학습자의 주의를 끌고, 학습내용의 의미를 부여하며, 자신감을 심어주고, 만족을 제공하는 일련의 과정을 통해 학습동기를 체계적으로 설계하는 틀을 제공한다. 따라서 교수설계자는 수업의 효과성을 높이기 위해 학습자의 동기를 고려한 ARCS 전략을 적극 활용할 필요가 있다.

(4) 윌리스의 순환적 교수모형

윌리스(Willis)의 순환적 교수모형은 전통적인 직선적 교수설계 모형과 달리 순환적이고 유연한 과정을 강조하는 모형이다. 기존의 체제적 설계 모형은 목표 설정에서 시작하여 분석, 설계, 개발, 실행, 평가로 이어지는 직선적 과정으로 제시되지만, 실제 교육현장은 복잡하고 역동적이어서 반드시 일정한 순서로만 진행되지 않는다. 윌리스는 이러한 현실을 반영하여 교수설계가 상황과 필요에 따라 반복되고 수정될 수 있는 순환적 과정임을 강조하였다.

윌리스의 순환적 교수모형은 세 가지 중심 활동으로 구성된다. 첫째, 목표와 내용의 확인 및 분석 단계에서는 학습자가 무엇을 배워야 하는지, 그리고 어떤 내용이 학습에 적절한지를 분석한다. 둘째, 교수전략 및 교수자료의 개발 단계에서는 분석된 내용을 토대로 교수방법, 학습활동, 매체와 자료를 설계하고 개발한다. 셋째, 평가와 수정 단계에서는 수업의 효과를 점검하고, 필요할 경우 교수전략과 자료를 수정・보완한다.

이 과정은 고정된 직선적 단계가 아니라 상황에 따라 어느 단계에서든 다시 앞 단계로 되돌아가 수정할 수 있는 순환적 구조를 가진다. 예를 들어, 수업 실행 중에 학습자의 반응을 보고 학습목표를 재조정하거나, 평가 결과에 따라 교수자료를 다시 개발하는 식의 유연한 적용이 가능하다.

윌리스의 순환적 교수모형은 실제 수업 현장의 복잡성을 반영하고, 교수자가 학습자의 요구와 상황 변화에 즉각적으로 대응할 수 있도록 돕는 장점이 있다. 따라서 이 모형은 현장 친화적인 교수설계 접근으로, 특히 급변하는 교육 환경 속에서 수업을 설계하고 운영하는 데 유용하게 활용될 수 있다.

3. 교육공학과 미래 사회

미래 사회는 디지털 기술의 급속한 발전과 함께 교육의 패러다임이 근본적으로 변화하는 시대라 할 수 있다. 인공지능(AI), 빅데이터, 가상현실(VR)과 증강현실(AR), 메타버스, 사물인터넷(IoT)과 같은 첨단 기술은 학습 환경과 교수・

학습 방법을 새롭게 재구성하고 있으며, 이러한 변화의 중심에는 교육공학이 자리하고 있다.

첫째, 개인화 학습의 강화가 두드러진다. 빅데이터와 학습분석 기술은 학습자의 학습 이력과 특성을 정밀하게 파악하여 맞춤형 학습경험을 제공할 수 있다. 과거의 일방적이고 획일적인 수업 방식에서 벗어나, 학습자는 자신에게 최적화된 콘텐츠와 학습경로를 통해 자기 주도적 학습을 수행할 수 있게 된다.

둘째, 학습공간의 확장과 가상화가 이루어진다. 온라인 학습, 블렌디드 러닝을 넘어, 메타버스 기반의 가상교실이나 VR · AR 학습 환경은 시공간적 제약을 해소하고 몰입감 있는 학습경험을 제공한다. 이는 실제 체험이 어려운 현상을 가상 환경에서 구현함으로써 학습의 효과성을 높이는 데 기여한다.

셋째, 인공지능의 교수자 역할 보완이 확대된다. AI 튜터와 챗봇은 학습자의 질문에 즉각적인 피드백을 제공하고, 개별 학습 진도에 맞추어 과제를 제시할 수 있다. 이는 교사의 역할을 대체하는 것이 아니라, 교사가 학습자의 고차적 사고력과 창의성을 길러주는 본질적 교육활동에 더 집중할 수 있도록 지원하는 방향으로 발전하고 있다.

넷째, 평생학습 사회의 도래와 관련된다. 미래 사회는 급격한 직업 변화와 새로운 역량 요구 속에서 평생학습이 필수적이 된다. 교육공학은 다양한 학습자들이 시공간의 한계를 넘어 언제, 어디서나 학습할 수 있는 환경을 마련함으로써 평생학습의 실현을 가능하게 한다.

다섯째, 교육격차 해소와 새로운 불평등의 과제가 공존한다. 디지털 기술은 교육 접근성을 높여 소외지역이나 특수한 상황의 학습자들에게 새로운 기회를 제공할 수 있다. 그러나 동시에 디지털 기기 접근성, 네트워크 환경, 기술 활용 역량의 차이에 따른 새로운 교육격차(digital divide)가 발생할 수 있다. 이에 따라 교육공학은 단순한 기술 적용을 넘어, 학습자 모두에게 공평한 학습 기회를 제공할 수 있는 방향으로 발전해야 한다.

결국 미래 사회에서 교육공학은 단순히 교수·학습을 지원하는 보조 수단이 아니라, 교육의 본질적 변화와 혁신을 견인하는 핵심 동력으로 작용할 것이다. 개인화된 맞춤 학습, 가상공간 기반 학습, 인공지능과 교사의 협력, 평생학습 체제 구축 등은 모두 교육공학이 미래 사회를 대비하여 제시하는 중요한 방향이다. 동시에 이러한 발전 속에서 교육공학은 인간성을 존중하고 학습자의 주체적 성장을 도모하는 철학적 기반을 잃지 않아야 한다는 점이 강조된다.

요약

1. 교육방법은 교육을 하는 방법을 말하며, 학습자에게 어떤 내용을 선정·조직하여 효과적으로 가르칠 것인가에 관한 영역이다.
2. 교수, 학습, 수업은 교육과정의 내용을 어떻게 가르치고 배울 것인가를 탐색하는 교육방법이다. 교수는 교육적 의도를 가지고 수행하는 일체의 활동으로, 가르치는 것뿐만 아니라 교사의 의도성이 전제된 상태에서 학습자의 학습을 촉진하고 이끌어 가는 일련의 활동이다. 학습은 인간과 환경과의 상호작용 속에서 경험을 통해 비교적 지속적인 행동변화를 이루는 과정이다. 수업은 교사가 교수활동을 실천하고 학습자가 학습활동에 참여하는 구체적 장면이자 상호작용의 과정이다.
3. 교육방법의 유형은 다양한 기준에 따라 다양하게 유형화될 수 있다. 교사 중심이냐 학습자 중심이냐에 따라, 상호작용적이냐 개별적이냐에 따라서 강의식 교육방법, 토의식 교육방법, 협동학습, 발견학습, 문제기반 학습, 개별화 교수법 등이 있다.
4. 교사 중심(교수자 중심) 교육방법에는 강의법, 문답법이 있고, 학습자 중심의 교육방법에는 탐구학습법, 발견학습법, 협동학습법이 있으며, 상호작용 중심의 교육방법에는 토의법, 프로젝트 학습법, 문제중심 학습법 등이 있다.
5. 최근 교육방법은 현대 정보화의 산물인 정보와 지식의 유통, 저장, 확산의 산물을 활용하여 발전하고 있다. 즉, 여러 가지 정보화 기기와 스마트 기기들이

교육적으로 활용되어 블렌디드 러닝, 플립 러닝, 에듀테크 기반 학습들이 이루어지고 있다.

6. 교육공학은 '적절한 공학적 과정 및 자원을 창출, 활용, 관리함으로써 학습을 촉진하고 수행을 개선하는 연구와 윤리적 실천'으로 정의된다.

7. 교육공학의 주된 영역은 설계(design : 학습에 관한 조건을 구체화하는 과정, 개발(development : 설계된 계획을 구체적인 내용으로 구현하는 과정), 활용(utilization : 학습을 위해 개발된 코스를 시행하는 과정), 관리(management : 계획 계발, 활용의 전체적 과정을 조직, 조정, 감독하여 교육공학을 통제하는 것), 평가(evaluation : 교수・학습이 교수 목적에 의거해 잘 실행되었나를 판단하는 과정) 등이 있다.

8. 교수설계는 교육공학의 핵심 영역으로서 교육공학의 학문적 탐구대상이면서 동시에 학문적 원리를 구체화한다. 교수설계는 넓게 보면 교육 혹은 교수체제를 개발하는 것을 의미하며, 좁게 보면 각 단위 수업시간에 대한 방법과 아이디어들로 수업에 대한 청사진을 의미한다. 교수설계 모형이란, 교수설계를 하는 데 있어서 필요한 과정이나 절차 또는 과제를 수행해야 할 순서에 따라 행위별로 묶어 놓은 것이다. 많은 교수설계 모형이 존재하지만, 가장 일반적인 교수설계 모형으로 ADDIE 모형, ARCS 모형을 들 수 있다.

9. 수업에 활용되는 매체는 칠판과 분필과 같은 전통적인 매체에서 출발하여 오늘날 발전된 정보기술을 활용한 뉴미디어(new media) 계열의 매체로까지 발전되어 왔다. 뉴미디어 계열의 매체들은 정보통신 환경과 연결하여 사용될 수 있는 디지털 매체들을 의미한다. 즉, 기존의 미디어에 새로운 컴퓨터나 정보통신기술을 결합하여 과거와는 다른 형태의 정보 수집, 정보 처리, 정보 가공, 전송과 분배, 활용 등을 가능하게 하는 매체이다.

제 11 장

교육행정

1. 교육행정의 개념
2. 교육행정 이론의 발달
3. 교육조직의 이해
4. 우리나라의 교육행정

제11장

교육행정

학습내용

- 교육행정의 정의와 성격, 교육행정의 유형에 대해 이해한다.
- 교육행정 이론의 발달과정과 특징을 나열할 수 있다.
- 조직의 개념과 학교조직에 대해 이해한다.
- 우리나라 교육행정과 관련된 교육법, 교육재정, 장학에 대해 설명할 수 있다.

1. 교육행정의 개념

1) 교육행정의 정의

교육행정(educational administration)은 교육목표를 효율적으로 달성하기 위하여 교육활동을 조직하고 운영하며 관리하는 일련의 과정을 의미한다. 다시 말해, 교육행정은 교육이라는 특수한 목적을 가진 조직을 효과적으로 운영하기 위한 관리 활동으로서, 교육정책의 수립에서부터 교육기관의 운영, 교직원과 학습자의 지원, 그리고 교육자원의 배분과 활용에 이르기까지 폭넓은 영역을 포괄한다.

교육행정의 정의는 접근하는 관점에 따라 다소 차이가 있다. 협의의 개념에서 교육행정은 주로 학교와 같은 교육기관의 운영이나 관리활동을 지칭한다. 그러나 광의의 개념에서는 국가와 지방자치단체의 교육정책, 교육재정, 교육법규, 인적·물적 자원 관리 등 교육 전반에 걸친 행정활동까지 포함한다. 즉, 교육행정은 교육정책과 학교행정을 모두 포괄하는 보다 넓은 의미에서 이해될 수 있다.

교육행정의 본질은 일반 행정과 구분되는 특수성을 지니는데, 이는 교육행정이 단순한 관리 차원을 넘어서 인간의 성장과 발달이라는 교육의 궁극적 목적을 실현하는 데 중점을 두기 때문이다. 따라서 교육행정은 효율성과 합리성을 추구하면서도, 교육의 가치와 철학을 반영해야 한다는 특징을 지닌다. 요컨대 교육행정은 교육적 목적을 효과적으로 달성하기 위한 조직적·체계적 관리 활동으로 정의될 수 있으며, 이는 교육의 질적 향상과 사회적 발전을 위한 핵심적 기능을 담당한다고 할 수 있다.

2) 교육행정의 성격

교육행정은 고유한 성격을 지니고 있다. 첫째, 공공성의 성격을 가진다. 교육행정은 국가와 사회가 필요로 하는 인재를 양성하고 국민의 학습권을 보장하는 활동이므로, 사적 이익보다 공익 실현을 우선시해야 한다. 둘째, 봉사성의 성격이 있다. 교육행정은 교육기관과 교직원, 학습자를 지원하여 교육목표가 효과적으로 달성되도록 돕는 봉사적 활동이다. 즉, 통제나 권력 행사보다는 지원과 협력을 강조한다. 셋째, 전문성의 성격을 지닌다. 교육행정은 교육과 행정의 두 가지 전문성을 바탕으로 하며, 교육적 철학과 가치, 그리고 과학적 관리 기법을 모두 이해하고 적용할 수 있는 전문적 활동이다.

또한 교육행정은 민주성을 중요한 성격으로 포함한다. 교육은 학습자의 자율성과 참여를 존중하는 활동이므로, 교육행정 역시 구성원들의 의견 수렴과 합의 과정을 중시해야 한다. 아울러 교육행정은 정치적 성격을 부분적으로 내포한다. 교육정책은 사회의 이념과 정치적 결정에 따라 영향을 받기 때문에, 교육행정은 가치 중립적이기 어렵고 정치적 환경과 긴밀하게 연관된다.

요컨대 교육행정은 공공성과 봉사성, 전문성과 민주성, 그리고 정치성과 같은 다양한 성격을 동시에 지니고 있으며, 이러한 복합적 성격 속에서 교육행정은 교육의 목적을 달성하기 위한 중요한 관리 기능을 수행한다.

교육행정은 일반행정과 동일한 관리적·조직적 기능을 수행하면서도, 교육이라는 고유한 목적을 실현해야 하므로 몇 가지 특수한 성격을 지닌다. 첫째, 교육목적 지향성이다. 교육행정은 단순히 행정의 효율성을 추구하는 데 그치지 않고, 인간의 성장과 전인적 발달이라는 교육의 본질적 목적을 달성하는 데 초점을 맞춘다. 따라서 모든 행정활동은 교육적 가치와 목적을 기준으로 판단되고 실행된다.

둘째, 가치지향성이다. 일반행정이 상대적으로 가치중립적 성격을 강조하는 것과 달리, 교육행정은 교육이 지향하는 철학과 사회적 가치에 직접적으로 영향을 받는다. 예컨대 민주주의, 평등, 인권 존중과 같은 가치가 교육행정 운영의 기준이 된다.

셋째, 인간중심성이다. 교육행정의 대상은 사람, 즉 학습자와 교원이며, 물적 자원이나 시설 관리보다 인간의 발달과 성장 지원이 핵심적 역할을 한다. 따라서 교육행정은 인간의 다양성과 개별성을 존중하며, 인간적 관계와 상호작용을 중시한다.

넷째, 장기성이다. 교육은 단기간의 성과보다는 학습자의 장기적 성장과 사회적 발전을 지향한다. 따라서 교육행정 역시 단기적 효율성보다 장기적 안목에서 계획되고 실행되어야 한다.

마지막으로, 정치·사회적 영향성이다. 교육은 사회의 이념, 정치적 상황, 문화적 요구와 긴밀하게 연결되어 있으므로, 교육행정은 일반행정보다 외부 환경의 영향을 더 크게 받는 특수성을 지닌다.

이처럼 교육행정은 단순한 조직 관리 활동을 넘어, 인간 발달과 사회적 가치를 실현하는 데 기여하는 독자적 성격을 가지고 있다. 따라서 교육행정을 이해할 때에는 일반행정의 보편적 성격과 함께, 교육만의 특수한 목적과 가치를 동시에 고려해야 한다.

3) 교육행정의 원리

교육행정은 교육목적을 효과적으로 달성하기 위해 일정한 기준과 원리를 바탕으로 운영되어야 한다.

첫째, 민주성의 원리이다. 교육행정은 교육 공동체 구성원의 자율성과 참여를 존중하고, 합의와 협력 속에서 이루어져야 한다. 이는 민주사회에서 교육의 정당성을 확보하는 기초가 된다. 대표적으로 지방교육자치, 직선제 교육감 선출, 학교운영위원회 등을 들 수 있으며, 시민 참여 정책 제언 등이 있다

둘째, 합법성의 원리이다. 교육행정은 국가의 법령과 제도에 근거하여 운영되어야 하며, 모든 정책과 집행은 법적 정당성을 확보해야 한다. 기본적으로 교육행정은 「대한민국헌법」 제31조를 비롯하여 「교육기본법」, 「초·중등교육법」, 「고등교육법」, 「사립학교법」, 「평생교육법」 등의 법률에 근거하여 시행된다.

셋째, 효율성의 원리이다. 제한된 자원을 합리적으로 활용하여 교육목표를 최대한 효과적으로 달성하는 것을 의미한다. 다만, 단순한 능률 추구보다는 교육적 가치와 균형을 이루어야 한다. 대표적으로 교사 1인당 학생 수나 학급당 학생 수 등이 효율성 원리의 예이다. 그러나 교육의 성과가 장기적이라는 점을 생각한다면 측정이 가능한 산출보다 무형의 산출이 더욱 중요할 수 있다는 것을 기억해야 한다.

넷째, 전문성의 원리이다. 교육행정은 교육학적 이해와 행정학적 지식을 바탕으로 전문적으로 수행되어야 하며, 행정 담당자는 교육의 본질과 행정의 과학적 기법을 모두 이해해야 한다. 이를 위해 교육행정가는 장기적인 교육이나 연수 등이 필요하다.

다섯째, 안정성의 원리이다. 교육은 장기적인 계획과 일관성을 필요로 하므로, 교육행정은 지속성과 안정성을 바탕으로 운영되어야 한다. 교육은 기본적으로 장기적 성격과 정책 파급의 효과가 크기 때문에 방향성과 정책이 빈번하

게 변하면 행정의 낭비를 초래하고 사회적 혼란을 야기할 수 있다. 따라서 국가의 교육정책은 안정적 기조를 지님과 동시에 집행과정에서 일관성을 지속적으로 유지해야 한다.

여섯째, 변화 대응성의 원리이다. 급변하는 사회적 환경과 교육적 요구에 맞추어 교육행정은 유연하고 적절하게 대응해야 한다. 즉, 안정성을 유지하면서도 변화에 민감하게 반응하는 균형이 요구된다.

일곱째, 기회균등의 원리는 민주주의의 기본적인 원리로서 「대한민국헌법」 제31조 제1항 "모든 국민은 능력에 따라 균등하게 교육받을 권리를 가진다"는 법적 근거를 가진다. 또한 「교육기본법」 제3조는 "모든 국민은 평생에 걸쳐 학습하고, 능력과 적성에 따라 교육받을 권리를 가진다", 제4조는 "모든 국민은 성별, 종교, 신념, 사회적 신분, 경제적 지위 또는 신체적 조건 등을 이유로 교육에 있어서 차별을 받지 아니한다"라고 규정하고 있다. 이러한 법적 근거는 모든 국민이 교육에 대한 균등한 기회를 보장하는 의무교육, 무상교육을 받을 권리와 능력에 따라 학업을 지속할 수 있는 있도록 사회보장제도나 장학금제도 등을 확립하는 것을 의미하고 있다.

여덟째, 지방분권의 원리는 교육이 지역사회와 주민의 민의에 의해 실시되어야 한다는 것이다. 우리나라는 과거 중앙집권적 형태의 교육행정을 시행하였으나 지방분권의 필요성과 요구에 따라 교육의 지방분권을 위해 지방교육자치제로 제도화하였다. 중앙교육행정기관인 교육부는 국가 단위의 교육정책 수립, 전문적 지도 및 조언, 재정적 보조의 역할을 수행하여 중앙과 지방의 균형을 유지하고 있다.

이와 같이 교육행정의 8대 원리는 민주적 가치, 합법적 운영, 전문적 관리, 효율적 자원 활용, 안정성과 변화 대응, 봉사와 공공성의 실현이라는 측면에서 교육행정이 나아가야 할 방향을 제시한다.

<표 11-1> 교육행정의 원리

원 리	설 명
민주성의 원리	교육공동체 구성원의 참여와 합의를 존중하며, 민주적 절차 속에서 운영되어야 함
합법성의 원리	법령과 제도에 근거하여 정당하고 합리적으로 행정을 수행해야 함
효율성의 원리	제한된 인적·물적 자원을 합리적으로 활용하여 교육목표를 효과적으로 달성해야 함
전문성의 원리	교육학적 이해와 행정학적 지식에 근거하여 전문적으로 운영되어야 함
안정성의 원리	장기적 계획과 지속성을 바탕으로 교육행정을 일관성 있게 운영해야 함
변화 대응성의 원리	사회적 변화와 교육적 요구에 민감하게 반응하고 유연하게 대응해야 함
기회균등의 원리	모든 국민은 능력에 따라 균등하게 교육받을 권리를 가짐
지방분권의 원리	교육행정은 지역사회나 주민의 민의에 의해 실시해야 함

2. 교육행정 이론의 발달

1) 고전 이론

교육행정의 이론적 기초 가운데 가장 먼저 등장한 것은 고전적 행정이론이다. 고전적 이론은 19세기 후반과 20세기 초에 산업사회의 조직 관리 문제를 해결하기 위해 등장하였으며, 합리성과 능률성을 강조하는 특징을 지닌다. 교육행정에서도 이 시기의 이론은 행정의 기본 원리를 확립하는 데 중요한 토대를 제공하였다.

(1) 과학적 관리론

테일러(Taylor)의 과학적 관리론(Scientific Management Theory)은 조직의 능률성을 극대화하기 위해 작업 과정을 과학적으로 분석하고 표준화해야 한다고 주장하였다. 테일러는 공장의 작업과정을 분석하여 능률과 생산성을 극대화할 수 있다는 공장관리론을 발전시켜 과학적 관리의 원리를 체계화하였다. 교육행정에 적용하면, 교사의 교수활동을 표준화하고 시간과 자원을 효율적으로 활용하여 수업의 효과를 높이려는 시도로 연결된다. 과학적 관리론은 조직의 경영과 관리에 대해 최초로 접근한 이론으로 생산공정에서 인간 활용의 효율성을 높이는 지식을 체계화하였고, 향후 현대 조직의 전문화, 성과급제도, 분업화 등에 활용되기도 한다. 그러나 인간을 기계적 존재로 간주한다는 한계를 지닌다.

많은 비판에도 불구하고 현대 조직운영의 많은 부분에 이 과학적 관리론이 영향을 미치고 있다. 대표적인 학자로 보빗(Bobbitt)과 스폴딩(Spaulding)을 들 수 있다. 보빗(Bobbitt, 1924)은 과학적 관리를 교육에 적용해야 한다고 주장했는데, 학교에서의 의사결정, 급여 결정, 교사선발 및 훈련, 과업관리, 시설 선정 등에 과학적 관리의 원리가 적용되어야 한다고 강조했다. 그러나 교육영역에서 인간의 인성 개발과 공장에서 표준화된 제품을 생산하는 과정은 비교가 불가하며, 교육의 목적과 특수성을 무시하는 처사라고 비판받기도 했다.

(2) 행정관리론

파욜(Fayol)은 관리의 보편적 기능(계획, 조직, 지휘, 조정, 통제)을 강조하며, 이를 모든 조직에 적용할 수 있다고 보았다. 조직의 분업과 조정에 주목하여 행정관리의 과정을 5개 요소로 체계화하였다(Fayol, 1949).

- 기획(planning) : 미래를 예측하여 행동계획을 수립하는 일
- 조직(organizing) : 인적 · 물적 · 재정적 자원을 조직하고 체계화하는 일

- 지시(directing) : 구성원이 과업을 수행하도록 하는 일
- 조정(coordinating) : 과업이나 활동을 통합하고 조정하는 일
- 통제(controlling) : 규칙과 명령에 따라 과업이 수행되는지를 확인하는 일

교육행정에 있어서는 학교 경영의 체계적 관리, 행정의 분업과 권한의 명확화, 책임성 확보 등에 중요한 시사점을 준다.

(3) 관료제론

베버(Weber)의 관료제론(Bureaucracy)은 조직이 합리적으로 운영되기 위해서는 법적 권위, 명확한 규칙, 위계적 구조, 전문적 역할 수행이 필요하다고 강조하였다. 베버는 집단의 구성원에 의해 어떤 특정한 명령이 준수되는 것을 '권위'라고 정의하였고 조직은 반드시 통제와 권위가 있어야 한다고 보았다. 따라서 정당한 권위에 따라 조직의 목적을 달성하기 위한 행정체계를 관료제로 정의할 수 있다. 교육행정에서는 교육기관의 규칙 제정, 교직원의 역할 구분, 학교 조직의 위계적 구조를 정당화하는 이론적 근거를 제공한다. 관료제론은 조직의 최고 능률을 달성하기 위해 분업과 전문화를 통해 조직의 전문적 관리를 가능하게 하며, 몰인정성을 통해 합리적 의사결정을 가능하게 하는 것이다.

대부분의 현대 조직은 원칙적으로 관료제이다. 관료제는 권위와 위계, 규정이나 규칙은 조직의 운영에 있어 안정성을 주며, 경력을 지향하여 조직에 충성하도록 하는 순기능이 있다. 그러나 지나친 규칙중심 운영은 창의성과 자율성을 저해할 수 있다는 한계가 있다.

이와 같이 고전적 행정이론은 교육행정에 과학적 원리와 관리적 체계성을 도입하는 데 기여하였다. 다만, 인간의 심리적·사회적 측면을 간과하여, 이후 인간관계론이나 행동과학이론의 등장으로 보완될 필요가 제기되었다.

2) 인간관계론

기계적 효율성만을 강조한 과학적 관리론을 비롯한 고전이론에 대한 비판과 한계가 대두되면서 하버드대학교 경영대학원 교수였던 메이요(G. E. Mayo)를 중심으로 하여 딕슨(Dickson)과 뢰슬리버그(Roethlisberger) 등에 의해 인간관계론적인 접근이 도입되었다. 1930년대 미국의 경제공황이 심화되면서 고전이론의 한계가 드러났으며, 민주적인 방향으로 사회가 변화함에 따라 노동자의 교육과 생활 수준이 높아지고 노동자의 인권을 요구하게 된다. 따라서 조직에서 과업의 효율성이나 과업의 전문화를 강조하는 데에서 조직의 구성원, 즉 인간에 대한 관심으로 전환되는 계기를 맞게 된다. 핵심은 인간에 대한 관심과 배려였다.

인간관계론(Human Relations Theory)의 발달은 미국 시카고의 서부전기회사의 호손 공장에서 실시한 연구에 기원을 두고 있다. 연구자들은 호손 공장에서 조명, 전화 계전기 조립 실험, 건반 배선 조립 관찰을 수행했는데, 연구 결과 물리적인 조건의 향상 여부와는 무관하게 생산성이 증가하였고, 오히려 물리적인 조건보다 조직 구성원의 인간적인 관계의 친밀성이 생산에 영향을 미쳤다. 호손 실험은 조직이라는 것을 조직원들 간의 상호작용, 비공식적 조직으로 이루어진 사회체제로 인식하는 계기를 마련하였다는 점에 의의가 있다.

인간관계론의 관점에 기초하여 이후 기업 내에서는 각종 제안제도, 상담제도, 감수성 훈련 등 다양한 개선방안이 도출되었다. 종전까지 조직의 목표를 효율적으로 달성하기 위해서 경제적이고 물리적인 여건만을 중시하였다면, 조직 구성원의 인간관계와 심리적 상태를 주목하였다.

교육행정에서는 인간관계론이 민주적 행정의 원리를 제시하는 계기를 제공했다. 특히 듀이(Dewey)를 중심으로 한 진보주의 교육운동과 결합하면서 교육행정가는 교직원의 사기 고양, 학생과 교원의 상호 신뢰감 등을 강조하면서 민주적인 행정이 크게 부각되었다. 또한 교육정책 결정은 구성원의 광범위한 참여를 통해 이루어져야 한다는 공감대를 형성하였다. 따라서 민주적 교육행정에서는 인간관계론적 관점이 크게 각광받을 수밖에 없었다.

그러나 조직 내의 인간적 측면을 지나치게 강조하여 조직의 구조적 측면과 생산성 문제를 도외시했다는 비판이 나왔다. 교육행정 부문에서는 다수결이 의미하는 정치적 민주가 항상 최선일 수 없다는 측면과 함께 민주화 개념이 모호한 가운데 지나치게 단순화되거나 오도되는 경우가 많았다. 또 인간관계의 지나친 강조에 따라 교직원의 무능을 묵인하거나 장학활동을 소홀히 하는 부작용을 초래하기도 하였다(주삼환 외, 2009).

3) 행동과학론

과학적 관리론과 인간관계론의 장점을 통합하고, 두 이론의 단점을 극복하기 위한 시도가 나타나기 시작하였다. 행동과학론(Behavioral Science Theory)은 과학적 관리에서 추구하는 효율성과 인간관계론 입장의 능률의 개념을 구분하여, 인간의 행동은 변화시킬 수 있다는 신념하에 학제적 접근을 통해 인간행동의 일반적 법칙을 체계적으로 규명하려는 접근이다. 행동과학적 접근을 최초로 시도한 대표적 학자로는 바나드(Barnard, 1938)와 사이먼(Simon, 1960)이 있나.

바나드는 공식조직과 비공식조직의 존재를 인정하면서 조직을 사회적 협동체로 간주하고 조직을 구성하는 요소로 의사소통, 협동, 공동의 목적 등을 제시하였으며, 조직 내 비공식조직의 중요성과 공식조직과의 상호작용에 대해 설명하였다. 또한 조직중심적이고 목표 달성에 우선하는 입장을 효과성이라고 하고, 조직 구성원의 만족이나 사기를 강조하는 것을 능률성으로 구분하여 조직의 최대 목표를 달성하기 위해서 효과성과 능률성의 균형이 필요하다고 언급하였다.

사이먼은 '조직의 내적 균형'이라는 개념으로 조직원의 과업에 대한 동기를 설명하였다. 조직에서 조직원의 작업량과 대가를 교환한다고 봤을 때 작업량에 비해 더 많은 대가를 받는 조직원은 소속된 조직을 떠나지 않는다는 것이다. 또한 그는 행정가의 합리적 의사결정 과정을 분석하는 데 관심을 가졌는데, 최적의 합리적 선택을 하는 경제적 인간형(economic man)보다는 제한된 상황에서 합리성을 추구하는 행정적 인간형(administrative man)이 필요하다고 주장하였다.

1950년대와 1960년대에 걸쳐 조직의 구조와 조직 내 개인을 동시에 강조하면서 조직 구성원의 행동을 분석하고자 한 이론적 경향을 교육행정의 이론화 운동 또는 새로운 운동이라 한다(이신동 외, 2020). 이 이론은 실제적 처방 중심의 교육행정학을 다른 사회과학처럼 이론중심의 학문으로 발전시키기 위한 노력이었다. 이론화 운동은 결국 교육행정을 조직의 구조를 강조하는 관점과 조직의 개인을 강조하는 관점을 종합하기 위한 시도였다.

4) 체제이론

과업 또는 능률을 강조하는 고전적 이론이나 조직 구성원의 사회심리적 측면을 중시하는 인간관계론, 그리고 양자 간의 상호작용을 도모한 행동과학이론은 궁극적으로 조직의 내부에서 이루어지는 변인에만 초점을 두어 조직 외부의 역동적이고 변화하는 환경과의 관계를 전혀 고려하지 않고 폐쇄체제(closed system)로 파악하였다. 그러나 교육행정 체제가 변화하는 주변 환경과의 상호작용 없이는 그 기능을 수행할 수 없어 조직 내부, 조직 내의 상호작용은 물론 이들과 조직 외부의 변인과의 상호작용을 고려한 이론이 체제이론(System Theory)이다(김의석, 2008).

체제는 다양한 차원으로 존재하며, 유기체와 같이 생성, 진화, 성장, 소멸의 과정을 거친다. 또한 상위체제와 하위체제로 구성되는 구조를 가지고 있으며, 다른 외부 체제와 구분됨과 동시에 긴밀하게 관계를 가진다. 어떤 체제가 환경과 자유롭게 상호작용하는 것을 개방체제(open system)라고 하고, 자유롭게 상호작용하기 어려우면 폐쇄체제(closed system)라고 한다.

카우프만(Kaufman, 1978)은 체제를 필요에 의하여 요구되는 결과 또는 산출을 달성하기 위하여 함께 작용하는 동시에 독립적으로 작용하는 부분의 총체로 보았다. 이처럼 체제는 목적을 달성하기 위하여 상호작용하는 부분 요소 간의 통합체라고 할 수 있다. 체제는 투입(input), 과정(process), 산출(output)의 연속이나 피드백을 통한 순환과정을 이루고 경계에 의하여 다른 체제와 구별되고, 그 주변에는 환경이 있어 체제에 영향을 미치고 있다. 체제를 구성하는 하위 요소의 관계를 도식화하면 그림과 같다.

|그림 11-1| 체제이론의 기본 모형

교육행정에 있어서 교육체제의 투입 요소는 학생, 교사, 시설, 재정, 교육내용 및 매체, 교육 관련 법규 등을 들 수 있다. 이러한 요소들은 수업활동, 장학지도, 행정·재정 운영 등의 전환과정을 거쳐 산출로 변환된다. 교육체제의 산출로는 학생이 학업성취도를 포함하여 인지적·정의적 영역에서의 변화, 졸업생 등을 들 수 있다. 그리고 환경은 교육체제에 영향을 주는 모든 외적인 요인이 되며, 여기에는 학부모, 지역사회, 정치, 경제, 사회, 문화, 과학기술 체제 등이 포함된다. 교육목적을 효율적으로 달성하기 위해서 교육행정에서의 체제이론 혹은 체제접근은 상호작용하는 체제 각 요소에 대한 효율적인 관리를 통하여 교육산출의 극대화를 추구하게 된다.

학교를 하나의 체제라고 보았을 때, 체제이론의 관점에서 학교의 사회체제 모형은 |그림 11-2|와 같다.

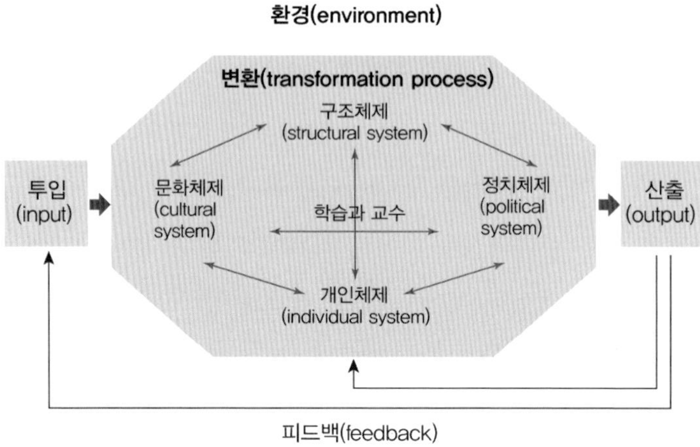

|그림 11-2| 학교 사회체제 모형

출처 : Hoy, W. K., & Miskel, C. G.(2013). Educational Administration : Theory, Research, and Practice, p. 33.

이 장에서 설명한 교육행정 이론의 관점과 주요 내용을 요약하면 <표 11-2>와 같다.

<표 11-2> 교육행정 이론의 발달과 주요 내용

주도 시기	이 론	세부 이론	대표 학자
1910~1930년대	고전이론	과학적 관리론 행정과정론 관료제론	Taylor, Bobbit Fayol Weber
1930~1950년대	인간관계론		Mayo(호손실험)
1950년대~현재	행동과학론	조직행동론 체제이론	Barnard, Simon Getzels & Guba
1980년대~현재	대안점 관점	비판론 신마르크스주의 포스트모더니즘	

3. 교육조직의 이해

1) 조직의 개념

(1) 조직의 정의

조직은 공동의 목적을 달성하기 위해 두 사람 이상이 일정한 구조와 역할을 가지고 협력하는 사회적 집단을 의미한다. 조직은 단순히 개인들의 집합이 아니라, 구성원들이 정해진 목표를 효율적이고 효과적으로 달성하기 위하여 의도적으로 형성된 협동체라 할 수 있다. 따라서 조직은 자발적인 개인 활동이 아니라 공동의 목적, 역할 분담, 규칙과 절차에 기초하여 운영된다. 학교나 교육청과 같은 교육기관은 대표적인 교육조직으로, 교사, 학생, 행정가 등 다양한 구성원들이 각자의 역할을 수행하면서 교육목표 실현을 위해 협력한다.

조직의 본질적 요소로는 첫째, 분명한 목적을 지닌다. 둘째, 둘 이상의 구성원으로 이루어진다. 셋째, 일정한 구조와 역할 분담이 존재한다. 넷째, 구성원 간의 협동이 요구된다. 다섯째, 일정 기간 지속적으로 운영된다는 점을 들 수 있다. 결국 교육행정에서 조직은 단순한 제도적 틀을 넘어, 교육목표 달성을 위한 체계적이고 지속적인 협동체계로 이해될 수 있다.

(2) 조직의 원리

조직의 원리란 조직을 구성하고 운영하는 데 있어 반드시 고려해야 할 기본적인 지침과 규범을 말한다. 조직은 공동의 목표를 달성하기 위해 다수의 구성원이 함께 활동하는 체계이므로, 효율성과 합리성을 높이기 위해 일정한 운영원리를 따른다. 대표적인 조직의 원리로는 목적 명확성의 원리, 분업과 전문화의 원리, 계층제의 원리, 명령통일의 원리, 조정의 원리, 한계범위의 원리 등을 들 수 있다.

첫째, 목적 명확성의 원리(principle of clarity)는 조직의 모든 활동이 궁극적으로 달성해야 할 목표를 분명히 해야 함을 강조한다. 목표가 분명해야 구성원들의 노력이 일관되게 통합될 수 있다.

둘째, 분업과 전문화의 원리(principle of division of work and specialization)는 조직의 기능을 세분화하여 구성원 각자가 전문적인 역할을 담당하도록 함으로써 효율성을 증진시키는 것이다. 조직의 규모가 커지고 수행해야 할 업무가 복잡해짐에 따라 분업이나 전문화의 원리는 현대 조직의 필수적인 원리가 되고 있다.

셋째, 계층제의 원리(principle of hierarchy)는 상급자에서 하급자에 이르는 위계적 구조를 통해 권한과 책임을 분명히 하여 질서 있는 운영을 가능하게 한다. 대부분의 관료조직은 그 계층이 최고관리층, 중간관리층, 하급관리직으로 체계화되어 있다.

넷째, 명령통일의 원리(principle of unity of command)는 한 사람의 구성원이 반드시 한 명의 상급자로부터만 지시를 받아야 한다는 원리로, 중복 명령이나 혼란을 방지한다.

다섯째, 조정의 원리(principle of coordination)는 분업된 여러 활동들이 전체 조직 목표 달성을 위해 상호 조화되고 통합되어야 함을 의미한다.

여섯째, 한계범위의 원리(principle of span of control)는 한 관리자가 직접적으로 효과적으로 감독할 수 있는 부하 직원의 수에는 한계가 있다는 점을 고려해야 한다는 원리이다.

결국 조직의 원리란 조직이 합리적이고 지속적으로 운영되기 위한 기준이자, 구성원의 협력과 성과를 이끌어 내는 기본 틀이라 할 수 있다.

(3) 조직의 구조

조직의 구조란 조직이 목표를 달성하기 위해 사람과 과업, 권한과 책임을 어떻게 배치하고 연결할 것인가를 나타내는 틀을 의미한다. 즉, 조직 내에서 누가 어떤 일을 담당하고, 누구에게 보고하며, 어떤 방식으로 협력할 것인가를 제도적으로 규정한 체계라 할 수 있다. 조직 구조는 단순히 형태를 나누는 것이 아니라, 효율적인 의사소통과 협력을 보장하고, 책임과 권한의 분배를 명확히 하여 조직 목표 달성을 돕는다.

① 공식구조와 비공식구조

조직의 구조는 크게 공식구조와 비공식구조로 구분된다. 공식구조는 법령, 규정, 규칙 등과 같은 제도적 장치에 의해 의도적으로 설정된 조직의 체계를 의미한다. 이는 조직의 목적을 달성하기 위하여 합리적으로 설계된 틀로서, 구성원의 역할, 직위, 권한, 책임, 보고 체계 등이 명확하게 규정되어 있다. 예컨대 학교조직에서 교장, 교감, 부장교사, 담임교사, 행정직원으로 이어지는 위계적 구조와 교육청 내의 부서별 분장은 전형적인 공식구조에 해당한다. 공식구조는 권한과 책임을 명확히 하여 업무의 중복을 방지하고 효율성을 높이는 장점이 있지만, 지나치게 경직되거나 절차가 복잡해질 경우 신속한 의사결정과 창의적 활동을 저해할 수 있다는 한계도 가진다.

이에 비해 비공식구조는 조직 구성원들이 공식적 규정과는 무관하게 인간적 친분, 감정, 가치 공유 등을 바탕으로 자연스럽게 형성한 관계망을 의미한다. 학교 내에서 교사들 사이의 친목 모임이나 학부모와 교사 간의 비공식적 소통, 학생들의 자발적 학습 집단 등이 그 예이다. 비공식구조는 공식구조가 담아내지 못하는 인간적 요구와 정서적 유대, 정보 교환의 통로로 기능하며, 구성원들의 사기와 응집력을 높여 조직의 효율성을 보완한다. 그러나 때로는 파벌 형성이나 비공식적 권력 구조를 통해 공식적인 의사결정을 방해하거나 갈등을 유발할 수 있는 위험도 존재한다.

결국 교육행정에서 조직은 공식구조와 비공식구조가 서로 상호작용하며 운영된다. 공식구조가 조직 운영의 제도적 뼈대를 제공한다면, 비공식구조는 그 안에서 인간적 유대를 통해 활력을 불어넣는 역할을 한다. 따라서 효과적인 교육조직 관리란 두 구조의 조화를 이루면서도 공식적 질서를 유지하고, 비공식적 관계의 긍정적 기능을 적절히 활용하는 데 달려 있다고 할 수 있다.

<표 11-3> 공식구조와 비공식구조의 비교

구 분	공식구조	비공식구조
형성 방식	법령, 규정, 규칙 등에 의해 의도적・합리적으로 설계됨	인간적 친분, 감정, 가치 공유를 바탕으로 자연스럽게 형성됨
목 적	조직의 공식적 목표 달성 (예 교육목표 실현)	구성원의 사회적・정서적 욕구 충족, 비공식적 의사소통
구성 요소	직위, 권한, 책임, 보고 체계	친목, 비공식적 리더십, 집단 내 규범
예 시	교장-교감-부장교사-담임교사-학생으로 이어지는 위계	교육청 부서 체계, 교사 친목 모임, 학부모와 교사 간의 비공식 대화, 학생 자발적 학습 집단
장 점	업무의 분담과 책임이 명확, 효율성과 질서 보장	정서적 유대와 사기 진작, 원활한 의사소통, 공식구조의 경직성 보완
한 계	절차의 경직성, 창의성 억제 가능성	파벌 형성, 공식적 의사결정 방해, 갈등 유발 가능성
상호 관계	조직 운영의 제도적 뼈대 제공	조직에 활력과 융통성을 부여, 공식구조를 보완

② 계선조직과 참모조직

조직 설계에서 계선(라인)조직과 참모(스태프)조직은 권한과 책임의 성격이 다른 두 축을 이룬다. 계선조직은 조직의 기본적 목표를 직접 수행하고 의사결정・집행 권한을 갖는 직위들로 구성되며, 명령과 통제의 수직적 흐름(상급→하급)이 뚜렷하다. 예컨대 학교에서는 교장・교감・담임교사・학년(부)장 등 교육활동의 기획・집행과 학생관리의 직접 책임을 지는 직위들이 계선에 해당한다. 계선조직의 장점은 책임소재와 명령계통이 명확하여 신속한 의사결정과 집행이 가능하다는 점이며, 단점은 전문적・전략적 검토가 부족해질 수 있고 과도한 위계가 유연성을 저해할 위험이 있다는 점이다.

반면 참모조직은 계선에 직접 명령을 내리거나 집행하지 않고, 전문적 지식·정보·자문·조정 기능을 제공하여 계선의 의사결정과 집행을 돕는 보조적 위치이다. 교육조직에서 교육과정연구팀, 교사연수 담당자, 상담교사·교육정책 기획부서 등은 참모적 역할을 수행한다. 참모는 분석·연구·자문을 통해 정책의 질을 높이고 계선의 부담을 경감시키지만, 권한이 상대적으로 약하므로 권한과 책임의 불일치로 갈등이 발생할 수 있고, 참모 활동이 계선의 실행력과 충돌할 때 조직적 마찰이 생길 수 있다.

효과적인 조직 운영을 위해 많은 교육기관은 계선－참모의 결합형 구조를 채택한다. 이때 일반적으로는 계선에 '직접 명령·집행' 권한을 두고, 참모는 점선(도트라인)으로 연결된 자문·지원 관계를 갖는 것으로 도식화한다. 그러나 참모의 전문성을 살리면서 갈등을 최소화하려면 ① 참모의 역할과 권한을 명확히 규정하고, ② 의사결정 과정에서 참모가 언제·어떻게 개입하는지를 제도화하며, ③ 정기적 협의·조정기구를 운영하여 상호 존중과 소통을 강화하는 것이 필요하다. 교육현장에서는 특히 학생 관련 민감사안·교무운영 등에서 계선의 최종책임을 인정하되, 교육정책·수업개선·상담·연구 등 영역에서는 참모의 전문적 권고를 실질적으로 반영하는 균형이 중요하다.

<표 11-4> 계선조직과 참모조직 비교

항 목	계선조직(Line)	참모조직(Staff)
주요 기능	조직의 핵심 업무 집행·관리(의사결정·집행)	계선을 지원하는 자문·연구·조정·전문서비스 제공
권한 유형	명령권·집행권 보유, 책임 소재 명확	직접 명령권 없음(원칙), 권고·전문권 보유
보고·명령 관계	수직적(상하)·직접적	점선·자문적 관계로 표시하는 경우 많음
장 점	신속한 집행·책임 명확	전문성 제공, 정책의 질 향상, 계선 부담 경감

단 점	전문성 부족 가능, 융통성 저하	권한·책임 불일치로 갈등 발생 가능, 비용 발생
예(교육현장)	교장·교감·담임·학년부장 등	교육연구팀, 상담교사, 교육과정 담당자, 연수기획자
갈등 해결 방안	역할·권한 규정, 명령통일 원칙 적용	참여적 의사결정, 정기적 협의체, 명확한 역할규정

2) 학교조직

(1) 학교조직의 특성

학교조직은 일반적인 행정조직과 달리 교육목표를 달성하기 위해 존재하는 특수한 조직으로서, 몇 가지 고유한 특성을 지닌다.

첫째, 인간중심성을 가진 조직이다. 학교는 교사와 학생이라는 인간을 직접 다루는 조직으로, 구성원의 개성과 인격이 존중되지 않으면 교육의 목적을 달성하기 어렵다. 따라서 학교조직은 인간을 단순한 수단이 아니라 성장과 발달의 주체로 대우하는 것이 특징이다.

둘째, 목표의 다원성을 가진다. 학교의 목적은 지식 전달에 국한되지 않고, 인격 형성, 사회성 발달, 정의적 태도 함양 등 다양한 목표를 동시에 추구한다. 이로 인해 학교는 명확한 단일 목표를 가진 일반 행정조직보다 운영이 복잡하고 다양한 이해관계가 얽히는 특징을 보인다.

셋째, 전문적 관료제의 성격을 지닌다. 학교는 위계적 행정체계를 가진 관료제적 특성을 지니면서도, 교사들이 전문적 자율성과 판단에 따라 교육활동을 수행하는 전문조직의 성격을 동시에 가진다. 따라서 학교는 전통적 관료제와 전문직 중심 조직의 이중적 속성을 함께 나타낸다.

넷째, 개방체제적 성격을 가진다. 학교는 지역사회, 가정, 국가의 교육정책과 긴밀히 연계되어 있으며, 사회·문화적 환경의 영향을 크게 받는다. 따라서 학교는 폐쇄된 조직이 아니라 끊임없이 외부와 상호작용하는 개방체제라 할 수 있다.

다섯째, 갈등과 협동의 공존성을 가진다. 학교는 교사, 학생, 학부모, 교육행정가 등 다양한 집단이 참여하는 복합적 조직이므로, 이해관계의 충돌이나 갈등이 발생하기 쉽다. 그러나 동시에 교육목표라는 공동의 가치를 위해 협동할 수밖에 없는 특징도 함께 지닌다.

결국 학교조직은 인간의 성장과 발달을 직접 다루는 교육적 성격, 다원적 목표, 전문성과 관료성의 병존, 개방체제적 속성, 그리고 갈등과 협동의 공존이라는 특성을 통해 일반 조직과 구별된다. 이러한 특성을 이해하는 것은 교육행정을 효과적으로 운영하고, 학교조직을 민주적이고 효율적으로 관리하기 위한 기초가 된다.

(2) 학교문화

학교문화란 학교라는 조직 속에서 교사, 학생, 행정가 등 구성원들이 공유하는 가치, 신념, 규범, 전통, 행동양식의 총체를 의미한다. 이는 눈에 보이는 제도와 규칙뿐 아니라, 학교생활 전반에서 드러나는 분위기, 인간관계의 특성, 의사소통 방식, 상징적 관행 등을 포괄한다. 따라서 학교문화는 학교조직의 운영과 교육활동 전반에 지대한 영향을 미친다.

학교문화는 크게 몇 가지 유형으로 설명할 수 있다.

첫째, 관료문화는 규칙과 절차, 위계질서에 중점을 두는 문화로, 안정성과 질서를 보장하지만 경직성과 소극성을 초래할 수 있다.

둘째, 전문가 문화는 교사들의 전문성과 자율성을 강조하는 문화로, 수업 개선과 창의적 교육활동을 장려하나 개인주의적 성향이 강해 협력이 부족할 수 있다.

셋째, 가족적 문화는 학교 구성원 간의 유대감과 상호 신뢰를 중시하는 문화로, 따뜻하고 협력적인 분위기를 조성하나 전문성과 성과 관리가 소홀해질 위험도 있다.

넷째, 혁신문화는 새로운 시도와 변화를 적극 수용하는 문화로, 학교 발전에 기여할 수 있으나 지나친 변화 추구는 혼란을 초래할 수 있다.

학교문화는 고정된 것이 아니라, 학교의 역사적 전통, 교장의 리더십, 교사들의 전문성, 지역사회의 성격 등에 따라 다양하게 형성된다. 또한 학교문화는 교육의 질과 학교의 성과에 큰 영향을 미치므로, 민주적이고 협력적인 학교문화를 조성하는 것이 교육행정의 중요한 과제라 할 수 있다.

4. 우리나라의 교육행정

교육행정은 헌법과 교육법에 의해 그 기본 방향과 범위, 원칙이 설정되는 법치행정의 한 분야이다. 헌법은 교육행정이 지향해야 할 최고의 가치와 기본 원칙을 제시하고, 교육법은 그 헌법적 가치를 현실에서 실현하기 위한 구체적인 법적 틀을 제공하며, 교육행정은 이 법적 틀 내에서 교육 목적을 달성하는 수단적 봉사 활동을 하는 유기적인 관계를 가진다.

1) 교육법

대한민국의 교육법은 헌법을 최상위 근거로 하며, 교육의 이념과 기본 원칙을 담은 교육기본법을 중심으로 하여 학교급별 교육과 평생교육 등 구체적인 교육활동을 규율하는 개별 법률들로 구성된 체계를 갖추고 있다. 과거 1997년 이전에는 '교육법'이라는 단일 법률이 존재했으나, 교육환경의 급격한 변화에 대응하고 법률의 체계성을 확립하기 위해 1997년 「교육기본법」, 「초·중등교육법」, 「고등교육법」의 3대 법률로 분화되었다.

(1) 헌법적 근거 및 교육 이념

교육에 관한 권리와 의무는 「대한민국헌법」 제31조에 명시되어 있다. 이 조항은 모든 국민이 능력에 따라 균등하게 교육을 받을 권리를 보장하며, 보호하는 자녀에게 의무교육을 받게 할 의무를 부과하고 있다. 또한 의무교육은 무상으로 하며, 교육의 자주성, 전문성, 정치적 중립성 및 대학의 자율성을 법률이 정하는 바에 따라 보장하도록 규정하고 있다.

이러한 헌법 정신을 바탕으로 제정된 「교육기본법」 제2조는 교육의 이념을 홍익인간으로 정립하고, 모든 국민이 인격을 도야하고 민주시민으로서의 자질을 갖추어 민주국가 발전과 인류공영에 이바지함을 교육의 목적으로 명시하고 있다.

(2) 교육 관계 3대 핵심 법률

① 교육기본법

「교육기본법」은 대한민국 교육에 관한 기본법의 지위를 가지며, 국민의 권리·의무, 국가와 지방자치단체의 책임을 규정하고 교육제도와 운영에 관한 기본적인 틀을 설정하고 있다. 교육의 기회균등 원칙, 교육의 중립성 확보, 의무교육의 범위(초등 6년 및 중등 3년), 학습자·보호자·교원의 기본적인 지위와 역할 등 교육 정책과 제도 수립의 근간이 되는 사항들을 포괄한다.

② 초·중등교육법

이 법률은 초등학교, 중학교, 고등학교 등 초·중등교육기관의 설립·운영 및 교육 활동에 필요한 구체적인 사항을 규율한다. 학교의 종류, 설립과 경영, 교육과정의 기준과 운영, 학생의 입학·재학·졸업 등 학사 관리, 교과용 도서의 사용 등 학교 교육의 실질적인 운영 체계를 정하고 있다.

③ 고등교육법

「고등교육법」은 대학, 산업대학, 교육대학, 전문대학, 원격대학, 각종학교 등 고등교육기관의 설립·운영 및 교육에 필요한 사항을 규정하고 있다. 특히 대학의 자율성 보장 아래 학생의 정원, 학위 수여 기준, 교육 및 연구 활동의 진흥 등 고등교육 기관 운영에 필수적인 법적 근거를 제공한다.

④ 기타 개별 교육 법규

학교급별 교육 외에도 다양한 교육 분야를 포괄하기 위해 다음과 같은 개별 법률들이 제정되어 시행되고 있다.

- 유아교육법 : 유치원 교육에 관한 사항을 규정한다.
- 평생교육법 : 학교 교육을 제외한 모든 형태의 평생교육 진흥 및 지원에 관한 사항을 다룬다.
- 사립학교법 : 사립학교의 자주성을 보장하고 공공성을 유지하며 건전한 발달을 도모하기 위한 특례를 규정한다.
- 장애인 등에 대한 특수교육법 : 장애를 가진 사람의 교육을 지원하고 특별한 교육적 요구를 충족시키기 위한 사항을 정한다.
- 교원의 지위 향상 및 교육활동 보호를 위한 특별법 : 교원의 전문성 존중과 경제적·사회적 지위 우대, 그리고 교육활동 침해 행위로부터 교원을 보호하기 위한 사항을 규정한다.

2) 교육재정

교육행정과 교육재정은 뗄 수 없는 상호 의존적인 관계이다. 교육재정은 교육행정이 목표를 달성하기 위한 필수적인 수단이자 조건이며, 교육행정은 교육재정을 효율적으로 관리하고 집행하는 활동이다. 재정(public finance)이란 정부의 경제활동을 총칭하는 개념으로, 교육재정은 교육에 필요한 비용을 확보하고 배분하는 국가의 행정 행위로 정의할 수 있다. 교육재정의 주체는 교육부,

지방자치단체, 단위학교 등이 있으며, 주체별로 교육재정의 확보, 배분 지출, 평가의 기능을 가지고 있다. 교육재정은 결국 교육활동이 원활하게 이루어지기 위한 공적 재정행위다.

3) 장 학

교육행정은 학교라는 조직이 그 본래의 목적인 교수·학습 활동을 효과적으로 수행할 수 있도록 지원하는 모든 활동을 포괄하는 것이다. 이 중 장학은 교육행정의 여러 기능 가운데 교육의 질적 향상을 가장 직접적으로 실현하는 핵심 요소이자 봉사 기능이다.

장학의 본질은 수업 개선과 전문성 신장이다. 과거의 권위적 통제에서 벗어나, 현대 교육행정에서는 교사들의 교수 행위 개선과 전문적 발달을 위한 지도 및 지원 활동을 의미한다. 더불어 교육행정의 모든 지원(법적 근거, 재정 확보, 시설 정비)은 결국 교실에서 이루어지는 수업의 효율성을 높이는 데 수렴된다. 장학은 이처럼 교육행정의 최종 목표를 교사와 학생 간의 상호작용이 일어나는 현장으로 연결하여 실현하는 것이다. 또한 장학은 일회성 감독이 아니라, 교사의 요구와 필요에 맞춘 지속적인 전문성 개발 체계를 제공해 준다. 이를 통해 교사 스스로 새로운 교육 내용을 익히고 교수 기술을 연마하며, 교육 변화에 능동적으로 대처할 수 있도록 지원해 준다.

장학은 교육행정 전체 시스템의 선순환 구조를 완성하는 데 결정적인 역할을 수행한다. 교육행정의 역할이 교수·학습 활동을 지원하고 촉진하는 데 있다면, 장학은 그 지원 활동의 구체적인 실천 형태이다. 교사가 교수 활동에 전념할 수 있도록 환경을 조성하는 행정적 지원이 장학을 통해 비로소 교육 효과로 전환된다. 교육행정기관이 수립한 새로운 교육과정이나 혁신 정책이 학교 현장에 뿌리내릴 수 있도록 실질적인 컨설팅과 지도를 제공하며, 현장의 문제점과 개선 요구를 수렴하여 정책 수립에 피드백하는 연결 고리 역할도 수행한다.

요약

1. 교육행정은 '교육목표를 효율적으로 달성하기 위해서 필요한 인적·물적 제반 조건을 정비하고 확립하는 수단적·봉사적 활동'이다. 교육행정의 성격은 일반행정과 공통적으로 공공적, 봉사적·정치적·민주적 성격이 있으며, 교육행정만의 특수한 성격으로 교육목적 지향성, 가치지향성, 인간중심성, 장기성, 정치·사회적 영향성을 들 수 있다.
2. 교육행정의 원리로는 민주성의 원리, 합법성의 원리, 효율성의 원리, 전문성의 원리, 안정성의 원리, 변화 대응성의 원리, 기회균등의 원리, 지방분권의 원리가 있다.
3. 교육행정의 이론으로는 고전이론, 인간관계론, 행동과학론, 체제이론이 있다. 고전이론은 테일러(Taylor)의 과학적 관리론과 파욜(Fayol)의 행정관리론, 베버(Weber)의 관료제론으로 구분하여 살펴볼 수 있다.
4. 최하위 교육행정조직인 학교조직은 인간의 성장과 발달을 직접 다루는 교육적 성격, 다원적 목표, 전문성과 관료성의 병존, 개방체제적 속성, 그리고 갈등과 협동의 공존이라는 특성을 통해 일반 조직과 구별된다. 이러한 특성을 이해하는 것은 교육행정을 효과적으로 운영하고, 학교조직을 민주적이고 효율적으로 관리하기 위한 기초가 된다. 그러므로 이러한 특성들이 구체적으로 무엇을 의미하는지(학교의 어떤 측면을 말하고 있는 것인지)를 반드시 이해할 필요가 있다.
5. 학교조직은 학교마다 고유의 학교문화를 가진다. 관료문화, 전문가 문화, 가족적 문화, 혁신문화로 나누어 볼 수 있는데, 학교문화는 고정된 것이 아니라 학교의 역사적 전통, 교장의 리더십, 교사들의 전문성, 지역사회의 성격 등에 따라 다양하게 형성된다.
6. 우리나라 교육행정은 교육법의 테두리 안에서 이루어지며, 「대한민국헌법」 제31조와 「교육기본법」, 「초·중등교육법」, 「고등교육법」, 「평생교육법」 등의 법률이 대표적이다.

제 12 장

생활지도와 상담

제12장 생활지도와 상담

학습내용

- 생활지도의 개념과 목표, 원리에 대해 설명할 수 있다
- 생활지도의 영역과 특징을 나열할 수 있다.
- 상담의 개념과 목표, 상담의 관계형성에 대해 이해한다.
- 학교상담의 개념과 특징, 학교상담의 주요 영역에 대해 설명할 수 있다.
- 주요 상담이론에 대해 이해하고 상황에 맞는 상담이론을 적용할 수 있다.

1. 생활지도의 이해

1) 생활지도의 개념과 목표

생활지도란 학생이 학교생활과 일상생활에서 겪는 여러 가지 문제를 예방하고 해결할 수 있도록 도와주는 조직적이고 의도적인 교육활동을 의미한다. 안내를 뜻하는 가이던스(guidance)에서 유래한 것처럼, 이는 학생이 스스로의 특성과 가능성을 올바로 이해하고, 바람직한 방향으로 발달할 수 있도록 지원하는 것을 핵심으로 한다. 즉, 생활지도는 단순히 문제를 해결하는 차원을 넘어, 학생이 자신의 생활을 주체적으로 관리하고 사회적 역할을 조화롭게 수행하도록 이끌어 주는 과정이라 할 수 있다.

또한 생활지도는 전인적 교육의 중요한 한 부분으로서, 학생의 학업, 진로, 인성, 적응 문제 등 다양한 생활 영역에 걸쳐 이루어진다. 청소년기는 신체적인 성장과 함께 사회성, 인성, 도덕성, 정서 등 다양한 발달 과업을 수행하는,

정체성 형성에 있어 가장 중요한 시기이다. 생활지도는 청소년기 학생들이 학교에서의 교육과 생활을 통해 바람직한 사회인으로 성장할 수 있도록 이루어져야 하는 교과활동 이외의 모든 교육 및 지도 활동을 아우른다고 할 수 있다. 따라서 생활지도는 교육의 본질적인 목적과 긴밀히 연결되어 있으며, 모든 교사가 일상적인 교육활동 속에서 지속적으로 수행해야 할 과업이다.

생활지도의 궁극적인 목표는 학생이 자신의 삶을 올바르게 이해하고 주체적으로 영위해 나갈 수 있도록 돕는 데 있다. 구체적으로 생활지도는 학생으로 하여금 자기 자신을 이해하고 잠재력을 계발하며, 학교생활에 원만히 적응하도록 지원하는 것을 목적으로 한다. 또한 학업 능력의 신장과 진로 선택의 합리화를 도모하여 학생이 미래 사회의 구성원으로서 성숙하게 성장할 수 있도록 이끈다.

아울러 생활지도는 학생이 일상생활에서 직면할 수 있는 다양한 문제 상황을 예방하고 건전하게 해결할 수 있는 힘을 길러주는 데에도 중점을 둔다. 이를 통해 학생은 자율성과 책임감을 바탕으로 바람직한 가치관을 형성하고, 타인과의 원만한 인간관계를 유지하며, 더불어 살아가는 민주적 사회인의 자세를 함양하게 된다.

2) 생활지도 원리

생활지도를 효과적으로 수행하기 위해서는 몇 가지 기본적인 원리를 준수해야 한다.

첫째, 전인성의 원리이다. 생활지도는 학생을 지적 · 정의적 · 신체적 측면을 포함한 전인적 존재로 이해하고 지도해야 한다. 학생의 특정 영역만 강조하기보다 인격 전체의 조화를 추구해야 한다.

둘째, 개별성 존중의 원리이다. 각 학생은 고유한 특성과 능력을 지니고 있으므로, 생활지도는 획일적인 접근이 아니라 개별적 차이에 기초하여 이루어져야 한다.

셋째, 자율성 존중의 원리이다. 생활지도는 학생이 타율적으로 이끌려 가기보다는 스스로 선택하고 결정하며 책임지는 과정을 중시해야 한다. 지도자는 학생의 자기결정 능력을 길러주어야 한다.

넷째, 적극적 예방의 원리이다. 생활지도는 문제 발생 이후의 사후 처치보다는 문제의 발생을 미리 예방하고 학생이 건전한 생활 태도를 형성하도록 돕는데 중점을 두어야 한다.

다섯째, 수용과 신뢰의 원리이다. 생활지도는 학생을 있는 그대로 이해하고 존중하며, 교사와 학생 사이의 신뢰 관계 속에서 이루어질 때 효과적으로 진행될 수 있다.

여섯째, 지속성과 협력의 원리이다. 생활지도는 일시적이거나 단편적으로 끝나는 것이 아니라 지속적으로 이루어져야 하며, 교사·학부모·전문상담교사 등이 유기적으로 협력할 때 그 효과가 극대화된다.

2. 생활지도의 영역

생활지도 활동 영역은 학업지도, 진로지도, 적응지도, 인성지도 네 가지로 구분할 수 있다.

1) 학업지도

학업지도는 학생의 학습효율과 학업성취를 증진시키기 위한 모든 조직적·계획적 활동을 말한다. 학업문제는 교과교육만의 문제가 아니라 자신감 상실, 낮은 자존감, 우울증, 부모와의 관계 악화 등 다양한 문제들을 수반한다. 그러므로 학업문제는 생활지도 영역들 중 중요 영역의 하나로 간주된다.

- **목적** : 학습능력 향상, 자기주도적 학습 태도 형성, 학습 실패 예방 및 회복
- **주요 내용** : 학력 진단(기초 · 성취 수준 파악), 학습전략(메타인지, 노트테이킹, 요약 · 정리 기술), 시간관리 · 목표설정, 개별화 보충(튜터링 · 보충수업), 학습동기 강화, 학습장애 · 특수교육 연계
- **방법** : 진단검사 → 개인별 학습계획(ILP) 수립 → 교실 내 교수방법 차별화(수준별 과제) → 피드백 · 형성평가 활용 → 집단학습 · 협동학습 · 스터디 그룹 · 피어튜터링
- **교사의 역할** : 학습 상태 진단자이자 촉진자(스캐폴딩 제공), 동기부여자, 학부모와 연계한 학습환경 조정자
- **평가 및 사례** : 학업성취 검사와 포트폴리오, 학습행동 관찰(출석 · 과제 제출 · 참여도) 예 수학 성취 낮은 학생은 진단 후 기초개념 보충 → 주간 목표 · 피드백 → 성취도 재평가로 효과 확인

2) 진로지도

진로지도는 학생이 자신의 적성 · 흥미 · 가치관을 이해하고 현실적 진로 · 직업 선택을 설계하도록 돕는 과정이다. 전통적으로 생활지도의 중요한 영역을 차지하고 있는 진로지도는 단순히 직업을 소개해 주는 활동을 넘어서 학생 개개인의 잠재력을 발견하고 흥미와 관심을 유발하여 궁극적으로 사회에서 생산적인 역할을 할 수 있도록 준비하는 과정을 돕는 생활지도 활동이다.

- **목적** : 자기이해 증진, 실천 가능한 진로계획 수립, 직업세계에 대한 현실적 인식과 준비(역량 개발)
- **주요 내용** : 적성 · 흥미 · 성격 검사, 직업정보 제공(직무 · 직종 · 산업 동향), 진로발달 단계 교육(탐색 → 결정 → 계획), 진로 의사결정 기술, 고교 · 대학 · 직업 교육 경로 안내, 직업역량(의사소통 · 문제해결) 강화

- **방법** : 집단진로 워크숍, 진로검사 해석 및 상담, 직업체험·현장학습·인턴십, 멘토링(산업체·졸업생), 진로 포트폴리오 작성, 진로집단지도
- **교사의 역할** : 정보 제공자·촉진자·네트워커(산업체·가정 연결), 장기적 경력설계 코치, 전문 진로상담교사 및 외부 기관과 협력 필수
- **평가 및 사례** : 진로결정 자기효능감, 행동지표(탐색활동 참여, 진로계획서 완성도) 예 전공 불확실 학생에게는 성격·적성검사→직업탐색 프로젝트→현장체험 후 선택을 돕는 단계적 개입

3) 적응지도

적응지도는 학생이 학교생활과 또래·교사·가정 등 사회적 맥락에 원만히 적응하도록 돕는 활동이다. 감정·행동·사회적 적응을 포함한다.

- **목적** : 학교 적응 증진, 문제행동(결석·따돌림·교우관계 갈등·학교거부 등) 예방·개입, 정서적 회복력 및 사회성 함양
- **주요 내용** : 정서조절·스트레스 관리, 또래관계·의사소통 기술, 규범·예절 교육, 위기 개입(가정 문제·정신건강 위험), 디지털·인터넷 생활지도(과다사용 예방)
- **방법** : 개인·집단 상담, 사회기술훈련(롤플레이·피드백), 행동계약·긍정적 행동지원체계(PBIS), 부모교육·가정연계, 위기개입 매뉴얼에 따른 신속한 조치 및 전문기관 의뢰
- **교사의 역할** : 초기 관찰자·기초중재자(문제 감지 및 1차 상담), 사례관리자(전문가 연계), 교실 내 안전한 환경 조성자, 교사·상담교사·행정·가정 간 협력 중요
- **평가 및 사례** : 적응척도·교사·학생 보고, 사건 발생률 추이 예 사이버 따돌림 발생 시 ― 사실 확인→피해자 보호·가해자 지도→집단 중재(또래 교육)→가정 상담 및 후속 모니터링

4) 인성지도(도덕 · 생활윤리 지도)

인성지도는 학생의 도덕성, 책임감, 공감능력 등 인격적 · 사회적 자질을 형성하도록 돕는 교육적 노력이다.

- 목적 : 바람직한 가치관과 윤리의식 형성, 공감 · 배려 · 책임감 등 시민적 역량 함양, 갈등해결 능력과 공동체 의식 증진
- 주요 내용 : 핵심가치(정직 · 책임 · 존중 등) 교육, 도덕적 추론과 의사결정, 정서조절 · 공감훈련, 봉사학습 · 시민교육, 갈등해결 및 화해(회복적 생활교육)
- 방법 : 도덕토론 · 사례분석 · 역할극, 교과 통합(생활 속 윤리교육), 봉사학습 · 프로젝트 기반 학습, 반성일지 · 성찰활동, 모범사례 공유 및 보상 · 규범문화 조성
- 교사의 역할 : 롤모델이자 가치 촉진자(언행일치), 일상생활에서의 일관된 규범 적용자, 반성 · 피드백 제공자, 학교 전체 차원의 문화 · 규범 설계와 연계되어야 함
- 평가 및 사례 : 행동관찰, 동료 · 교사평가, 자기성찰지 및 실천계획 평가 예 협동성 향상을 위한 봉사 프로그램 ― 사전성찰 → 팀프로젝트 수행 → 사후성찰 · 피드백 · 공개발표로 내면화 유도

3. 상담의 이해

1) 상담의 의미

상담이란 개인이 자신의 문제를 이해하고 바람직한 방향으로 해결할 수 있도록 돕는 전문적이고 체계적인 대인관계 과정이다. 즉, 상담은 전문적인 훈련을 받은 상담자와 심리 정서적인 조력이 필요한 내담자의 개별적인 관계 맺음을 통해 형성되는 학습활동으로, 내담자는 상담을 통해 정서, 사고, 행동상에서

의 문제점을 해결해 나간다. 나아가 상담의 핵심은 단순히 문제를 해결하는 것에 머무르지 않고, 개인이 자기 자신을 깊이 이해하며 성장과 발달을 이루도록 돕는 데 있다.

교육적 맥락에서 상담은 학생의 발달 단계와 특성을 고려하여 이루어지며, 생활지도의 일환으로 수행되지만 보다 전문적이고 개별화된 접근을 특징으로 한다. 학교상담은 초・중・고등학교에서 학생의 학업, 진로, 대인관계, 개인의 내면적인 갈등 등과 관련하여 학생들에게 제공되는 상담 서비스를 의미한다. 전반적으로 학생들이 학교생활을 잘할 수 있도록 특정 어려움 혹은 특별 지도가 요구되는 학생의 감지, 적절한 개입, 그리고 학교 폭력에 대한 예방과 지도 등을 포함하고 있다. 따라서 상담은 예방적 차원뿐만 아니라 치료적・발달적 차원을 포괄하며, 학생이 학교생활과 사회생활에서 성공적으로 적응하도록 이끌어 주는 중요한 교육적 활동이라고 할 수 있다.

상담의 특징은 다음과 같다.

첫째, 대인관계적 과정이다. 상담은 상담자와 내담자 간의 신뢰로운 인간관계를 기초로 하여 이루어진다. 전문적인 훈련을 통해 서비스를 제공하는 상담자가 존재하고 상담을 통해 도움을 받고자 하는 내담자가 있다. 상담의 효과는 내담자가 상담자를 통해 수용과 이해를 경험하고, 그 속에서 자신의 문제를 솔직히 탐색할 수 있을 때 나타난다.

둘째, 전문성과 체계성을 지닌다. 상담은 단순한 조언이나 충고가 아니라, 전문적인 이론과 기법을 바탕으로 계획적이고 체계적으로 진행되는 과정이다. 상담자는 심리학적 지식과 상담기술을 활용하여 내담자가 스스로의 문제를 인식하고 해결하도록 돕는다.

셋째, 자기이해와 자기성장을 촉진한다. 상담은 내담자가 단순히 현재의 문제를 해결하는 데 그치지 않고, 자신에 대한 이해를 심화하고 잠재력을 개발하도록 돕는 데 초점을 둔다. 이를 통해 내담자는 장기적으로 자율적이고 책임 있는 삶을 영위할 수 있게 된다.

넷째, 비밀보장과 윤리를 중시한다. 상담은 내담자가 안전하고 신뢰할 수 있는 환경에서 자유롭게 자신을 표현할 수 있도록 비밀보장을 원칙으로 한다. 또한 상담자는 윤리적 기준을 준수하며 내담자의 권리와 존엄을 존중해야 한다.

다섯째, 발달적 · 예방적 성격을 가진다. 상담은 문제 상황에 대한 사후적 개입만을 의미하지 않는다. 학생의 발달 단계에 맞추어 정서적 · 사회적 성장을 촉진하고, 잠재적 문제를 예방하는 교육적 기능을 동시에 수행한다.

2) 상담의 목표

상담이란 전문적으로 훈련을 받은 상담자(counselor)와 도움을 필요로 하는 내담자(client) 간의 대면관계를 통해 문제를 해결하고 성장 · 발달하는 과정이다. 그러므로 상담자와 내담자 사이의 역동적인 상호작용을 통해 내담자가 자기 자신과 주변 환경에 대한 이해의 폭을 넓히고 발전적인 방향으로 나아가도록 해야 하는 목표가 있다. 상담의 목표를 구체적으로 살펴보면 다음과 같다.

첫째, 자기이해의 증진이다. 상담은 내담자가 자신의 성격, 흥미, 가치관, 강점과 약점을 올바로 이해하도록 돕는다. 이를 통해 학생은 자신에 대한 통찰을 얻고, 보다 합리적인 선택과 행동을 할 수 있게 된다.

둘째, 문제해결 능력의 향상이다. 상담은 내담자가 직면한 학업적 · 정서적 · 대인관계적 문제를 효과적으로 해결할 수 있도록 지원한다. 상담자는 직접적인 해결책을 제시하기보다 내담자가 스스로 대안을 탐색하고 의사결정을 하도록 촉진한다.

셋째, 적응의 증진이다. 상담은 학생이 학교생활, 가정생활, 사회생활에서 겪는 다양한 환경적 요구에 긍정적으로 적응할 수 있도록 돕는다. 이를 통해 학생은 원만한 대인관계를 형성하고 사회적 역할을 성실히 수행할 수 있다.

넷째, 자기성장의 촉진이다. 상담은 단기적인 문제 해결을 넘어 내담자의 잠재력을 개발하고 자아실현을 돕는 것을 중요한 목표로 한다. 이는 학생이 성숙한 인격체로 성장하여 민주적 사회 구성원으로 살아가는 데 기여한다.

다섯째, 예방적 기능의 강화이다. 상담은 문제 발생 후의 개입뿐 아니라, 미리 문제를 예측하고 예방하는 것을 중요한 목표로 삼는다. 정서적 안정, 건전한 가치관 형성, 사회적 기술 습득 등을 통해 학생이 건강한 삶을 살아가도록 돕는다.

3) 상담의 관계형성

상담에서 관계형성은 상담자와 내담자 간에 신뢰롭고 수용적인 인간관계를 구축하는 과정을 의미한다. 이는 상담의 효과를 결정짓는 가장 중요한 요소로, 관계가 잘 형성되어야 내담자가 자신의 문제를 솔직히 탐색하고 상담 과정에 적극적으로 참여할 수 있다.

첫째, 신뢰와 라포(rapport) 형성이 필요하다. 내담자가 상담자를 신뢰하고 정서적으로 안전함을 느낄 때 상담은 효과적으로 이루어진다. 라포는 내담자가 있는 그대로의 자신을 표현할 수 있는 심리적 분위기를 만드는 데 중요한 기초가 된다.

둘째, 수용과 공감이 강조된다. 상담자는 내담자를 판단하거나 비난하지 않고 있는 그대로 이해하며 수용해야 한다. 또한 내담자의 감정을 공감적으로 경청함으로써 '이해받고 있다'는 경험을 제공할 때, 내담자는 상담자와의 관계 속에서 심리적 안정감을 얻게 된다.

셋째, 진실성과 일관성이 요구된다. 상담자는 자신의 감정을 솔직하고 일관되게 표현하며, 말과 행동이 일치해야 한다. 이러한 태도는 내담자로 하여금 상담자를 신뢰하게 하고 상담관계에 몰입하도록 돕는다.

넷째, 협력적 태도가 중요하다. 상담은 일방적인 지시가 아니라 상담자와 내담자가 공동으로 문제를 탐색하고 해결해 가는 협력적 과정이다. 따라서 상담자는 내담자가 주체적으로 참여하도록 격려하고, 함께 해결책을 모색하는 동반자로서의 태도를 유지해야 한다.

결국 상담의 관계형성은 내담자가 상담자와의 관계 속에서 정서적 안정과 신뢰를 경험하고, 이를 바탕으로 자기 탐색과 자기 성장으로 나아가도록 하는 출발점이라고 할 수 있다.

4) 상담의 과정

상담의 일반적인 과정은 상담자가 내담자를 이해하고 문제 해결을 돕기 위해 체계적으로 밟아 나가는 일련의 단계로 구성된다. 일반적으로 상담은 관계 형성, 문제 탐색, 목표 설정, 개입 및 상담 진행, 그리고 평가와 종결의 단계로 구분된다.

첫째, 상담의 출발점은 상담자와 내담자 간의 신뢰롭고 안전한 관계 형성이다. 상담자는 공감, 수용, 진실성을 바탕으로 내담자가 자유롭게 자신의 감정을 표현할 수 있는 환경을 제공하며, 상담의 목적과 비밀보장, 상담의 한계 등을 안내한다.

둘째, 문제 탐색 및 이해 단계에서는 내담자가 직면한 문제의 본질을 파악하고 그 배경과 원인을 탐구한다. 이 과정에서 상담자는 경청, 질문, 반영 등의 기법을 활용하여 내담자가 자신의 문제를 객관적으로 이해하도록 돕는다.

셋째, 목표 설정 단계는 상담이 나아갈 방향을 구체적으로 정하는 과정이다. 내담자와 상담자가 협력하여 현실적이고 달성 가능한 목표를 세우며, 이는 상담의 효과성을 평가하는 기준이 된다.

넷째, 개입 및 상담 진행 단계에서는 설정된 목표를 달성하기 위해 다양한 상담 기법과 전략이 적용된다. 내담자는 새로운 사고와 행동을 시도하며 변화를 경험하고, 상담자는 이를 지지하고 촉진한다.

마지막으로, 평가 및 종결 단계에서는 상담의 성과를 점검하고 상담 과정을 마무리한다. 내담자가 상담을 통해 얻은 통찰과 변화가 실제 생활에서 지속될 수 있도록 돕고, 필요시 추가 상담이나 다른 자원으로의 연계를 권유한다. 이러한 과정을 통해 상담은 내담자의 자기 이해와 성장, 그리고 삶의 문제 해결을 지원하는 체계적인 활동으로 자리매김한다.

<표 12-1> 상담과정

단 계	주요 내용	상담자의 역할
관계 형성	안전한 분위기 조성, 상담 구조 안내	공감, 수용, 진실성, 비밀보장 설명
문제 탐색 및 이해	내담자의 문제 본질 및 원인 파악, 배경 탐구	경청, 질문, 반영, 요약 활용
목표 설정	상담의 구체적이고 현실적인 목표 설정	내담자와 협력하여 방향 제시
개입 및 상담 진행	다양한 상담 기법 적용, 사고·행동 변화 촉진	기법 사용, 지지, 변화 촉진
평가 및 종결	상담 성과 점검, 종결 및 추후 지도	성과 평가, 지속적 성장 지원, 필요시 연계

4. 학교상담

1) 학교상담의 개념

학교상담은 학생이 학교생활에서 경험하는 학업, 진로, 정서, 대인관계 등 다양한 영역의 문제를 예방하고 해결하며, 전인적 성장을 지원하기 위해 학교 내에서 이루어지는 전문적인 상담 활동을 말한다. 이는 생활지도의 일환으로서 수행되지만, 보다 전문적이고 체계적인 접근을 통해 학생의 발달을 촉진하는 것을 특징으로 한다. 학교상담은 학생 개인의 어려움 해결뿐만 아니라, 학교 전체가 건강한 교육환경을 조성하는 데 기여한다.

학교상담의 목표로는 첫째, 학생의 학업 지원을 통한 자기 주도적 학습능력 향상이다. 둘째, 학생의 진로 탐색과 선택을 돕고 미래 사회에 필요한 역량을 개발하도록 한다. 셋째, 정서적 안정과 사회적 적응을 지원하여 건강한 학교생활을 영위하게 한다. 넷째, 문제행동 예방과 개입을 통해 학교 부적응 현상을 최소화한다. 다섯째, 학생의 자기이해와 자기성장을 촉진하여 전인적 발달을 이루도록 한다.

2) 학교상담의 특징

학교상담의 특징은 첫째, 학교 현장 중심성이다. 학교상담은 학생들이 실제로 생활하는 학교 환경 속에서 이루어지며, 생활지도・학급운영과 긴밀히 연결된다. 둘째, 발달적・예방적 기능이다. 문제 발생 이후의 개입뿐 아니라 발달단계에 맞춘 예방과 조기 개입을 중시한다. 셋째, 전문성과 협력성이다. 전문상담교사가 중심이 되지만, 담임교사・학부모・지역사회와 협력하여 다각도로 이루어진다. 넷째, 다영역 지원이다. 학업, 진로, 정서, 적응 등 학생 생활 전반을 통합적으로 지원한다.

학교상담의 실제로 학교에서는 개인상담, 집단상담, 집단지도 활동 등을 통해 학생을 지원한다. 학업부진 학생을 위한 학습 상담, 진로검사와 진로탐색 프로그램, 대인관계 향상을 위한 사회기술훈련, 위기 학생을 위한 전문기관 연계 등이 그 예이다. 최근에는 사이버 따돌림, 인터넷 과의존, 정서・행동 문제 등 새로운 과제에 대응하기 위해 심리검사, 프로그램 운영, 위기개입 체계를 강화하고 있다.

3) 학교상담의 주요 영역

학생들의 생활지도는 실제로 교사와 학생의 대면 만남과 대화를 통해 주로 이루어지기 때문에 상담은 생활지도의 핵심적인 교육활동이라고 할 수 있다. 미국학교상담학회(ASCA : American School Counselor Association)에서는 학교상담의 영역을 크게 학업발달, 진로발달, 정서 및 적응 영역으로 구분하여 영역별로 학생들이 함양하여야 하는 역량을 제시하고 있다(김계현 외, 2009).

첫째, 학업상담이다. 학업상담은 학생이 학습과정에서 겪는 어려움을 진단하고, 효과적인 학습방법을 습득하여 자기 주도적 학습 태도를 기르도록 돕는 것을 목적으로 한다. 이를 위해 학습 동기 강화, 시간 관리, 학습 전략 지도, 시험불안 해소, 학습 부진 아동에 대한 개별화 지원 등이 포함된다. 예를 들어, 성적저하로 고민하는 학생에게는 학습 습관을 점검하고, 구체적인 학습 계획 수립 및 학습기술 훈련을 제공함으로써 학업 성취를 높일 수 있다.

둘째, 진로상담이다. 진로상담은 학생이 자신의 흥미, 적성, 가치관을 탐색하고 장래의 진로를 합리적으로 선택하도록 돕는 과정이다. 진로검사 해석, 직업정보 제공, 진로탐색 활동, 진로캠프, 멘토링 프로그램 등이 주요 활동이다. 예컨대, 진로 선택에 혼란을 겪는 학생은 상담을 통해 자신의 강점과 관심을 분석하고, 직업 세계에 대한 현실적인 정보를 얻어 보다 합리적인 진로 결정을 내릴 수 있다.

셋째, 정서·적응 상담이다. 정서·적응 상담은 학생이 학교생활과 사회생활에서 겪는 불안, 우울, 대인관계 갈등, 따돌림, 인터넷 과의존 등 다양한 문제를 예방하고 극복할 수 있도록 돕는다. 이 영역에서는 정서조절 훈련, 사회기술 향상 프로그램, 또래관계 개선 활동, 위기 개입 및 전문기관 연계가 이루어진다. 예를 들어, 또래관계 갈등을 겪는 학생은 상담을 통해 자신의 감정을 이해하고 의사소통 기술을 배우며, 갈등을 건설적으로 해결하는 방법을 습득할 수 있다.

5. 상담이론

1) 정신분석 상담

정신분석 상담이론은 지그문트 프로이트(S. Freud)에 의해 창시된 이론으로, 인간의 행동을 무의식적인 심리 과정과 초기 아동 경험에서 비롯된 것으로 이해한다. 이 이론에서는 인간을 비합리적이고 통제할 수 없는 무의식적 본능의 지배를 받는 생물학적인 존재로 바라보았다. 또한 인간은 결정론적 존재로 초기 아동기의 경험으로 인해 형성된 성격 구조는 성인기가 되어도 변하지 않는다고 가정하였다. 즉, 인간의 감정, 사고, 행동은 무의식으로 인한 것으로 정신분석 상담이론에서의 상담자의 주요 역할은 내담자의 무의식을 의식화할 수 있도록 조력하는 것이라고 할 수 있다.

정신분석 상담이론은 내담자로 하여금 무의식적 갈등을 의식화시켜서 자기 통찰을 통해 스스로를 이해하고, 개인의 성격구조를 재구성하려는 데 그 목적이 있다. 프로이트는 인간의 정신을 의식, 전의식, 무의식으로 구분하고, 특히 무의식에 억압된 욕구와 갈등이 성격 형성과 행동에 큰 영향을 미친다고 보았다. 상담은 이러한 무의식적 갈등을 의식 수준으로 끌어올려 통찰을 얻고, 내적 갈등을 해결하도록 돕는 과정이다.

(1) 인간관

정신분석 상담은 인간을 본능적 충동과 사회적 규범 사이에서 끊임없이 갈등하는 존재로 본다. 성격은 원초아(id), 자아(ego), 초자아(superego)의 상호작용 속에서 형성되며, 무의식 속에 억압된 욕구와 경험이 행동에 지속적으로 영향을 준다고 본다.

(2) 상담목표

- 무의식적 갈등을 의식화하여 통찰을 획득하게 한다.

- 성격의 미성숙한 부분을 재구성하고, 자아 기능을 강화한다.
- 과거 경험에서 비롯된 부적응적 행동을 수정하여 현실 적응을 돕는다.

(3) 상담기법

- **자유연상** : 내담자가 떠오르는 생각을 자유롭게 말하도록 하여 무의식적 내용을 탐색한다.
- **꿈의 분석** : 꿈 속의 상징을 해석하여 억압된 욕구와 갈등을 이해한다.
- **저항의 분석** : 상담 과정에서 나타나는 회피나 침묵 등의 저항을 해석하여 무의식적 갈등을 드러낸다.
- **전이와 역전이 분석** : 내담자가 상담자에게 과거 중요한 인물에 대한 감정을 옮기는 현상을 이해하고 해석함으로써 내담자의 갈등을 치료적으로 다룬다.

정신분석 상담은 심리학과 상담학의 기초를 마련한 이론으로서 무의식의 중요성을 밝혀낸 점에 의의가 있다. 그러나 지나치게 아동기 경험과 성적 본능에 강조점을 두고 상담 과정이 장기간 소요된다는 점에서 한계도 지적된다. 그럼에도 불구하고 후속 심리치료 이론(예 심리역동 상담, 대상관계 이론 등)에 큰 영향을 주었다.

2) 인간중심 상담

인간중심 상담이론은 칼 로저스(Rogers, 1977)에 의해 제시된 상담 접근으로, 인간을 본질적으로 선하고 성장 가능성을 지닌 존재로 본다. 이 이론은 내담자가 자신의 문제해결 능력을 스스로 가지고 있으며, 상담자는 내담자가 자기 이해와 자기실현(self-actualization)의 과정을 촉진하는 환경을 제공하는 역할을 한다고 강조한다. 즉, 인간중심 상담과정에서 상담자의 역할은 허용적이고 상호 신뢰하는 분위기를 조성함으로써 내담자가 자신의 문제를 있는 그대로 표현하도록 격려해 주어 감정의 정화나 명료화를 경험하여, 자신의 내면세계를 이해함으로써 자신의 문제에 대한 통찰력을 높여 문제해결과 함께 자기이해와 자기성장을 조력하는 일이다.

(1) 인간관

인간중심 상담이론은 인간은 본래 긍정적 성장 잠재력을 가진 존재로 본다. 그래서 적절한 환경, 즉 수용·공감·진실성이 충족되면 자기실현을 향해 나아간다. 심리적 부적응은 자아와 경험 간 불일치에서 비롯된다. 따라서 상담은 불일치를 줄이고 자기개념과 경험의 조화를 이루도록 돕는다.

(2) 상담목표

- 내담자가 자기 자신을 있는 그대로 이해하고 수용하도록 돕는다.
- 자아와 경험 간의 불일치를 해소하여 심리적 성장을 촉진한다.
- 자기이해를 바탕으로 자기실현의 방향으로 나아가도록 한다.

(3) 상담의 핵심 원리(상담자가 제공해야 할 3대 조건)

- **무조건적 긍정적 존중**(unconditional positive regard) : 내담자를 평가하지 않고 있는 그대로 존중하고 수용한다.
- **공감적 이해**(empathic understanding) : 내담자의 내적 세계를 그 사람의 입장에서 깊이 이해하고, 이를 반영해 준다.
- **진실성**(congruence, 일치성) : 상담자가 내담자 앞에서 가식 없이 진실하게 자신을 드러낸다.

(4) 상담기법

인간중심 상담은 특별한 기법보다 상담자의 태도와 관계 형성을 중시한다. 주요 방법은 다음과 같다.

- **적극적 경청** : 내담자의 말과 감정을 주의 깊게 듣고 수용한다.
- **감정 반영** : 내담자가 표현한 감정을 상담자가 다시 언어로 표현해 줌으로써 자기 이해를 촉진한다.
- **명료화** : 내담자의 모호한 표현을 구체화하여 스스로를 더 잘 이해하도록 돕는다.

인간중심 상담은 내담자의 자율성과 잠재력을 신뢰하며, 자기이해와 자기성장을 촉진한다는 점에서 긍정적이다. 학교상담 등 교육현장에서 학생들에게 비교적 쉽게 적용할 수 있다. 다만, 구조화된 기법이 부족해 심각한 정신장애 환자나 위기 상황에서는 한계가 있다.

3) 행동수정 상담

행동수정 상담은 인간의 행동은 학습을 통해 형성되고, 따라서 바람직하지 않은 행동 또한 새로운 학습 경험을 통해 수정될 수 있다는 전제에서 출발한다. 이 이론은 주로 행동주의 심리학의 원리에 기초하며, 파블로프(Pavlov)의 고전적 조건형성, 스키너(Skinner)의 조작적 조건형성, 반두라(Bandura)의 사회학습이론 등이 그 이론적 토대가 된다. 즉, 상담은 내담자의 내면적 사고나 감정보다는 관찰 가능한 행동의 변화를 목표로 한다.

행동수정 상담은 부적응적 행동을 감소시키거나 소거하고, 적응적이고 바람직한 행동을 강화하는 과정을 의미한다. 상담자는 내담자의 문제행동을 세밀히 관찰하고 분석한 뒤, 행동을 유지시키는 환경적 요인과 강화 요인을 찾아내어 이를 변화시킨다. 따라서 상담의 초점은 '왜 그런 행동을 하는가?'라는 원인 탐색보다는 '어떻게 하면 그 행동을 바꿀 수 있는가?'에 둔다.

(1) 인간관

행동수정 상담이 전제하는 인간관은 인간의 행동은 주로 외부 환경과 그 결과(강화·벌)에 의해 형성되고 유지된다는 환경결정론적 인간관을 가지고 있으므로, 인간은 본래 선하거나 악한 존재가 아니라, 학습 경험에 따라 행동이 형성되는 존재로 본다. 모든 행동은 학습된 것이므로, 새로운 학습 과정을 통해 언제든지 변화 가능하다. 그리고 인간 행동은 객관적으로 관찰·측정·분석될 수 있으며, 과학적 기법을 통해 체계적으로 수정할 수 있다.

(2) 상담목표

행동수정 상담의 궁극적 목표는 내담자의 문제행동을 구체적이고 관찰 가능한 수준에서 변화시키는 것이다.

- 바람직하지 않은 행동을 약화, 소거하는 것이다.
- 사회적으로 바람직하고 적응적인 행동을 습득, 강화하는 것이다.
- 새로운 행동을 학습하여 일상생활과 학습 상황에 일반화할 수 있도록 돕는 것이다.
- 내담자가 환경에 효과적으로 적응하고 자기조절 능력을 갖추도록 지원하는 것에 있다.

(3) 상담원리

- 모든 행동은 학습을 통해 획득되므로 새로운 학습을 통해 수정 가능하다.
- 행동은 환경적 자극과 결과에 의해 유지되므로, 환경을 조정하면 행동 변화가 가능하다.
- 바람직한 행동에는 강화(긍정적·부정적 강화)를 제공하고, 바람직하지 않은 행동은 벌이나 소거를 통해 감소시킨다.
- 작은 행동 변화에서 시작하여 점차 목표 행동으로 나아가도록 단계적으로 접근한다.

(4) 상담기법

- **강화**(positive/negative reinforcement) : 원하는 행동을 반복하도록 칭찬, 보상, 혜택을 제공하거나 불쾌한 자극을 제거한다.
- **벌**(punishment) : 바람직하지 않은 행동이 나타날 때 불쾌한 자극을 주거나 긍정적 자극을 제거하여 행동 발생 가능성을 낮춘다.
- **소거**(extinction) : 문제행동을 유지시키는 강화 요인을 제거하여 점차 사라지게 한다.
- **체계적 둔감법**(systematic desensitization) : 불안이나 공포 반응을 단계적으로 감소시키는 방법이다.
- **토큰 경제**(token economy) : 일정 행동에 대해 교환 가능한 토큰을 제공하여 점진적 행동 변화를 유도한다.
- **모델링**(modeling) : 타인의 행동을 관찰하고 모방하도록 하여 새로운 행동을 학습하게 한다.

행동수정 상담은 학교 장면에서 학생들의 생활지도, 학습 태도 개선, 문제행동 교정 등에 효과적으로 활용될 수 있다. 예를 들어, 수업 참여를 높이기 위해 칭찬이나 보상을 활용하거나, 학업 회피 행동을 줄이기 위해 소거 기법을 적용할 수 있다. 다만, 단기적으로는 효과적일 수 있으나 지나치게 외적 강화에 의존하면 내적 동기를 저해할 수 있으므로 주의가 필요하다. 따라서 행동수정 상담은 단순히 행동의 변화에 그치지 않고, 장기적으로는 학생이 자기조절 능력을 기를 수 있도록 지원하는 방향으로 운영되어야 한다.

4) 인지적 상담

인지적 상담은 인간의 정서적·행동적 문제는 외부 사건 자체보다 그것을 어떻게 인지하고 해석하느냐에 의해 발생한다는 전제에서 출발한다. 즉, 잘못된 사고방식(비합리적 신념, 왜곡된 인지)이 부적응적 정서와 행동을 초래하며, 이를 합리적이고 건설적인 사고로 교체하면 긍정적 정서와 적응적 행동이 뒤따른다는 것이다. 대표적으로 엘리스(Ellis)의 합리적 정서행동치료(REBT), 벡(Beck)의 인지치료가 여기에 속한다.

(1) 인간관

- 인간은 사물을 해석하고 의미를 부여하는 인지적 존재이며, 그 사고가 정서와 행동을 결정한다.
- 인간은 자신의 비합리적 신념이나 왜곡된 사고를 점검하고 수정함으로써 스스로 변화할 수 있다.
- 인간은 환경에 수동적으로 반응하는 존재가 아니라, 사고와 신념을 통해 능동적으로 삶을 재구성하는 존재이다.

(2) 상담목표

인지적 상담의 목표는 내담자가 자신의 사고 과정을 점검하고 잘못된 인지구조를 수정하여 합리적이고 건설적인 사고를 확립하도록 돕는 것이다.

- 비합리적 신념과 인지적 왜곡을 발견하고 교정하기
- 현실적이고 합리적인 신념 체계를 형성하기
- 긍정적 정서를 경험하고 자기조절 능력을 기르기
- 적응적 행동을 선택하고 삶의 문제를 보다 효과적으로 해결하도록 지원하기

(3) 상담원리

- **인지-정서-행동의 상호작용** : 사고가 정서와 행동을 매개한다.
- **비합리적 신념의 수정 가능성** : 잘못된 신념은 논박과 재구성을 통해 합리적으로 바뀔 수 있다.

- **자기통제의 가능성** : 인간은 자신의 사고를 점검하고 조절할 수 있는 능력을 가진다.
- **현실 검증의 중요성** : 객관적 사실과 논리에 근거하여 사고를 재구성해야 한다.

(4) 상담기법

- **인지적 기법** : 비합리적 신념 논박하기, 자기 대화 수정, 인지적 재구성, 대안적 사고 탐색
- **정서적 기법** : 내담자의 감정을 인식・표현하게 하고, 과장된 불안을 이완・노출 기법으로 완화
- **행동적 기법** : 과제 부여, 역할 연습, 행동 실험 등을 통해 수정된 사고를 실제 행동에 적용

인지적 상담은 학생들의 비합리적 사고 습관(예 '나는 항상 실패한다', '선생님은 나를 싫어한다')을 교정하는 데 효과적이다. 학교 장면에서는 시험 불안, 대인관계 갈등, 자기효능감 저하 등과 같은 문제 상황에서 학생이 부정적 사고를 합리적이고 긍정적인 사고로 전환하도록 돕는 데 활용될 수 있다. 궁극적으로 이는 학생의 정서적 안정, 자기 주도적 학습, 건전한 대인관계 형성을 지원하는 데 기여한다.

요약

1. 생활지도는 학생들을 올바르고 바람직한 방향으로 성장, 발달하도록 이끌어 주는 활동으로 학교생활을 잘할 수 있도록 학업, 진로, 생활 습관 등 다방면에서의 지도를 제공하는 것을 의미한다.
2. 생활지도의 원리는 학생들이 자신의 능력, 흥미, 소질 등을 스스로 이해하게 함으로써 자신의 주위 환경에 보다 잘 적응할 수 있도록 도와주기 위한 원리이다.
3. 상담은 개인의 심리적 어려움을 해결하는 데 조력하는 전문적인 활동으로 학교에서는 크게 학업발달, 진로발달, 인성 및 사회성 발달 영역을 중심으로 이루어진다.
4. 상담은 과정은 ① 관계 형성 – ② 문제 탐색 및 이해 – ③ 목표설정 – ④ 개입 및 상담진행 – ⑤ 평가 및 종결의 순으로 이루어진다.
5. 상담의 주요 이론으로는 정신분석 상담, 인간중심 상담, 행동수정 상담, 인지적 상담이 있다.
   - 정신분석 상담은 행동과 정서를 무의식에 의한 것으로 바라보며, 내담자가 무의식을 의식화하여 문제를 해결할 수 있도록 조력하는 것을 목적으로 한다.
   - 인간중심 상담은 무조건적인 존중과 수용을 통해 내담자가 스스로 자신의 내적 잠재력을 발견하고 발휘할 수 있도록 돕는 것을 목적으로 한다.
   - 행동수정 상담은 인간의 행동은 학습을 통해 형성되고 새로운 학습 경험을 통해 수정될 수 있다는 전제에서 출발해 내담자의 관찰 가능한 행동의 변화를 목표로 한다.
   - 인지적 상담은 문제의 원인을 비합리적인 인지체계로 인한 것이라고 보고, 비합리적인 인지체계를 합리적인 인지체계로 변화시켜 현재의 문제 상황에 대처할 수 있도록 조력하는 것이다.

제 13 장

교직과 교사

1. 교직의 성격
2. 교사의 역할과 자질

제13장 교직과 교사

학습내용

- 교직의 특성과 역사에 대해 이해한다.
- 교사라는 직업을 가지기 위해서는 어떤 자질을 지녀야 하는지 이해한다.
- 교직라는 지위를 가진 사람이 사회 안에서 해야 할 역할에 대해 이해한다.
- 자신만의 교직관을 정립하여 표현할 수 있다.

교육자는 국가 사회로부터 교육을 위임받은 사람으로, 국가의 요청에 의하여 국민을 계도 육성하는 신성한 사명을 부여받은 사람이다. 아름다운 꽃은 저절로 피는 것이 아니다. 밑바닥에는 그 꽃을 피게 하는 거름이 있는 법이다. 교육자는 꽃을 피게 하는 거름이다. 하느님의 부름을 받은 천직(天職－calling)을 소명(召命)으로 가르침의 기쁨에서 활동하는 인간형성자이고 사회의 대변자이며 국민의 대표자요 국가의 건설자이며 개혁자이고 문화의 수호자이며 도덕성 발달의 모델이며 병든 자를 치료하는 의사요 치료자이며 민족의 번영과 인류 공영을 위하여 지고존엄(至高尊嚴)한 사명을 지니고 가치를 실현하는 사랑의 실천가이다.

'일 년의 계획은 오곡을 기르는 것보다 더한 것이 없고, 십 년의 계획은 나무를 심는 것보다 더한 것이 없으며, 백 년의 계획은 사람을 키우는 것보다 더한 것이 없다'는 교훈처럼 인간에게서 교육의 중요성은 아무리 강조해도 지나침이 없을 것이며, 그 교육에 있어서 교육자의 중요성은 '교육의 질은 교육자의 질을 능가할 수 없다'는 말에서 볼 수 있듯 교육적 진리라 할 수 있다.

교직과 교육자의 중요성을 중심으로 교직의 성격과 교육자의 자질 및 역할에 대해 살펴보고자 한다.

1. 교직의 성격

가르치는 일을 업(業)으로 삼는 직업을 교직(教職)이라 한다. 가르치는 일은 작게는 가르침의 대상이 학생이고 넓게는 모든 사람, 즉 국민이 교육의 대상이 된다. 그래서 교육자 및 교원이라고 하면 교육행정가, 교육연구가 및 교육사무직을 모두 포괄하는 넓은 범주의 의미가 된다. 유치원 교사에서부터 초·중등학교의 교사와 교장, 교감, 장학사, 장학관, 교육연구원, 연구사, 연구관, 교육감, 대학의 교수, 학장, 총장이 모두 교원에 해당되며 사회교육자까지 망라한 광범위한 개념을 교육자라 할 수 있다. 그러나 좁은 범주로는 학교체제의 제도권 내에서 학생을 가르치는 사람을 교사라고 한다.

1) 교직의 역사

원시 시대에는 젊은이를 가르치는 전문적인 교사는 없었다. 모든 성인이 교육자이고, 미성인은 피교육자이사 학생이었다. 부모가 교사의 역할을 하고 자녀는 부모의 가르침을 받는 학생이있다.

고대 사회는 학자나 승려가 교사 혹은 교육자였다. 유대인 교사 랍비(Rabbi)는 승려이자 경전학자이며 율법학자였고 이집트에서도 승려가 겸직으로 교육을 담당하는 교사였으며 승려가 가르친 내용인 읽기 쓰기를 학생들이 숙달하지 못하면 학생에게 사형을 처할 수 있는 권한까지도 있었다. 우리나라에서도 교사는 학자였고, 불교가 전래된 이후에는 승려가 교사이자 교육자였다.

그리스 시대에는 노예 신분으로 학식과 덕망을 갖춘 파이다고고스(paidagogos)에 의해 귀족의 자녀들은 예의와 몸가짐, 품위 있는 행동을 배웠고 읽기, 쓰기, 셈하기와 같은 기초교육을 받았다. 소크라테스, 플라톤, 아리스토텔레스는 훌륭한 교사였고, 소피스트는 전문적 지식인이었으며 직업적인 교사였다.

로마 시대의 교사는 초등학교 교사를 루두스(ludus)라 하였고, 중등학교 교사 가운데 독서교사를 literator, 산수교사를 calculator, 문법교사를 grammaticus라 하였다. 이들 교사는 문법학자, 수사학자, 웅변가, 정치가, 철학자, 과학자 체육가였다.

우리나라에도 고대의 교사는 유학자였으며, 좋은 교사는 학자라고 생각했다. 많이 아는 사람이 다른 사람을 가르칠 수 있다고 여겨, 아는 것, 즉 학식과 가르치는 일을 동일시하였다.

서양의 중세 시대는 교직은 바로 승직이었고 성직이었다. 교회가 중요 교육기관이었고 학교는 사원에 부속된 건물로서 교육의 기능을 수행하였으며 수도원이 학교였다. 중세의 대학이 발달하면서 전문적인 직업으로서의 대학교수직이 발달하기 시작하였고 세속학문도 발달하였다. 도제 교육(Guild System)과 기사도 교육은 직업 학교 교사와 사회적인 교사의 모범이 되었다.

근세의 인문주의와 종교개혁 시대에는 근대적인 교사가 군주 및 귀족의 청년들을 가르치는 교사가 되었다. 최초의 조직적이고 체계적인 전문적인 교사양성기관이 1685년 프랑스 라임(Rheims)에 설립되었고, 1697년에는 프랑케(Francke)가 독일 할레(Halle)에 그리고 헤커(Hecker)는 1738년 프러시아에 교사양성기관을 설립하였는데, 이들은 정규교사 양성기관으로서는 첫 교육기관이었다. 그리고 페스탈로치, 헤르바르트, 프뢰벨에 의해 보다 교육적이고 교육학적이고 과학적인 교사양성교육이 이루어짐으로써 사범학교의 발전을 가져왔다.

우리나라에서도 1894년 관립사범학교가 한성에 설립되면서 교사양성교육의 발전을 가져오게 되었으며, 학자가 곧 교육자요, 교사였으며, 민족의 스승으로서 존경을 받았다. 일제 강점기에는 민족지도자 양성 및 교사양성을 위한 사범학교가 설립되면서 근대적인 교사양성 교육의 발전을 가져오게 되었으며, 학자가 교육자이자 민족지도자로서 존경의 대상이 되었으며 국민의식을 각성시키고 계몽하는 훌륭한 교사였다. 그 시기에 민족해방을 위하여 민족혼을 일깨운 교사들이 많았으며, 무명교사 김교신은 한국의 페스탈로치로서 존경받았었다.

2) 교직의 특성

교사는 가르치는 행위를 통해 학생 및 학습자를 교육적으로 변화하게 만드는 사람으로서 가르치는 일을 전문적으로 하는 직업을 가지고 있는 사람이라고 할 수 있다. 교사를 교육현장에서 학생들을 가르치는 일을 하는 직업의 종류로 보는 것을 교직이라고 한다. 이러한 교직이라는 것은 다른 직업들과 마찬가지로 생계를 유지하기 위한 수단으로서 정신적 활동 및 육체적 활동을 하고, 이를 통해 자아실현 및 사회적인 책무를 한다는 공통점도 있지만, 인간의 변화를 이끌어 내는 교육활동을 한다는 점에서 다른 직업들과는 다른 독특성과 고유성을 가지고 있다. 이러한 교직의 특성을 정리하면 다음의 여덟 가지로 정리할 수 있다(정대성, 2010).

첫째, 전문직적이다. 교사는 교육에 관한 전문지식과 교수기술, 인간 이해를 바탕으로 전문적 판단과 실천을 수행하는 전문가이다.

둘째, 봉사직적이다. 교직은 개인의 이익보다 학습자와 사회의 발전을 위한 헌신과 봉사를 본질로 한다.

셋째, 윤리직적이다. 교사는 학생의 인격과 가치관 형성에 직접적인 영향을 미치므로, 높은 도덕성과 책임의식을 갖추어야 한다.

넷째, 인격직적이다. 교사는 인격으로 가르치며, 인격적 만남을 통해 학생의 성장에 영향을 미치는 존재이므로 인격적 모범이 요구된다.

다섯째, 공공직적이다. 교직은 공교육 제도의 중심에 서서 국가와 사회의 공공이익을 실현하는 사회적 공공봉사 기능을 수행한다.

여섯째, 자율직적이다. 교사는 교육의 전문성을 바탕으로 수업과 생활지도에서 전문적 자율성을 보장받아야 하며, 스스로의 판단에 따라 교육활동을 수행한다.

일곱째, 발전적·연구적이다. 사회와 교육의 변화에 따라 교사는 지속적인 자기연구와 연수를 통해 전문성을 갱신해야 한다.

여덟째, 소명직적이다. 교직은 단순한 생계 수단이 아니라 인간교육이라는 사명감과 헌신에서 비롯되는 소명의식에 의해 지탱된다.

이처럼 교직은 전문성과 윤리성, 봉사성과 공공성, 그리고 자율성과 소명성을 함께 내포하는 종합적이고 인간중심적인 직무로서, 단순한 직업 이상의 의미를 지닌다.

<표 13-1> 교직의 특성

1. 전문직적 특성	교육학적 지식과 교수능력, 인간이해를 바탕으로 한 전문적 판단과 실천
2. 봉사직적 특성	학습자와 사회 발전을 위한 헌신과 봉사 중심의 직무
3. 윤리직적 특성	인격형성과 가치관에 영향 → 높은 도덕성과 책임의식 요구
4. 인격직적 특성	교사의 인격이 교육의 도구이자 모범으로 작용
5. 공공직적 특성	공교육 제도 속에서 사회적 공공이익 실현 기능 담당
6. 자율직적 특성	전문성에 기초한 교육활동의 자율성과 창의적 판단 보장
7. 발전적·연구적 특성	지속적인 연수와 자기개발을 통한 전문성의 향상 추구
8. 소명직적 특성	교육에 대한 사명감과 헌신에서 비롯되는 소명의식 강조

3) 교직의 성격

우리나라 헌법 제31조 제4항에는 "교육의 자주성, 전문성, 정치적 중립성 및 대학의 자율성은 법률이 정하는 바에 의하여 보장된다"고 규정되어 있다. 교육의 전문성이란 교육은 전문가에 의해 수행되어야 한다는 뜻이다. 전문 직업으로서의 교사, 즉 교직의 본질을 어떻게 보고, 어떻게 파악하는지와 관련된 개념으로 교직관을 들 수 있는데, 교직관이란 교직의 존재 가치, 의미, 목적 등 교직에 대한 인식의 틀이다. 이는 사람들이 교사 및 교직에 대해 기대하는 정도라고도 볼 수도 있다. 따라서 예비교사로서 이러한 교직관에 대하여 알아보고 정리하는 것은 중요하다. 교직관은 교사의 교직에 대한 인식과 태도를 결정하기 때문에 실제 교육활동에서 매우 중요한 의미를 가진다(황기우, 2005). 교육관에 따라서 교육의 목적, 교육의 내용, 교육의 방법이 달라지듯이, 교사가 가지고 있는 교직관에 따라서 교직활동에 참여하는 기본적인 자세 및 태도가 근본적으로 달라질 수밖에 없다. 교직관에 대해서는 다양한 학자들에 따라서 조금씩 차이를 보이고 있지만, 일반적으로 성직관, 공직관, 노동직관, 전문직관의 네 가지 유형으로 분류하는 경우가 많다(박영진 · 장성화, 2021).

(1) 성직관

교직은 성직(聖職)이다. 단순한 지식이나 기술을 가르치는 직업이라기보다 인간의 인격형성을 돕는 고도의 정신적 봉사활동으로서 세속적인 직업과 구별된다. 한없는 사랑과 봉사, 희생, 헌신으로 이타적인 위치에 있게 된다. 중세 시대에는 종교와 교육, 학교와 교회가 일치되어 있었기 때문에 교육자는 성직자이었다. 따라서 교직과 성직은 구분되지 않았다. 이 같은 전통이 현대까지 내려오면서 교직을 성직으로 신성시하고 있다.

성직관 측면에서는 교사가 기본적으로 '소명 의식'을 가지고 자신에게 맡겨진 책무를 다해야 한다는 것을 바탕으로 둔다. 교사들이 누구보다도 윤리적으로 행동할 것이 요구되는 것도 이러한 성직관에 기반한 것이라 할 수 있다. 언론에서도 똑같은 범죄 행위 및 범법 행위에 관한 내용을 다룰 때도, 가해자가 교사인 경우 '○○초등학교 교사', '○○유치원 교사'처럼 교사라는 직업이 강조되고, 사회적으로 더욱 가혹한 평가를 받는 것을 볼 수 있다. 이러한 성직관을 통해 교사의 높은 인격과 윤리적인 측면이 강조되는 것은 긍정적인 면이지만, 교사에게 일방적인 헌신과 봉사를 강요한다는 점에 대해서는 생각해 보아야 할 것이다.

(2) 공직관

교직의 공직관(公職觀)은 교직을 국가와 사회의 공공적 목적을 실현하기 위한 공무로서의 직무로 이해하는 관점이다. 교사를 단순히 개인의 생업을 위한 직업인이 아니라, 국민 전체의 복지와 사회의 발전을 도모하기 위해 공익을 수행하는 공공봉사자(public servant)로 본다.

공직관은 교직이 근대 국가 체제 속에서 공무원 제도에 편입되며 형성된 관점이다. 근대 교육제도가 성립되면서 학교가 국가의 통제와 행정체계 안에 자리 잡게 되었고, 교사는 국가가 임명하고 급여를 지급하는 공무원으로 제도화되었다. 이러한 역사적 맥락 속에서 교직은 국가의 공공서비스를 제공하는 직무, 즉 '공직'으로 인식되었다. 이 관점에서 교사는 국가가 정한 교육과정을 성실히 이행하며, 국민의 기본권인 교육받을 권리를 보장하는 공공책무의 담당자로 이해된다.

공직관에 따르면 교사는 국가 공무원으로서의 책임과 의무를 지니게 되어 공익성, 책임성과 봉사정신, 청렴성, 법적 정당성의 가치를 중요시한다. 이는 다음과 같은 구체적 역할로 나타난다.

- 공공봉사자로서, 학생과 학부모, 지역사회에 대한 봉사와 헌신의 자세를 지닌다.
- 법과 규정에 따라 교육활동을 수행하며, 교육과정 운영, 학생 생활지도, 학사행정 등을 국가의 교육정책과 일치되게 집행한다.

- 공평무사한 직무수행을 통해 사적 감정이나 이해관계에 휘둘리지 않고, 학생 모두에게 공정한 교육 기회를 제공한다.
- 청렴성과 책임성을 갖추어 공직자로서 모범을 보여야 하며, 사회적 신뢰를 유지하는 윤리적 기준을 지켜야 한다.

교직의 공직관이 갖는 의의로는 교사는 국가 발전의 핵심 기반인 국민교육의 실천자로서 공익 실현의 사명감을 갖게 되고, 교직의 공적 성격을 명확히 함으로써 교사에 대한 사회적 존중과 제도적 안정성을 보장할 수 있다. 더불어 공직자로서의 규범과 윤리의식은 교육의 공정성과 신뢰성을 유지하는 토대가 된다. 그러나 공직관은 몇 가지 한계도 지닌다. 교사를 국가 행정조직의 일원으로만 이해할 경우, 교육의 자율성과 창의성이 제한될 우려가 있고, 지나친 관료주의적 규율은 교사의 전문적 판단권을 약화시키고, 형식적 복종이나 순응을 초래할 수 있다. 또한 공직자로서의 책임과 윤리를 강조하다 보면, 교사의 인간적 감정과 교육적 자율성이 간과될 가능성도 있다.

(3) 노동직관

교직의 노동직관은 교직을 하나의 노동(勞動)으로 보는 현실주의적 관점이다. 산업혁명 이후 산업이 발달하고 기계기술공업이 발달하여 산업자본주의 사회로 발전함으로써 정신노동과 육체노동을 구분하지 않고 정신노동을 육체노동의 범수에 포괄시킴으로써 교직도 노동직이라고 보게 된다. 이 관점에서는 교사 역시 사회의 한 구성원으로서 노동력을 제공하고 그 대가로 임금을 받는 근로자라고 본다. 즉, 교직은 다른 직업과 마찬가지로 일정한 근무시간과 노동조건, 보수체계 속에서 수행되는 생계 유지와 사회적 역할을 겸한 직업 활동이라는 것이다. 현대 사회에서는 교육활동이 점점 복잡하고 행정적 부담이 커지면서, 교사의 노동 강도와 업무 스트레스, 과중한 행정업무가 사회적 문제로 대두되었다. 이러한 현실 속에서 교사들도 자신들의 노동권과 근무환경 개선, 정당한 보상을 요구하게 되었고, 그 논리적 근거가 바로 노동직관이다.

교직의 노동직관에서 중요시하는 가치는 노동의 정당한 대가, 교사의 업무량과 상응하는 보수라는 근로조건 개선, 노동권 보장, 인간다운 노동환경이다. 이러한 노동직관에 따르면 교사는 다음과 같은 역할과 권리를 가진다.

- 노동자로서의 권익 보장으로 교사는 정당한 보수를 받을 권리가 있으며, 근로조건 개선을 요구할 수 있다.
- 근로자로서의 인간적 존중으로 과중한 업무와 감정노동으로부터 보호받아야 하며, 직무수행 과정에서 인권이 보장되어야 한다.
- 교사는 노동조합을 통해 집단적 의사표현과 협상을 진행할 수 있다.
- 과중한 행정업무의 경감, 수업 시수의 합리화, 휴식권 보장 등 근무환경 개선을 요구할 수 있다.

노동직관은 교직을 현실적·사회적 직업으로 인식하게 하여 교사의 노동권 보장과 근무환경 개선을 위한 사회적 관심을 촉구하고, 교사의 처우 개선과 직업적 안정성을 강화함으로써 교육의 질 향상에도 기여한다. 그리고 교직의 이상적 측면뿐 아니라 현실적 직업으로서의 교사의 삶을 조명함으로써, 교직의 지속가능성을 확보한다는 점에서 의의를 가진다. 그러나 노동직관이 지나치게 강조될 경우, 교직의 윤리적·도덕적 소명 의식이 약화될 수 있고, 교직을 단순히 생계수단으로만 보는 태도는 교육의 공공성과 인격적 가치를 훼손할 위험이 있다. 또한 노동자의 권익 주장에 치중하다 보면, 교육적 전문성 개발과 학생중심의 사명감이 뒷전으로 밀릴 가능성도 있다.

(4) 전문직관

교직의 전문직관(專門職觀)은 교직을 고도의 전문적 지식과 기술, 그리고 윤리적 책임을 바탕으로 수행되는 전문적 직업으로 보는 관점이다. 이 관점은 교사를 단순히 국가가 부여한 임무의 수행자나 생계를 위한 노동자가 아니라, 교육의 전문가로서 자율성과 전문적 판단을 행사하는 전문직 종사자로 이해한다. 즉, 교직은 사회의 공익을 위해 봉사하면서도, 독자적 전문성을 바탕으로 고유한 판단과 실천을 요구하는 직업이라는 것이다.

전문직관은 20세기 중반 이후 교육학이 학문적 체계를 확립하고, 교사의 교육활동이 점점 복잡하고 전문화됨에 따라 부각되었다. 특히 산업사회와 정보사회로의 전환 속에서 교육의 질이 사회 발전의 핵심 요소로 인식되면서, 교사는 더 이상 단순한 행정 수행자가 아닌 전문적 지식인으로 자리매김하게 되었다. 이러한 사회적 변화와 함께 교사교육제도(사범대학, 교직과정, 연수제도 등)가 발전하고, 교육의 과학적 접근과 교수학습의 전문화가 이루어지면서 교직의 전문직적 성격이 강화되었다.

다른 어떤 관점보다도 교직은 전문직이라는 관점이 우세하다. 그러면 교직을 전문직이라고 하는 타당한 근거가 무엇이냐의 문제가 제기된다. 그린우드(Greenwood)는 『전문직의 속성(Attributes of a Profession)』에서 전문직과 비전문직을 구분하는 전문직의 다섯 가지 특징을 제시한다.

① 체계적인 이론 체계이다. 즉, 전문직에서 요구되는 기술은 발달되고 정련된 이론 체세에서 나온 것이다. 따라서 이 이론 체계는 전문직 종사자의 활동 근거에 대한 이해를 넓혀준다.

② 전문직에서는 전문가가 고객의 최대 관심사가 무엇인가를 알고 있는 반면에, 비전문직에서는 고객 스스로가 무엇이 필요한가를 안다.

③ 전문직 종사자들은 능력의 범위 내에서 권위(authority)를 가진다.

④ 전문직 체계는 구성원의 행동에 대한 통제권의 행사와 제정된 윤리요강의 준수 여하에 따라 구성원의 사업면허 취소권을 가진다.

⑤ 전문직에서는 가치, 규범, 상징체계의 집합 등 독특한 문화가 있다.

리버만(Lieberman)은 교직을 전문직과 관련지으면서 전문직의 조건을 가지고 있다고 했다.

① 전문직은 사회 전체의 이익과 공공복지를 위한 봉사를 중시하며, 교직 또한 공공적 사명을 수행한다.

② 전문직은 직무수행에 고도의 전문적 지식과 기술의 소유를 요하는데, 교사는 교육학, 심리학, 교과교육 등 체계적이고 과학적인 지식을 바탕으로 교수・학습 활동을 수행한다.

③ 전문직은 장기간의 준비교육을 필요로 하는데, 교직은 고도의 교육과정과 연수과정이 필요하다. 교직에 종사하기 위해서는 일정한 전문교육(교사양성기관, 교직과정)과 지속적인 연수・자기개발이 필수적이다.

④ 전문직은 개인적으로나 집단적으로나 광범위한 자율권을 행사한다. 교직은 자율적 판단과 의사결정의 권한이 있다. 수업과 평가, 생활지도 등 교육활동의 핵심은 교사의 전문적 판단에 의해 이루어진다.

⑤ 전문직은 고도의 자율성을 가지는 대신, 사회적 신뢰를 유지하기 위한 윤리적 책임이 요구된다. 교사는 학생의 인권 존중, 공정성, 청렴성 등 윤리적 의무를 준수해야 한다.

전문직관에 따른 교사는 다음과 같은 역할을 수행한다.

- 교육의 전문가로서 학생의 성장과 발달을 과학적 근거에 따라 지도한다.
- 교육과정의 개발자로서 수업 내용을 계획하고, 학습경험을 창의적으로 조직한다.
- 학습촉진자로서 학생의 자기주도적 학습을 지원하고, 학습방법을 설계한다.
- 연구자로서 교수방법을 개선하고 교육현상을 탐구하며, 수업의 질을 향상시킨다.
- 전문적 공동체의 구성원으로서 동료 교사와 협력하고 전문적 학습공동체(PLC)에 참여한다.

교직의 전문직관의 의의로는 교사가 교육의 주체로서 자율적 판단을 내릴 수 있도록 교사의 자율성과 창의성을 강화했다는 것과 교사양성과 연수, 교육 연구 등을 통한 지속적 전문성 개발의 중요성을 강조한 점이다. 또한 교사의 전문적 판단과 자기개발을 통해 학생중심의 교육이 가능해지고 전문직 윤리와 책임의식을 통해 교직의 위상과 사회적 존경을 높였다는 점을 의의로 들 수 있다. 그러나 전문직관도 한계점은 있다. 교직의 전문직으로서의 자율성이 과도하게 강조될 경우, 공공성과 행정적 책무가 약화될 수 있다. 또 교사의 전문성 기준을 지나치게 학문적·기술적으로만 해석하면, 인간적 감성과 인격적 영향력을 간과할 수 있다. 더불어 교직의 전문직화가 미완성 단계에 머물러 있을 경우, 제도적 자율성(교육정책 결정권)이 제한되는 현실적 한계도 존재한다.

현대의 교직은 전문직으로서의 특성을 유지하면서도, 공공성과 도덕적 소명감을 함께 갖춘 '공공적 전문직'으로 나아가는 것이 바람직하다고 보아야 한다.

<표 13-2> 교직을 보는 관점의 비교

구 분	기본 성격	교사의 역할	강조점	한계점
성식관	소명과 봉사로서의 직분	사랑과 헌신으로 학생을 이끄는 인격적 지도자	도덕성과 인격, 사명감	전문성·노동권 경시
공직관	공공의 임무 수행	국가·사회적 책무를 다하는 공공봉사자	청렴성, 책임감, 공익성	자율성 제한, 관료화 우려
노동직관	생계유지의 노동	정당한 보수와 근로조건을 요구하는 노동자	근로권, 처우 개선	소명·윤리 의식 약화
전문직관	전문지식과 기술에 기반한 직업	교육의 전문가, 전문적 판단과 자율성 행사	전문성, 자율성, 자기계발	과도한 전문주의로 인한 인간적 측면 약화 가능

2. 교사의 역할과 자질

1) 교사의 역할

역할(role)이란 지위(status)와의 관계에 의해서 이해될 수 있는 상관 개념이다. 셰익스피어(Shakespear)는 '세상은 무대이고 인간은 배우이다'라고 말했다. 인간은 누구나 어떤 역(役)을 가지고 사회라는 무대 위에서 연기를 하고 있다고 할 수 있다. '인간'이라는 말 자체가 연극에서 유래되었는데, 'Person'은 라틴어의 '가면'의 뜻을 가진 'persona'에서 나왔으므로 인간이라는 개념과 역할이라는 개념을 분리해서 말 할 수 없다. 그래서 인간의 사회적 행동은 대부분 역할행동이라 할 수 있다. 역할이란 행동양식을 의미한다. 린톤(Linton)이 사회적 지위가 없는 곳에 사회적 역할은 존재하지 않고, 역할이 없는 곳에 지위는 없다고 하였듯이, 지위와 역할은 사회집단 내에서 반드시 공존하는 사회관계의 양상이고 사회구조의 본질을 이룬다. 그러나 지위는 사회학적 개념으로 추상적이고 제도적이라 할 수 있으나, 역할은 사회심리학적 개념으로 행동적인 성격을 가진다. 세코드(Secord)는 지위와 지위에 부여되는 기대를 종합해서 역할이라 정의하고 있으며, 뉴콤(Newcomb)은 지위를 수행함에 요구되는 규범적 기대를 역할이라 하였다. 지위와 역할의 차이점은 다음과 같다.

- 지위는 일반적 기대인 데 반해, 역할은 특정적인 기대이다.
- 지위는 집단적인 데 반해, 역할은 개인적이고 행동적이다.

교사가 되고자 하는 사람이나 현직 교사는 우선 교사에게 기대되는 행동양식이 무엇인지 인지하는 것이 중요하며, 그 같은 행동양식을 학습해 나가야 한다. 교사의 역할은 시대와 교육환경의 변화에 따라 다양하게 확장되고 있으며, 다음과 같이 주요한 여덟 가지로 정리할 수 있다.

(1) 학습지도자의 역할

교사는 학습자의 발달단계와 개별차를 고려하여 교수·학습 활동을 설계하고, 효과적인 학습을 촉진하는 지도자의 역할을 수행한다. 학습을 위한 환경을 조성하고, 다양한 교수전략을 활용하여 학습자의 능동적 참여를 유도한다.

(2) 교육과정 설계자 및 실행자의 역할

교사는 국가 수준의 교육과정을 학교의 실정과 학생의 요구에 맞게 재구성하며, 이를 구체적인 수업 계획으로 전환하여 실행한다. 또한 교육과정 운영 결과를 평가하고 개선하는 전문적 판단을 내린다.

(3) 생활지도자 및 상담자의 역할

교사는 학생의 인격적 성장과 정서적 안정을 돕기 위해 생활 전반을 지도하고, 진로·학업·대인관계 등 다양한 문제에 대해 상담자로서 조언과 지지를 제공한다.

(4) 인격적 모범자 역할

교사는 학생들에게 학문적 지식뿐 아니라 가치관과 태도의 모범이 된다. 언행과 인간관계에서 인격적 본보기를 보이며, 교육적 신뢰를 형성한다.

(5) 평가자 및 진단자의 역할

교사는 학생의 학업 성취와 행동 변화를 체계적으로 관찰하고 평가함으로써 학습의 진단, 피드백, 향상을 도모한다. 평가를 통해 학습의 개선뿐 아니라 교육과정의 적절성도 점검한다.

(6) 학급경영자(조직관리자)의 역할

교사는 학급 내의 질서와 협력적 분위기를 조성하고, 민주적 절차를 통해 구성원 간의 관계를 조정한다. 학급을 하나의 공동체로 이끌며, 학생들이 책임감과 자율성을 기를 수 있도록 지도한다.

(7) 전문적 연구자 및 자기개발자의 역할

교사는 교육현장에서의 문제를 탐구하고, 수업 개선을 위한 연구를 수행하며, 연수와 학습공동체 활동을 통해 끊임없이 전문성을 신장시켜야 한다.

(8) 사회적·문화적 중개자 역할

교사는 지역사회와 학교, 가정 간의 연결고리로서 작용하며, 학생들이 사회 구성원으로 성장할 수 있도록 사회적 가치와 문화를 전달하고 해석하는 역할을 담당한다.

<표 13-3> 교사의 역할

교사의 역할	주요 내용
1. 학습지도자	학습 설계 및 촉진, 교수전략 활용
2. 교육과정 설계자·실행자	교육과정의 재구성, 실행, 평가
3. 생활지도자·상담자	학생의 정서·진로·대인관계 지도
4. 인격적 모범자	가치관과 태도의 모범, 신뢰 형성
5. 평가자·진단자	학습성과 평가, 피드백 제공
6. 학급경영자	민주적 학급 운영, 질서와 협력 유지
7. 연구자·자기개발자	수업 개선 연구, 전문성 신장
8. 사회·문화적 중개자	학교–가정–지역사회 연계, 사회화 지원

교사는 학습을 이끄는 전문가이자, 학생의 인격적 성장을 돕는 지도자이며, 동시에 교육과 사회를 잇는 다리 역할을 수행하는 전문적·인격적·사회적 실천가이다.

2) 교사의 자질

교육의 질은 교사의 질에 달려 있다. 학생들은 양질의 우수교사로부터 교육받을 학습권을 가지고 있다. 교육의 질을 향상시키려면 교사의 자질을 향상시켜야 하며, 이에 관한 사회국가적 요구가 커지고 있다. 그러나 교사의 자질에 관한 명확한 개념 정립이 어려우며 유능한 교사, 훌륭한 교사가 어떠한 교사인지에 관한 견해가 다양하기 때문에 일치된 관점을 찾기도 어렵다. 그래서 교사의 자질을 개탄하는 소리가 높아 선생은 많아도 스승은 많지 않고, 경사(經師)는 있어도 인사(仁師)는 없다고 한다. 독일 관념론철학자 피히테(Fichte)는 14회에 걸친 베를린 학사원에서의 연설에서 "조국의 운명은 그대들 교육자의 지혜와 정열과 실천의지에 달려있다"고 하였는데, 이는 교사의 훌륭한 자질이 국가위기를 구출하는 열쇠가 된다는 의미일 것이다. 교사의 자질과 학생의 학업성취, 학습목표 달성, 학생의 교사에 대한 만족도, 학부모의 교사에 대한 만족도, 나아가 학생의 인생에 있어서 성공과 실패까지도 교사의 인성이나 태도, 학생관 등에 크게 영향을 받는다.

교사의 자질을 분류하는 방식이 여러 가지 있는데, 크게 교사의 인격적 자질과 전문적 자질, 인성적 자질 세 가지로 나누어 살펴보고자 한다.

(1) 인격적 자질

교사의 인격적 자질은 교사의 정신적 자세이고 기본태도이자 교사의 도덕적 품성이라 할 수 있다. 훌륭한 교사는 먼저 한 사람의 인간이 되어야 한다. 교사의 인간됨은 학생의 인간됨의 원천이 된다. 훌륭한 교육은 교사가 자기가 가르치는 교과목에 파묻혀서 로봇처럼 객관적 사실이나 주입시키는 것은 아니다. 교사의 인격과 학생 인격의 만남과 교류가 이루어지지 않고는 교육의 목적은 기대하기 어렵다.

교사의 인격적 자질로서 기본이 되는 것은 건강한 신체와 건전한 정신이다. 정신과 신체는 둘이 아니고 하나의 통일체이다. 교사가 신체적으로 건강하지 못하고 병약하거나 허약할 때 교수·학습 활동에 결코 긍정적이지 못할 것이다. 건전하지 못한 정신의 소유자, 즉 부정적인 자아를 가진 교사, 신경질적이고 우울한 교사, 이성적이지 못하고 쉽게 흥분하고 충동적이며 기분적으로 행동하는 교사는 언행이 일치되지 않는 교사가 되기 쉽다. '건강한 신체에 건강한 정신이 깃든다(a sound mind in a sound body)'는 로크의 교훈을 되새겨 볼 가치가 있다. 인격이란 한 개인을 타인과 구별하게 하는 도덕적·지적 특성의 총화라고 할 수 있고, 그 사람의 행동경향이 조직된 총체이며, 규칙적이고 예측할 수 있는 행동경향이라고 킬패트릭(Kilpatrick)은 정의하고 있다. 그래서 인격자라고 하면 가치 있는 행동을 하는 사람이라 할 수 있다. 충동을 억제하고 감정에 움직이지 않고 의무를 존중하며 주체적으로 행동하고 합리적으로 사고하며 일관성 있는 태도를 지키고 악행을 멀리하고 선행을 하는 사람이다. 즉, 지(知)적, 정(情)적, 의지(意志)적인 면에서 원만히 발달한 사람이다. 오천석은 교사의 기본 자질로서 사랑, 겸허, 개방성을 들고 있다.

사랑은 교육의 근본 동기이며 교육활동의 원천이다. 사랑의 실천이 참 교육이고 살아 있는 교육이다. 교육활동에 있어서 사랑은 에로스(eros)적이기보다 아가페(agape)적인 사랑이다. 아가페의 본래의 기능은 무가치한 자에게 가치를 부여해 주어 가치 있는 것으로 만드는 데 있다. 교육자의 삶은 제자를 사랑할 때 무가치에서 가치로 변화가 일어난다. 교육자는 자기 자신의 영달을 떠나서 사랑하는 피교육자의 성숙을 위해 희생하는 삶이 될 때 참사랑을 실천하는 것이다. 학자는 지식을 사랑하는 사람이고, 교육자는 학생을 사랑하는 사람이다. 교사는 사랑의 대상이 많은 사람이니 행복한 사람이라 할 수 있다.

교사는 겸허해야 한다. 교사는 사람 앞에 겸허하고, 역사 앞에 겸허하고, 진리 앞에 겸허해야 한다. 겸허는 정신적 가치에 대한 겸허여야 하고, 인간존엄성에 대한 겸허여야 하며, 자기 성찰과 자기 반성에서 겸허의 정신이 나온다.

교사의 기본 태도는 개방성이다. 교사의 마음이 닫혀 있으면 안 된다. 아집, 편견, 편애는 닫힌 마음의 산물이다. 열린 마음은 모든 것을 포용하고 수용하는 마음이다. 우물 안의 개구리적 존재가 아니라 세계를 향하고 멀리 앞을 내다보며 인류의 문명을 조망하여 크고 먼 세계를 학생들 앞에 펼쳐 나가야 한다. 다른 사람들보다도 심리적 방어기제(defense mechanism)를 사용하지 않는 교사가 좋은 교사이다. 좋은 교사는 다른 사람으로부터 소외되어 있기보다는 공동체의 일원으로서의 일체감, 소속감을 느끼며 더불어 살아간다고 생각한다. 좋은 교사는 자신을 숨기거나 자기 소외감을 느끼지 않는다. 자기를 불신하기보다는 신뢰하고 긍정한다. 좋은 교사는 자신을 무가치한 존재로 보기보다는 가치 있는 사람으로 여긴다.

(2) 전문적 자질

교사의 전문적 자질은 교육활동을 효과적으로 수행하기 위해 필요한 지식, 기술, 태도, 가치관을 종합적으로 갖춘 능력을 의미한다. 교사는 단순한 지식 전달자가 아니라 학습자의 발달을 촉진하고 교육과정을 설계·운영하며, 교육적 판단을 내리는 전문직으로서의 자질을 지녀야 한다.

교사의 전문적 자질은 첫째, 교과전문성으로 나타난다. 이는 자신이 가르치는 교과에 대한 깊은 이해와 체계적인 지식을 의미하며, 이를 바탕으로 학습자의 수준과 흥미에 맞는 지도안을 구성할 수 있어야 한다.

둘째, 교수·학습 전문성이다. 이는 학습자의 발달 단계와 학습원리를 이해하고, 다양한 교수전략과 학습활동을 설계·운영하는 능력을 뜻한다.

셋째, 생활지도 및 상담 전문성을 들 수 있다. 교사는 학생의 전인적 발달을 지원하기 위해 정서적 안정, 진로, 대인관계 등의 문제를 지도·상담할 수 있는 능력을 가져야 한다.

넷째, 교육과정 운영 전문성이다. 교사는 국가수준 교육과정을 학교 실정과 학습자의 요구에 맞게 재구성하고, 학교 교육과정의 목표 달성 여부를 평가할 수 있어야 한다.

다섯째, 연구와 자기개발 전문성이다. 교사는 교육현장에서의 문제를 탐구하고 개선하기 위해 지속적인 연구활동과 연수를 통해 전문성을 심화·갱신해야 한다.

여섯째, 교사의 전문적 자질은 도덕적·윤리적 책임감과 결합될 때 완전한 의미를 가진다. 교육의 목적은 인간 형성에 있으므로, 교사는 전문지식뿐 아니라 교육적 신념과 인간적 성숙을 함께 갖춘 인격적 전문가로서의 자세를 유지해야 한다.

교사의 전문적 자질을 육성하는 것은 지속적인 학습과 실천을 통해 발전되는 과정적 개념으로 보아야 한다. 급변하는 교육환경 속에서 교사가 전문성을 유지하고 향상시키기 위해서는 다음과 같은 노력이 요구된다.

첫째, 교사 연수의 활성화이다. 직무연수, 자율연수, 원격연수 등 다양한 형태의 연수는 교사가 새로운 교수방법, 교육정책, 학문적 변화를 습득하도록 돕는다. 연수는 단순한 지식 전달이 아니라, 실천적 성찰과 수업 개선으로 이어질 때 그 효과가 크다.

둘째, 장학의 내실화이다. 장학은 교사의 전문적 성장을 지원하기 위한 협력적 지도 과정으로, 단순한 감독이 아니라 상담과 협동 중심의 발전적 장학이 되어야 한다. 특히 임상장학, 동료장학, 자기장학 등은 교사가 스스로의 교육활동을 반성하고 개선하는 데 효과적이다.

셋째, 전문적 학습공동체(PLC : Professional Learning Community)의 운영이다. 교사들이 학교 안팎에서 협력하여 수업을 연구하고, 공동의 문제를 탐구하며, 학습문화를 공유하는 활동을 통해 실천적 전문성을 높일 수 있다.

넷째, 교사 연구활동의 강화이다. 교사는 교육현장의 문제를 탐색하고 해결하는 실천적 연구자여야 한다. 수업연구, 행동연구, 수업컨설팅 등 다양한 연구활동을 통해 교육의 질을 향상시키고, 교육현장을 학문적으로 성찰할 수 있다.

다섯째, 자기성찰과 자기개발의 지속이다. 전문직으로서의 교사는 스스로의 가치관, 교수태도, 학생관 등을 끊임없이 성찰해야 한다. 독서, 대학원 진학, 학회 활동 등 자기개발을 위한 노력은 교사의 인격적·전문적 성장을 촉진한다.

여섯째, 교육정책 및 제도적 지원 강화이다. 국가와 교육행정기관은 교사 전문성 향상을 위한 제도적 기반을 마련해야 한다. 예를 들어, 교사평가제도의 개선, 전문연구교사제, 교사 학습연가제, 현장중심 장학 등이 이에 해당한다.

결국 교사의 전문적 자질의 향상은 개인의 노력과 더불어 학교문화, 제도적 지원, 협력적 학습환경이 조화를 이룰 때 가능하다. 교사는 평생학습자로서 스스로 성장할 때 비로소 학생의 성장을 이끌 수 있다.

(3) 인성적 자질

교사의 인성적 자질이란 교직 수행의 바탕이 되는 인간으로서의 품성과 태도를 말한다. 이는 교사의 전문적 능력 못지않게 중요하며, 학생의 전인적 성장에 직접적인 영향을 미친다. 인성적 자질이 올바르게 형성된 교사는 학생과의 관계에서 신뢰와 존경을 얻고, 학교공동체 내에서 바람직한 교육풍토를 조성할 수 있다.

첫째, 도덕성과 윤리성은 교사의 기본적 인성자질이다. 교사는 교육적 가치와 사회적 규범을 존중하며, 모범적 행동을 통해 학생들에게 올바른 가치관을 전달해야 한다. 둘째, 사명감과 책임감이 필요하다. 교직은 단순한 직업이 아니라 학생의 성장과 사회의 미래를 맡은 소명이다. 따라서 교사는 교육의 목적을 깊이 인식하고, 맡은 바 임무를 성실히 수행하려는 자세를 지녀야 한다. 셋째, 사랑과 공감능력이 중요하다. 교사는 학생 개개인의 개성과 상황을 이해하고 따뜻한 마음으로 지도해야 한다. 이러한 태도는 학생들의 정서적 안정과 자아존중감 형성에 긍정적 영향을 준다. 넷째, 인내심과 자제력이 요구된다. 교육과정에서 다양한 학생을 지도하는 과정에는 갈등과 어려움이 따르기 마련이므로, 교사는 감정조절을 통해 문제를 성숙하게 해결할 수 있어야 한다. 다섯째, 공정성과 민주적 태도가 필요하다. 교사는 학생을 차별하지 않고, 공정하게 대하며, 학생들의 의견을 존중하는 민주적 의사소통을 실천해야 한다. 여섯째, 자기성찰과 자기개발의 태도를 가져야 한다. 자신의 교육관과 행동을 돌아보며 끊임없이 개선하려는 자세는 교사의 성장을 가능하게 하고, 학생들에게 평생학습자의 모범을 보이게 한다.

교사의 인성적 자질은 타고나는 것이 아니라 교육과 경험을 통해 형성·발달되는 것이다. 따라서 교사의 인성은 교직 진입 이전의 양성과정에서부터, 현직 이후의 연수와 학교생활 속에서 꾸준히 함양되어야 한다. 첫째, 교사양성과정에서의 인성교육 강화가 필요하다. 사범대학이나 교직과정에서는 교직윤리, 인간관계, 감정관리, 의사소통 교육 등의 교과를 강화함으로써 교직의 도덕적·정서적 기초를 다질 수 있다. 또한 봉사활동이나 현장실습을 통해 타인에 대한 이해와 배려를 체험적으로 학습하도록 해야 한다. 둘째, 현직교사를 위한 인성연수 제도화가 중요하다. 교직생활 중에도 교사는 직무 스트레스나 관계 갈등을 경험하기 때문에, 이를 예방하고 회복탄력성을 높이기 위한 인성·심리연수가 정기적으로 이루어져야 한다. 사례중심의 워크숍, 인문학적 성찰 프로그램, 명상이나 마음챙김 훈련 등이 효과적이다. 셋째, 학교조직 차원에서의 인성함양 문화 조성이 필요하다. 교사들 간의 협력과 존중, 따뜻한 동료관계가 유지되는 학교는 자연스럽게 인성적 성장을 촉진한다. 이를 위해 민주적 의사소통 구조와 긍정적 조직풍토를 조성하고, 인성적 모범을 보이는 교사에 대한 인정과 지원이 이루어져야 한다. 넷째, 자기성찰과 자기계발의 지속적 실천이 중요하다. 교사는 자신의 교육행동을 되돌아보고, 인문학적 독서나 저널 쓰기, 동료와의 피드백을 통해 끊임없이 성장해야 한다. 이러한 자기성찰의 과정은 교사로서의 내적 성숙을 촉진하며, 학생들에게 인격적 모범이 된다.

스프랑거(Spranger)는 그의 저서『천부적인 교사(Der geborne Erzieher)』의 서문에서 헤겔(Hegel)의 말을 인용해서 쓰기를, "이 세상에서 어떠한 위대한 일 가운데 정열 없이 이루어지는 일은 없다(Nichts Großes in der Welt ist ohne Leidenschaft vollbracht worden)"고 하였다. 교사의 정열은 교사의 사명감이 투철하고 교육관이 확립되어 있을 때 정열도 발로된다.

요약

1. 교직은 인간의 주체적이고 인격적인 자아실현을 가능하게 도와주고, 사회의 지속적인 발전과 바람직한 개혁을 선도하며, 인류의 보편적인 번영과 복지를 모색해 왔기 때문에 옛날부터 사회적으로 존경을 받아왔으며 종교적으로도 거룩한 직업으로 간주되었다.
2. 교직은 고도의 지성을 필요로 하는 정신적 활동이며 장기간에 걸친 교육과 훈련을 받지 않고서는 종사할 수 없는 전문직이다.
3. 교직은 교육활동을 한다는 점에서 다른 직업들과 다른 고유한 특성이 있다.
4. 교직관에 대해서는 다양한 학자들에 따라서 조금씩 차이를 보이고 있지만, 성직관, 공직관, 노동직관, 전문직관의 네 가지로 구분할 수 있다.
5. 교사에게 요구되는 자질에는 인격적 자질과 전문적 자질, 인성적 자질 세 가지가 있다.
6. 교사의 역할은 학습지도자, 교육과정 설계자·실행자, 생활지도자·상담자, 인격적 모범자, 평가자·진단자, 학급경영자, 연구자·자기개발자, 사회·문화적 중개자의 여덟 가지의 역할이 요구된다.

참고문헌

강명희 · 정재삼 · 조일현 · 이정민 · 남규연 · 소효정(2017). 교육방법 및 교육공학. 교육과학사.

강창동(2018). 교육사회학의 이해(제3판). 학지사.

경기도교육청(2019. 12. 9). 경기도민, 바람직한 교사상은 '학생을 잘 이해하는 교사'. 보도자료

__________(2021). 초등교무학사 업무메뉴얼.

교육부(2022. 12. 22). 2022 개정 초중등학교 및 특수교육 교육과정 확정 · 발표. 보도자료.

권성연 · 김혜정 · 노혜란 · 박선희 · 박양주 · 서희전 · 양유정 · 오상철 · 오정숙 · 윤 현 · 이동엽 · 정효정 · 최미나(2018). 교육방법 및 교육공학. 교육과학사.

권성호 · 엄우용 · 권혁일 · 이 준(2015). 교육공학의 탐구(제4판). 양서원.

김계현 · 김동일 · 김봉환 · 김창대 · 김혜숙 · 남상인 · 천성문(2009). 학교상담과 생활지도(제2판). 학지사.

김달효(2011). 교원양성기관 학생들의 교직관 분석. 코키토, 70, 427-451.

김대현 · 김석우(2020). 교육과정 및 교육평가(제5판). 학지사.

김병욱(2021). 교육사회학(제3판). 학지사.

김석우(2015). 교육평가의 이해. 학지사.

김성열 · 강현석 · 김석우 · 김회수 · 도승이 · 박인우 · 박주병 · 성기선 · 손은령 · 신종호 · 이길재 · 이상무 · 이희수 · 정제영(2021). 미래교사를 위한 교육학개론. 학지사.

김신일(2015). 교육사회학(제5판). 교육과학사.

김은하 · 고홍월 · 조애리 · 조원국(2017). 학교생활지도와 상담. 학지사.

김종철(1990). 교육행정학신강. 세영사.

김천기(2018). 교육의 사회적 이해(제5판). 학지사.

김홍규(2021). 과연 능력은 객관적으로 평가할 수 있는 것인가(http://www.ohmynews.com/NWS_Web/view/at_pg.aspx?CNTN_CD=A0002708407).

넬 나딩스 저, 심성보 역(2016). 21세기 교육과 민주주의. 살림터.

박숙영(2014). 회복적 생활교육을 만나다. 좋은교사.

박영진 · 장성화(2021). 최신교육학의 이해(제4판). 동문사.

박천환 · 박채형 · 노철현(2017). 교육과정담론. 학지사.

박춘성 · 홍성두 · 노철현 · 박숙희 · 조한익 · 이주영 · 권창미 · 백정하 · 최돈민 · 윤종혁(2024). 교육학의 이해. 학지사.

백영균(2018). 스마트 시대의 교육방법 및 교육공학(제4판). 학지사.

변영계(2010). 교수학습이론의 이해(개정판). 학지사.

서용석 · 노철현(2019). 서울교육대학교 핵심역량 교육과정 개발을 위한 기초연구 : 국가교육과정과의 연계 방안을 중심으로. 한국초등교육, 30(4), 241−257.

서울대학교 교육연구소(1985). 교육학용어사전. 하우동설.

성낙돈 · 안병환 · 가영희 · 노재화(2015). 교육사회학. 동문사.

성낙돈 · 안병환 · 가영희 · 임성우(2015). 평생교육학개론. 동문사.

성태제(1995). 타당도와 신뢰도. 양서원.

______(2018). 현대교육평가. 학지사.

______(2019). 교육평가의 기초. 학지사.

손승남 · 신창호 · 김희봉(2019). 교육철학 및 교육사. 학지사.

손준종(2003). 교육사회학. 문음사.

송성순 · 공은화(2022). 교육학개론. 창지사.

신명희 · 강소연 · 김은경 · 김정민 · 노원경 · 서은희 · 송수지 · 원영실 · 임호용(2018). 교육심리학. 학지사.

신현숙 · 오선아 · 류정희 · 김선미(2020). 교육심리학. 학지사.

양옥승 · 이은정 · 양유진(2024). 영유아 교수 · 학습방법(제2판). 공동체.

오욱환(2003). 교육사회학의 이해와 탐구. 교육과학사.

유구종 · 강병재 · 박선희(2020). 유아교육에서의 교수학습 및 교육공학. 창지사.

유기섭(2016). 교육심리학. 동문사.

유기섭 · 김태호(2006). 교육심리학. 동문사.

윤정일 · 송기창 · 조동섭 · 김병주(2015). 교육행정학 원론(제6판). 학지사.

이정숙(2017). 교육학개론. 정민사.

이병승(2010). 피터스의 교사관에 대한 비판적 고찰. 교육사상연구, 24(1), 117−136.

이병승 · 우영효 · 배제현(2021). 쉽게 풀어 쓴 교육학(제4판). 학지사.

이사영(2019). OECD DeSeCo 및 Education 2030 프로젝트 일 고찰 : 학교교육에 주는 시사. 서울교육대학교 대학원 석사학위논문.

이신동 · 강창동 · 구자억 · 김동일 · 김복영 · 김희규 · 모경환 · 박성옥 · 박춘성 · 이정기 · 정대용 · 정윤경 · 최철용(2020). 새로운 교육학개론. 학지사.

이용남 · 정창윤 · 김진옥 · 송기주 · 정환금 · 부지영 · 김은아 · 이민영 · 이영길 · 강만철 · 정일선 · 오영란(2012). 교육학 : 교육의 이해. 교육과학사.

이정훈 · 권승아 · 김진영 · 이은정(2023). 교육학개론. 어가.

이지헌 · 김누리 · 김수정 · 김영록 · 김희봉 · 노석준 · 손승남 · 이두휴 · 이정화(2010). 교육학의 이해. 학지사.

이지헌 · 송현종 · 이두휴 · 손승남 · 이정화 · 김희봉 · 김영록 · 이순덕 · 곽유미 · 임 배(2018). 교육학개론. 학지사.

장재천(2018). 쉬운 교육사회학. 동문사.

전상준(2018). 교육학의 이해. 정민사.

정대성(2010). 초등학교 교사의 교직관과 인간관계에 대한 세대별 인식. 인천대학교 교육대학원 석사학위논문.

정명화·이로미(2021). 교육학개론. 공동체.

정미경·조금주·권재기·김한나·안혜진·이유정(2021). 교육학개론. 공동체.

정성수·손은애·송영명·엄문영·정석환(2021). 예비교사를 위한 교육학개론. 어가.

조규판·홍애순·송윤정·우수희·길 상(2018). 교육학개론. 창지사.

조동섭(2005). 교사의 전문성 제고를 위한 정책 방향과 과제. 한국교원교육학회 학술대회자료집, 2-17, 한국교원교육학회.

조발그니·류정희·오선아·김진영·김선미(2022). 교육학의 이해. 박영스토리.

주삼환·천세영·김택균·신봉섭·이석열·김용남·이미라·이선호·정일화·김미정·조성만(2015). 교육행정 및 교육경영(제5판). 학지사.

차경수(2010). 교육사회학의 이해(개정판). 양서원.

최연구(2021. 7. 19). 4차산업혁명, 펜데믹으로 인한 미래교육의 변화. 디지털 투데이(http://www.digital-today.co.kr/news/articleView.html?dxno=409980).

팽영일·강인숙·서영준·이경철(2020). 교육학의 이해. 동문사.

한국교육심리학회(2000). 교육심리학 용어사전. 학지사.

한국교육학술정보원(2022). 대학 원격교육 컨텐츠 개발 및 운영 가이드북.

한상길(2003). 성인평생교육(제2판). 양서원.

한상길·김응래·박선환·박숙회·정미경·조금주(2007). 교육학개론. 공동체.

한유경·임현식·김병찬·김성기·정제영·이희숙·임소현·김은영·윤숙경·이윤희·김화영·김경애·정헌주(2018). 교육행정 및 교육경영. 학지사.

허은주·유현정·이수진·안영화·배영석(2018). 현대교육사회학(제3판). 양서원.

홍기칠(2011). 교육방법 및 교육공학. 공동체.

황기우(2005). 현대교직관의 분석적 연구. 총신대논업, 25, 414-435.

AERA, APA, NCME(1966). Standard for educational and Psychological Testing. American Psychological Association.

Association for Educational Communication & Technology(2008). *The new definition of educational technology.* Washington, D.C. AECT.

Ausubel, D. P.(1968). *Educational Psychology : A Cognitive view.* NY.

Barnard, C. I.(1938). *The functions of the executive.* Harvard University Press.

Beck, J. S.(2011). Cognitive−behavioral therapy. *Clinical textbook of addictive disorders, 491,* 474−501.

Bernstein, B.(1961). Social class and linguistic development : A theory of social learning. In A. H. Halsey, J. Floud, & C. A. Anderson(Eds.), *Education, economy, and society : A reader in the sociology of education.* The Free Press.

Blackledge, D., & Hunt, B.(1985). *Sociological interpretations of education.* Croom Helm.

Bobbitt, F.(1924). *How to make a curriculum.* Houghton−Mifflin.

Bowles, S., & Gintis, H.(1976). *Schooling in capitalist America.* Basic Books.

Boyd, W.(1952). *History of Western Education*(6th ed.). Adam & Charles Black. 이홍우 역(2017). 브루너 교육의 과정. 배영사.

Bruner, J. S.(1996). *The Culture of Education.* Harvard University Press.

Cohen, M, D., March, J. G., & Olsen, J. P.(1972). A garbage can model of organizational choice. *Administrative science quarterly,* 1−25.

Cronbach, L. J.(1960). *Essentials of Psychological testing*(2nd ed.). Harper & Row.

Dave, R. H.(1984). 평생교육의 원리[*Foundations of lifelong education*]. 곽영우 역. 전북대학교 부속 사회교육연구소.(원저 출판 1976년)

Dewey, J.(1889). *The School and Society.* General Books.

________(1944). *Democracy and Education.* The Free Press.

Durkheim, E.(1924). *Sociologie et philosophie.* F. Alcan.

Egan, G.(1994). *The skilled helper*(5th ed.). Brooks/Cole.

Eisner, E. W.(1979). *The Educational Imagination : On the Design and Evaluation of School Programs.* New York : Macmilan. 이해명 역(2009). 교육적 상상력 : 교육과정의 구성과 평가. 단국대학교 출판부.

Ellis, A., & MacLaren, C.(1998). *Rational emotive behavior therapy : A therapist's guide.* Impact Publishers.

Erikson, E, H.(1956). The problem of ego identity. *Journal of the American Psychoanalytic Association, 4*(1), 56−121.

Fayol, H.(1949). General and industrial management. trans. by Constance Starrs. London : Sir Issac Pitman and Sons, Ltd.

Galbraith, J. K.(1967). *The New industrial state.* Houghton Miflin.

Gardner, H. E.(2008). *Multiple intelligences : New horizons in theory and practice.* Basic books.

Getzels, J. W., & Guba, E. G.(1957). Social behavior and the administrative process. *The school review, 65*(4), 423−441.

Gronlund, N. E.(1989). *How to construct achievement tests.* Prentice−Hall.

Hopper, E. I.(1968). A typology for the classification of educational systems. *Sociology, 2*(1), 29−46.

Hoy, W. K., & Miskel, C. G.(2013). *Educational administration : theory, research, and prac−tice*(9th ed.). Mcgraw−Hill Education.

Knowles, M.(1973). The Adult Learner : A Neglected Species. Retrieved from ERICDatabaseED084368.

Kohlberg, L.(1958). The development of modes of moral thinking and choice in the years 10 to 16. Doctoral dissertation, The University of Chicago.

Kolb, D. A.(1984). *Experiential learning−experience as the source of learning and development.* Prentice−Hall.

Liberman, M.(1956). *Education as a profession.* Prentice−Hall Inc.

Long, H. B.(1991). College students' self−directed learning readiness and educational achievement. In H. B. Long, & Associates(Eds.), *Self−directed learning : Consensus and conflict*(pp. 107−122). Oklahoma Research Center for Continuing Professional and Higher Education.

Maslow, A. H.(1970). *Motivation and Personality*(rev. ed.). NJ : Harper & Row.

McConnel, T. R.(1942). Reconciliation of Learning Theories. *Teachers College Record, 43*(10), 243−286.

McMillan, J. H.(2015). 교실평가의 원리와 실제 : 기준참조수업과의 연계[*Classroom Assessment : Principles and Practice That Enhance Student Learning and Motivation*]. 손원숙 외 공역. 교육과학사.(원저 출판 1997)

Mehrens, W. A., & Lehmann, I. J.(1975). *Measurement and evaluation in education and psychology*(2nd ed.).

Mezirow, J.(2000). Learning to think like an adult. In J. Mezirow, & Associates(Eds.), *Learning as transformation : Critical perspectives on a theory in progress*(pp. 3−33). Jossey−Bass.

Miller, G. A., Galanter, E., & Pribram, K. H.(1960). The integration of plans.

Mintzberg, H.(1973). *The nature of managerial work.* Prentice−Hall.

OECD(2018). The future of education and skills : Education 2030. Position paper(https://www.oecd.org/education/2030/E2030%20Position%20Paper%20(05.04.2018).pdf

Oosterhof, A.(2001). *Classroom applications of educational measurement.* Prentice−Hall, Inc.

Parelius, A. P., & Parelius, R. J.(1978). *The sociology of education.* Prentice Hall.

Parsons, T.(1959). The school class as a social system : Some of its functions in American society. *Harvard Education Review, 29*(Fall), 297−318.

Peters, R. S.(1966). *The Philosophy of Education.* Oxford University Press.

Piaget, J.(1977). *Epistemology and psychology of the child.* Viking.

Pintrich, P. R., & Schunk, D. H.(2002). *Motivation in Education : Theory, Research, and Application*(2nd ed.). Upper Saddle River, NJ : Pearson Education.

Richey, R. C., Klein, J. D., & Tracey, M. W.(2011). *The instructional design knowledge base. Theory, research, and practice.* Routledge.

Rogers, C.(1977). *Carl Rogers on personal power.* Delacorte Press.

Scriven, M.(1967). The Methodology of Evaluation. In Tvler, R. W., Gagne, R. M., & Scriven, M.(Eds.), *Perspectives of Curriculum Evaluation.* AERA Monograph Series on Curriculum Evaluation, 1.

_________(2000). *Evaluation ideologies. In Evaluation models.* Springer, Dordrecht.

Seels, B., & Richey, R. C.(1995). 교수공학 : 정의와 영역[*Instrictional technology : The defi−nition and domains of the field*]. 김영수 · 한정선 · 강명희 · 정재삼 공역. 교육과학사.(원저 출판 1994년)

Simon, H. A.(1960). *The new science of management decision.* Harper and Row.

Stufflebeam, D. S.(1967). The use and abuse of evaluation in Title III. *Theory into practice, 6*(3), 126−133.

Taguiri, R.(1968). The concept of organizational climate. In R. Taguiri G. H. Litwin(Eds), *Organizational Climate. Harvard Graduate School of Business.*

Thorndike, E. L.(1918). The nature, purposes, and general methods of measurements of educational products. *Teachers College Record, 19*(7), 16−24.

Traxler, A. E., & North, R. D.(1966). *Techniques of guidance.* Harper & Row.

Tyler, R. W.(1942). General statement on evaluation. *The Journal of Educational Research, 35*(7), 492−501.

__________(1949). *Basic Principles of Curriculum and Instruction.* University of Chicago Press.

Vygotsky, L. S.(1978). *Mind in society : The development of higher psychological processes.* Harvard University Press.

Walker, D. F.(1971). A Naturalistic Model for Curriculum Development. *The School Review, 80*(1), 51−65.

저/자/약/력

■ 정인숙
대구가톨릭대학교 대학원 교육학 박사
현 포항대학교 유아교육과 교수
경상북도 유아종합지원센터 부모교육 전문강사
한국몬테소리교육총연합회 이사
전 대구가톨릭대학교 아동학과 강의전담교수
동양대학교 유아교육과 강의

〈주요 저서〉
『유아교육과정』, 『보육학개론』 등

교육학개론

|저자| 정인숙

|1판 1쇄| 발행 2025년 12월 30일

|발행인| 김 동 훈
|발행처| 공 동 체

|주소| 경기도 고양시 일산동구 호수로 358-39, 동문타워 I 905호(백석동)
|전화| 031) 814-3000(대표)
|팩스| 031) 814-3100
|홈페이지| http://www.compub.co.kr
|전자우편| compub@naver.com
|출판등록| 2005년 10월 6일
|등록번호| 제396-2005-36호

|ISBN| 979-11-7554-050-7
정가 22,000원